经济学之美

范久宇　主编

创于1897 商务印书馆 The Commercial Press
2014年·北京

图书在版编目(CIP)数据

经济学之美/范久宇主编. —北京:商务印书馆,2014
ISBN 978 - 7 - 100 - 10885 - 0

Ⅰ.①经… Ⅱ.①范… Ⅲ.①经济学—美学 Ⅳ.①F0—05

中国版本图书馆 CIP 数据核字(2014)第 267257 号

经 济 学 之 美
范久宇 主编

商 务 印 书 馆 出 版
(北京王府井大街36号 邮政编码 100710)
商 务 印 书 馆 发 行
北 京 冠 中 印 刷 厂 印 刷
ISBN 978 - 7 - 100 - 10885 - 0

2014 年 12 月第 1 版　　开本 787 × 1092 1/16
2014 年 12 月北京第 1 次印刷　　印张 19
定价:42.00 元

编写人员名单及分工

主　编:范久宇

副主编:张凤松　范锐敏

撰写人员:

范久宇　第一章　第二章

余军华　第三章

胡　娟　第四章　第七章

张凤松　第五章

邹晓涓　第六章

范锐敏　第八章　第九章

吴文劲　尾声

经济学：一门美轮美奂的科学（前言）

现代经济学从亚当·斯密《国富论》（1776年）开始，已经风雨兼程地走过了二百多年的光辉历程。二百多年来，事实已充分证明，经济学不再是一门“阴郁的科学”，它正兴致勃勃地重新打造自身而成为一门显学。两个多世纪以来，经济学的大旗一直高高飘扬。它犹如一支雄心勃勃的远征军，勇敢地攻占政治学、法律学、历史学、社会学、伦理学、宗教学等几乎整个社会科学领地，扩疆拓土，终致成为一门“帝国主义科学”。谁也不可否认，战无不胜的经济学，给全世界人民带来了丰裕的财富和幸福的生活。这样一门洒遍甘露于人间、惠及亿万人民的科学，至今还没有一本盛赞其美的著作问世。这么长的时间，众多的经济学家和美学家，怎么可能会忽视占领这么一块大的“阵地”？这让我感到不解。

为此，我们在研究撰写《看不见的手——诺贝尔奖和经济学》（商务印书馆2008年版，2012年再版）时，就萌生了要撰写一本用审美的眼光去探寻经济学，以审美的感觉去感知经济学，从美的视角去赏析经济学的著作。我在《看不见的手》代序中曾写道：“经济学一向被称为‘阴郁的科学’，然而，我通过参加这次论坛（2005年诺贝尔奖获得者北京论坛），聆听诺奖大师们通俗、幽默、风趣、妙语连珠、充满智慧的演讲，深深感悟到经济学之美。”

我们既已下定了研究撰写此书的决心，开弓没有回头箭，即使困难再大，也要勉力前行，正如“希望的种子一旦种下便会生长，即使在相当坚硬的土壤上也要生长”。(西蒙语)但真正开始着手研究撰写这本书时，我们的确遇到了许多难以想象的困难。因为国内外目前尚无一本类似的著作，且论述的文章也非常有限，所以，可资借鉴的参考文献和资料非常稀缺。犹如俗语所说:“巧妇难为无米之炊。”但我们在前行的路上本着“摸着石头过河”的精神，毫不气馁，潜心研究，精心撰写，反复修改，历时五年，终于完成了现在摆在您面前的这本书。

关于本书，我们当初怀着这样三个初衷:一是结合美和经济学，从美的视角赏析经济学的内在美，力图填补这方面研究的理论空白;二是作为大学经济学参考书，借以激起莘莘学子学习、研究经济学的浓厚兴趣，用所学经济学知识更好地为社会主义市场经济建设服务;三是努力展现经济学的内在美，使经济学成为激动人心的大众经济学读本，为经济学的普及和运用作贡献。这是我们写作本书的良苦用心，也是我们的梦想。

由于这是一门全新的课题，加之我们的学术能力有限，因而，在本书中所作出的分析和提出的观点，必然还有不少值得进一步商榷的地方。但本书现在奉献给大家，我们可以说问心无愧。因为在趟出这条前人未曾走过的新路上，我们已经尽力了。在此，我们只是希望，不论是同意我们在本书中提出的观点，还是反对我们的意见，只要本书对读者大众欣赏经济学的美有所帮助和启迪，我们就感到十分欣慰了。

参与本书研究撰写的是一个年轻的博士团队。他们是:范久宇研究员(湖北经济学院)，负责第一章、第二章撰写;余军华博士(湖北经济学院)，负责第三章撰写;胡娟博士(湖北经济学院)，负责第四章、第七章撰写;张凤松博士(华中科技大学)，负责第五章撰写;邹晓涓博士(湖北经济学院），负责第六章撰写；范锐敏博士（武汉大学），负责第八章、第九章撰写；吴文劲博士（湖北经济学院），负责尾声撰写。全书由范久宇负责总纂。

虽然，我们团队付出了艰辛的努力和大量的劳动，总的来说也只是做了一件事，那就是展示经济学的内在美。因为，“在各方面都美的一切事物本身就是美的，其美是归于自身的”。（马可·奥勒留·安东尼语）经济学本身就是一门美轮美奂的科学。“前方魅人的经济学世界正在等待着你去遨游！这是个多么令人激动的时刻。”（萨缪尔森语）

范久宇
2013 年 6 月于湖北经济学院
诺贝尔经济学奖研究所

目　录

第一章　富国裕民的科学（财富丰裕）

繁华都市的夜景，象征着财富与繁荣。

第一节　财富的画卷

美国加州大学伯克利分校著名经济学家布拉德福德·德隆教授的研究表明："从旧石器时代到公元2000年的250万年间，人类花了99.4%的时间，也就是到15000年前，世界人均GDP达到了90国际元（这是按照1990年国际购买力核定的一个财富度量单位）；然后，又花了0.59%的时间，到公元1750年，达到180国际元（翻了一番）；从1751年到2000年，即在0.01%的时间里，达到6600国际元，增加了37倍。换句话说，人类97%的财富，是在过去250年——也就是0.01%的时间里创造的。"

在这人类财富剧增的250年里，也正是一门研究财富的科学——现代经济学诞生并迅猛发展的时期。1776年，标志着现代经济学诞生的开篇巨著在英国伦敦问世了，作者是伟大的苏格兰思想家亚当·斯密，书名就叫作《国民财富的性质和原因的研究》（简称《国富论》）。"此后，思想的枪声响遍了世界。工业革命和政治自由的突然出现，开创了长达二百多年的财富和经济增长的新时代。"（〔美〕马克·斯考森语）

亚当·斯密的《国富论》，成功地构建了古典经济学的理论体系，概括了古典经济学在它的形成阶段的理论成就，为现代经济学奠定了坚实的基础。该书的内容极为广泛和丰富，思想非常博大和深邃，不仅包括政治经济学、经济史、经济学说史和财政学，而且涉及哲学、心理学、伦理学、历史、法律、政治学，乃至宗教等。其理论体系洋洋大观，包罗万象，综合了他之前和同时代几乎所有的学术思想。可以说，《国富论》是一台思想发动机，它为人类财富的增长提供了源源不断的动力。

《国富论》的基本主题是国民财富的增长。这从斯密论著的题目和全书的总体规划看，都已清楚地表明。书中所有的深刻分析和精彩例证，都是为了回答一个最重大的问题，那就是国民财富如何才能增长？事实充分证明，无论在时间上，还是在空间上，斯密的理论体系，都产生了重大作用，并大量释放出生产活力，从而大幅度地增加了财富。

亚当·斯密花费12年心血撰写出版的具有里程碑意义的《国富论》，确信找到了创造“普遍富裕”的正确的“经济学”。他给这一经济学确定的神圣目标就是“富国裕民”。他说:“被看作政治家或立法家的一门科学的政治经济学，提出两个不同的目标:第一，给人民提供充足的收入或生计，或者更确切地说，使人民能给自己提供这样的收入或生计;第二，给国家或社会提供充足的收入，使公务得以进行。总之，其目的在于富国裕民。”

亚当·斯密是财富科学之父。这位伟大的苏格兰教授，在《国富论》中有力地论证了“国民财富”的关键，不是以牺牲其他国家利益为代价获取金银，而是生产和交换。他指出:“一个国家的财富，不仅在于金银，而是在于它的土地、房屋和各种消费的物品。”如何使生产和交换最大化，并因而鼓励“普遍富裕”,进而改进“劳动生产能力”呢？亚当·斯密给出了明确的答案，那就是给人们经济自由。他将关于繁荣和财政独立的通用公式付诸文字，称之为“天赋自由体系”。他的“天赋自由”，就是让人们拥有做自己想做的事，而且不受国家干扰的自由。这就意味着劳动、资本、货币和产品的充分自由流动。并且，斯密还强调，经济自由不仅能导致更加美好的物质生活，而且还是基本的人权保障。

当经济学家们以赞许的眼光，注视着“利己”和明智的个人在浩瀚的社会经济生活中自由翱翔的时候，他们看到了一幅完美的引导社会走向繁荣富强的风景画。展开财富的画卷，我们可以看到，在亚当·斯密之前，以托马斯·曼、配第为代表的重商主义认为,贵金属（货币）是衡量财富的唯一标准，一切经济活动的目的，就是为了获取金银。除了开采金银矿以外，对外贸易是货币财富的真正来源。因此，要使国家变得富强，就应该尽量多出口少进口。他们看到那些闪闪发光的金子、银子，认为只要“少买多卖”，财富就会不断增多，就会变得更加富有。“就像守财奴一样，双手抱住他心爱的钱袋，用妒忌猜疑的眼光打量着自己的邻居。”（恩格斯语）这就是重商主义财富观惟妙惟肖的写照。

另一方面，以魁奈、杜尔哥为代表的重农主义，则对财富作了另一种阐释。他们认为，并不是国库中的黄金储备创造了财富，而是农产品减去消费量后的剩余才是财富的真正来源。土地是财富之母，劳动是财富之父。只有农业劳动才能创造财富，其他类型的劳动均不能创造财富，而财富主要来源于土地的自然生产力。因此，应该加大对农业的投入，并给农业生产以适当保护。

亚当·斯密在对国民财富的性质和原因作深入研究后得出这样的结论：财富既不是黄金白银，亦不是君王的智慧，更不是哲学家的思想，而是人们生活的必需品和便利品。他认为，财富的来源是一年投入生产的劳动，包括农业劳动在内的一切生产性劳动，这都可以创造财富。因此，是劳动者的生产能力，而不是黄金或者农产品构成了一国财富的来源。亚当·斯密的这些创新性思想，被人们称之为劳动价值论。他把劳动创造价值的财富观运用到工农业生产中去，用以说明工资、利润、地租甚至利息的来源，并因此得出生产者人数和分工是国民财富增加的两个重要因素。由此看来，亚当·斯密的劳动价值论，既继承了先辈们的经济学传统，又深受他曾与之交往甚深的法国重农主义者们的影响和启发。

亚当·斯密关于财富研究的长途征程，首先是从分工开始的。他认为，财富不是柏拉图所说的完美智慧的产物，也不是中世纪基督教徒或印度教徒所宣称的神赐，而是源于一种悄然兴起的工业组织形式——劳动分工。著名的例子就是伦敦郊外一个小山村里的制针厂。厂里共有二十几名工人，没分工前，每个工人每天最多只能制作二十枚针。后来，把整个制针过程分成18道工序，分别由18个人分工序完成，结果每天每个工人平均可以制作四百多枚针。仅仅通过分工，劳动者的生产力就提高了近20倍。斯密看到了分工的重要，所以他在《国富论》开篇的第一章就是《论分工》。他说："劳动生产力上最大的增进，以及劳动时所表现出的更大熟练程度、技巧和判断力，似乎都是分工的结果。"由此，亚当·斯密不仅揭示了财富的真正来源，而且发现了经济繁荣的金钥匙，并打开了通往“富国裕民”的幸福大门。

亚当·斯密的财富学说之光，最先点亮的是他的祖国英国。按照斯密的财富理论和由此形成的自由主义经济模式，英国率先实现了富国强兵，并迅速成为第一大世界强国。1799 年，英国一位名叫大卫·李嘉图的年轻富豪，正陪同夫人前往索梅塞特郡巴斯温泉胜地养病，在途中顺道前往图书馆，看到了亚当·斯密的《国富论》。他刚翻了两页，就爱不释手，决定订购一本。随后，李嘉图花了许多时间和精力研读这本书，并从中吸取到思想的精华。

李嘉图在精心研读《国富论》18 年后，于 1817 年出版了自己的代表性著作——《政治经济学及赋税原理》。在该书中，李嘉图继承和发展了斯密的财富思想。他尊重斯密的劳动价值论，但认为斯密做得并不彻底。他企图澄清斯密含混矛盾的地方，把斯密的劳动价值论大大向前推进了一步，并因此成为了一名彻底的劳动价值论者。

李嘉图的《政治经济学及赋税原理》出版仅四年，就再版了三次。他在该著作第三版中写道：“国家财富的增加可以通过两种方式：一种是用更多的投入来维持生产性的劳动——这不仅可以增加商品的数量，而且可以增加其价值；另一种是不增加任何劳动量，而使等量劳动的生产效率增大——这会增加商品的数量，但不会增加商品的价值。”在增加国家财富的两种方式中，李嘉图着力推崇第二种方式。就是无须增加必需品的消费，而大量提高劳动者的劳动效率，增加产品数量，以此带来年生产量的增加和国家财富的增加。

循着李嘉图的这一思想，当时有位匿名作者写了一本《国民困难的原因及其解决办法》的小册子。其中写道：一个国家只有在劳动 6 小时而不是劳动 12 小时的时候，才是真正富裕的。财富就是可以自由支配的时间。马克思看到了这本小册子，并对这个思想极为赞赏，称“这不失为一个精彩的命题”。同时，马克思还把李嘉图的财富观概括为：在尽量少的劳动时间里，创造出尽量丰富的物质财富。马克思特别强调说：这在一切社会形态中都是适用的。

李嘉图不仅指明了在自然状态的社会中，财富和人口都会永远地继续发展，而且还把不同状况的国家划分为贫富两种类型，进而提出两类不同国家的致富方略：富裕国家应发展资本需求比劳动需求多的行业，即资本密集型行业；贫穷国家应发展劳动密集型行业。他认为，财富往往是在地租稳定甚或下降的时候增加得最为迅速。也就是说，在那些可用土地最为肥沃而输入限制最少，并无需相应增加劳动量，主要由于农业改良增加生产，因而地租增长缓慢的国家里，财富增加最快。李嘉图深信，资本主义生产方式最有利于生产发展，最有利于财富增长。因而，他一生都在为发展资本主义生产，增加资产阶级财富而奋斗。

思想的力量是巨大的。"经济学家和政治哲学家的思想，不管是对是错，其影响力之大总要超过常人的理解。事实上，统治世界的就是这些思想。"（凯恩斯语）亚当·斯密的"富国裕民"思想，不仅在他的祖国迅速传播，而且很快就跨过了英吉利海峡，到达欧洲大陆的最西端——法兰西共和国。

从亚当·斯密在法国构思准备他的伟大著作，并且与魁奈、杜尔哥、伏尔泰等讨论思想理论问题开始，法国经济学家就与斯密结下了不解之缘。《国富论》一经出版，法国经济学家们很快就将该书译成法文，而且十分成功地在整个西方世界进行了宣传普及。其中一位在法国上演"斯密戏剧"最重要的角色，名叫让·巴蒂斯特·萨伊，被人们称为"法国的亚当·斯密"。

萨伊在伦敦读书时，就认真研读了《国富论》。他被书中的精美思想所吸引，并迷上了政治经济学。1803 年，萨伊出版了他的经济学巨著《政治经济学概论，财富的生产、分配和消费》（简称《概论》）。《概论》主要是对亚当·斯密那部过于抽象和繁杂的著作作了简明扼要的通俗解说。当然，它比《国富论》"更精练、更清楚、更成熟"。（〔美〕托马斯·杰弗逊语）

萨伊是斯密财富学说在欧洲大陆的重要注释者和传播者。在他看来，首先，财富并不一定非要是"有形物品"。财富既可以是有形物品，也可以是"无形产品"，即各种"服务"。他举例，如：商业的商品流通服务，医生为病人提供的诊断服务，艺术家的表演服务，甚至政府运行中提供的服务，等等。

这些都提供的是无形产品，都是财富。所以，萨伊认为，财富是物品和服务的总和。美国人比德尔称赞萨伊道："他对财富所下的定义，比任何以前研究同一问题的人所下的定义，更加精密，更加正确。"

财富为什么既是物品，又可以是各种无形产品或服务呢？萨伊认为，这是财富的性质所决定的。他说，财富能满足人们的需要，具有效用。这样，财富也就有了价值。有形的产品能满足人的需要，因而有价值；无形的产品也能满足人的需要，只是以不同的方式满足不同的需要，因而也有价值。"现在，让我把物品满足人类需要的内在力量叫作效用。我还要接下去说，创造具有任何效用的物品，就等于创造财富。这是因为物品的效用是物品的价值的基础，而物品的价值就是由财富所构成的。"财富即效用，这就是萨伊所持有的财富观。

萨伊既是亚当·斯密财富体系思想的重要支持者，又是自由放任资本主义毫不妥协的捍卫者。他突出的理论贡献就是发现了"供给自动创造需求"，即"萨伊定律"。这一理论可以归纳为这样一个简略公式：一个人之所以卖出商品是为了买回商品。按萨伊的话说，市场的实质是产品和产品相互交换。他认为，国民财富的增加，从本质上说，问题不是销售，而是生产。萨伊得出结论：财富的增长问题就是生产问题，创造效用的劳动就是创造财富的劳动。

萨伊与李嘉图属于同时代人，虽然身处两个国家，但他们却是非常亲密的朋友，而且都奉亚当·斯密为老师。李嘉图是在英国平和的社会变革中，沿着斯密财富学说的主线，创造性地完成了劳动决定商品价值的劳动价值学说。法国人萨伊是从斯密思想中寻找到灵感，创立了效用（即物对人需要的满足程度）决定商品价值的"效用价值论"。两人之间的观点差异是很明显的，但这种差异恰巧从不同方面传承了亚当·斯密的财富思想。

亚当·斯密财富思想的种子，在英、法肥沃的土地上深深扎根，并迅速茁壮成长，焕发出勃勃生机。这棵财富之花树，在经济学的春天里伸展着枝叶，从西欧到中欧，从大洋此岸到大洋彼岸，竞枝叶茂盛，繁花似锦。

在欧洲中部风景如画的瑞士日内瓦湖畔，诞生了一位以浪漫主义经济学说而闻名于世的经济学家，名叫西斯蒙第。他不仅信奉斯密学说，而且是斯密极其忠诚的门徒和宣传者。他非常欣赏瑞士的自然田园经济和手工业生产，所以他能站在与他同时代的李嘉图、萨伊全然不同的角度来研究财富学说。他认为，消费是财富的促进剂。如果财富不能满足人的愿望和需要，不管是通过何种劳动方式创造的，都不能算作财富。只有当财富能够带来更大的物质福利时，人民才是幸福的，国家才是繁荣的。他说："劳动的需求是生产的动力，必须和供应消费的收入相适应；收入则是由国民财富产生的；而国民财富又是通过劳动才形成和增加的。"因此，要使人民得到幸福，不仅生产要与财富相适应，而且人口也应与财富相适应。西斯蒙第在这里所强调的财富必须惠及人民的思想，无疑是非常美好的。

人们都知道，在欧洲中部，有一种名叫矢车菊的小花，又名蓝芙蓉。它的头状花序生在纤细茎秆的顶端，仿佛一位隽秀的少女，向着生命之光——太阳——祈祷幸福和欢乐。这就是德国的国花。19 世纪初，德国经济还相对落后于英、法。它正像春天里的矢车菊一样，虽然显得纤弱，但已在含苞吐蕊了。新的时代需要新的歌手。这使弗里德里希·李斯特有幸登上了德国经济的历史大舞台。

李斯特是一位具有强烈爱国情怀的经济学家。他一生致力于德国的繁荣强盛。他的经典名言："财富的生产力比之财富本身，不晓得要重要到多少倍。"他认为，对于一个相对落后而又有资格自立于强国之林的国家来说，以追求财富为目标，贪图眼前利益，会使自己永远处在落后的地位；而以追求生产力为目标，虽然暂时可能会有所牺牲，但由于建立起了自己的财富增长机器，最终必会使财富极大地增长起来。所以，要获得财富，必须要发展生产力。研究财富的生产力，是李斯特经济理论体系的中心。李斯特理论贡献的新奇之处，就是开辟了一条崭新的道路——穷国如何致富的道路，为亚当·斯密的财富思想拓开了一片新疆域。

亚当·斯密“富国裕民”思想的熊熊烈火很快就烧遍了整个欧洲。在发达地区、不发达地区，甚至相对落后的地区，都引起了强烈反响。横跨欧亚大陆的俄国，19世纪初期的经济发展远远落后于西欧各国。即便如此，亚当·斯密的著作也成为当时俄国上流社会年轻人的时髦。俄国伟大的民族诗人普希金，在其著名的诗体小说《叶甫盖尼·奥涅金》第一章中，描写19世纪20年代上流社会青年人时，这样写道：

> 读过亚当·斯密的著作，
> 就成了造诣高深的经济学者，
> 就能够懂得：
> 国家怎样富强，
> 如何生存，以及为什么：
> 一旦有了普通的产品，
> 就连黄金也用不着。

“富国裕民”，是亚当·斯密的终生梦想，也是他经济学思想的核心。“亚当·斯密的精神及其‘看不见的手’和‘天赋自由’的双生学说，在几个世纪的进步和贫困中存活下来。这些学说曾数次死去而被放弃，但总能通过某种方式复活。亚当·斯密建立的房屋几乎完整了。尽管建造偶尔很糟，还有些未经许可的建筑者恼人地胡搭乱盖，但它的结构前途无限并且拥有某种动人之美。”（〔美〕马克·斯考森语）

二百多年来，亚当·斯密的财富思想一直影响着经济学的发展。他所构建的财富大厦，虽不尽完美，还有许多工作要做，但已经建成的一切无疑是非常值得赞美的。在此过程中，许多人，如门格尔、马歇尔和弗里德曼，都加固了基础，在必要之处进行了改建并扩大了空间。某些人，如凡勃伦和加尔布雷思，是一些愤世嫉俗者，他们站在后面，对正在建设的大厦轻蔑地指手画脚。另一些人，如凯恩斯，试图在这一大厦建设的中途改弦易辙。最后，还有伟大的无产阶级革命导师马克思，打算拆掉这一大厦，以便从头再来。

亚当·斯密的后继者中，著名的“边际三雄”之一奥地利人门格尔，在财富增长的根源探寻上,走出了自己的路。他认为,财富的增长在于技术进步。这与他的前辈亚当·斯密所坚信的财富增长在于分工和资本积累是不同的。他看重商品的数量、质量和多样性，看重产品革新，特别是知识创新。他说，可供人类使用的消费物品的数量，只受人类知识范围的限制。知识或者说人们的认识理解水平，规定财富增长的极限。门格尔的经济学代表作《国民经济学原理》（1871年），从内容上看，完全可以看作是对亚当·斯密《国富论》有意义的补充。

斯密大厦的顶梁柱中，英国著名经济学家马歇尔一直处于重心位置。他不仅按照亚当·斯密的传统接受经济学训练，而且在建立自己的理论体系时受斯密《国富论》的影响极深。他甚至模仿斯密构造自己的经济学理论体系。马歇尔对经济学的主要贡献，就是将斯密的模型发展为数量化的科学。亚当·斯密提出了财富增长的基本原理（“普遍繁荣”和“天赋自由体系”），而马歇尔却研制了推进斯密体系的发动机。马歇尔在其划时代著作《经济学原理》（1890年）中说:“经济学将财富看作是满足需要的东西和努力的结果。我们已经看到，经济学一方面是一门研究财富的科学，而另一方面，经济学构成了社会学的一部分，是关于人在社会当中的行为，研究人为满足自己的需要而付出的努力，只要这种努力和需要能够以财富的形式，或者说以财富的一般代表形式即金钱的形式来衡量。”他认为，重要的方面是研究人，研究人与财富的关系。为此，他在《经济学原理》中，用了三篇二十三章专门来论述财富。这样，马歇尔就在斯密财富观的基础上大大前进了一步,“远远超出其前辈们的思想火花”。（凯恩斯语）

在亚当·斯密后来的众多门徒中，有一位身材矮小的经济学巨人显得特别突出。他就是获得1976年诺贝尔经济学奖的美国著名经济学家米尔顿·弗里德曼。他在经济学前进的道路上，勇敢地拆除了“凯恩斯建造的房屋”，引领经济学家们回归到亚当·斯密的根基。可以说，在许多方面，弗里德曼都奉亚当·斯密为其思想导师。他在其畅销书《资本主义与自由》（1962年）中写道:“看不见的手推动进步的效力，比看得见的手治理衰退的效力更大。”最终，弗里德曼实现了自己的目标，在亚当·斯密的体系之上，重建了财富和天赋自由的基本原理。

亚当·斯密的《国富论》问世以来，财富之花开遍了全世界。在漫长的前进道路上，在一片崇拜和赞美声中，偶尔也出现了一些异样的声音。最早的主要挑战者之一，是美国第一代挪威移民的后代，著名经济学家托尔斯坦·凡勃伦。凡勃伦反对亚当·斯密提出的商品社会的一切益处，无视财富创造的利益——资本的增加、对新技术的投资、为高等教育提供的资金、商业社会的慷慨慈善等，轻蔑地将它们全部归结为“有闲阶级”。他的经济学思想集中反映在其代表作《有闲阶级论》（1899年）中。亚当·斯密从财富中看到的是规则、和谐、仁爱和理性的自利，而凡勃伦却从中看到的是混乱、冲突和贪婪。对此，有相当一个时期，美国经济学界拒绝接受凡勃伦，把他的学说看作是“野种”。

当斯密博士走向美国时，他的思想就在美洲大陆北部那片广袤的土地上掀起了巨大的波澜。伴随着美国经济和技术的快速发展，世界上最丰厚的物质财富纷纷向它聚拢。“现在，每个人都因最终经济成果而感到自豪，我们也应给带来这一结果的人们以高度评价。”说这话的，是美国著名经济学家约翰·肯尼斯·加尔布雷思。加尔布雷思非常倾心凡勃伦。他从凡勃伦那里学会了以讥讽或嘲笑的眼光来看待现代的“丰裕社会”。他的代表作《丰裕社会》（1958年），像凡勃伦的《有闲阶级论》一样，是对美国财富和不公平社会的文笔优美的评述。他在书中带着很大的热情，以散文诗般的句子，精彩地论述了财富的有教养的浪费。因此，他被称为“爱唱反调的经济学家”。其特有的、批判现实的精神，后来在美国被逐渐边缘化。

自从 1776 年 3 月 9 日，一部具有里程碑意义的著作《国富论》出版开始，二百多年过去了，亚当·斯密的幽灵仍在世界各地游荡。经济学家们对斯密的财富思想亦是众说纷纭。拥护者有之，批评者有之，痴迷者有之，斥骂者亦有之。真是“横看成岭侧成峰，远近高低各不同”。时至今日，甚至经常有人提出：“回到亚当·斯密的观点！”1998 年，获得诺贝尔经济学奖的东方人、印度籍的阿马蒂亚·森，被称为当代的亚当·斯密。另一位获得 1982 年诺贝尔经济学奖的美国经济学家乔治·J. 施蒂格勒曾写过一篇文章，谈到在参加学术会议时，不断听到有人说：“这个亚当·斯密早就说过！”或者是：“亚当·斯密才没说过这个！”正如马歇尔所说：“现在所知道的经济学上的真理，几乎没有一个不是他（亚当·斯密）涉猎过的。因为他是头一个就各个主要社会方面论述财富的人，单凭这个理由，他也许就有权被视作现代经济学的奠基者。”

在风云变幻的经济学发展进程中，有一道别样的风景呈现在我们眼前。亚当·斯密在创作《国富论》时，将他那穿透历史迷雾的目光穿越欧亚大陆，注视着一个古老文明的东方大国——中国。在《国富论》中，他对当时的中国经济、中国的经济体制，有着一系列即使在今天看来依然发人深省、耐人寻味的精彩阐释。

亚当·斯密在《国富论》第四篇第九章中指出：“中国幅员辽阔，居民是那么多，气候是各种各样，因此，各地方有各种各样的产物，各省间的水运交通，大部分又是极其便利，所以，单单这个广大的国内市场，就能够支持很大的制造业，并且容许很可观的分工程度。中国的国内市场从规模上也许不逊于欧洲各国市场的总和。假如能在国内市场之外，再加上世界其余各地的市场，那么更广大的国外贸易，必然大大增加中国制造品，大大改进其制造业的生产力。”

《国富论》创作出版的年代，恰是中国创作产生《红楼梦》的年代。这时正是中国清朝乾隆年间。中国人还躺在康乾盛世的繁荣上面，享受着自给自足的“世外桃源”般生活。“长期以来，中国一直是最富的国家之一，是世界上土地最肥沃、耕种得最好、人们最勤劳和人口最多的国家之一。但是，它似乎长期处于停滞状态。五百多年前访问过中国的马可·波罗所描述的关于其农业、工业和人口众多，与当今的旅行家们所描述的情况几乎完全一致。”亚当·斯密为中国人指出的通往繁荣和富裕的道路，却在当时的中国没有引起任何值得令今人回顾和骄傲的反响。

直到一个多世纪后的1902年，才由福州船政学堂派往英国学习（1877年）的福州人严复，翻译了《国富论》，取名《原富》，由上海南洋公学（交通大学前身）译书院分八册出版。严复被认为是把经济科学最先输入中国之人，对《国富论》在中国的传播具有开先河之功。从此，中国人开始认识亚当·斯密和他的《国富论》，并在一定程度上接受了他的财富思想。今天，中国人民经过长期艰苦的探索，更加感觉到亚当·斯密富国裕民思想的深邃和美好。

按照约翰·梅纳德·凯恩斯的预言，至少三百年内，人类都将在市场经济中生活，不会有人像阿尔伯特·爱因斯坦推翻牛顿力学那样推翻亚当·斯密的《国富论》。1930年，凯恩斯写过一篇很乐观的文章《我们孙儿辈的经济前景》，在严厉斥责他的门生们所预言的无尽萧条和永久停滞之后，预见了一个光明的未来。他说，在下一个一百年里，人类将能够通过技术进步和资本形成解决经济问题，产品和服务将会变得十分丰富、十分低廉，以致闲暇将变成最大的挑战。

未来社会总是进步和美好的。人们将享有更多的财富，从事更有意义、更加充实的工作，并有充裕的闲暇去追求非物质目标。当物质财富充分涌流的时候，马歇尔告诉我们另一个真理：“如果世界物质财富遭到破坏，而制造这种财富的思想却保留了下来，那么这种物质财富会很快得到补充。但是如果丧失的是思想，而不是物质财富，那么这种财富便会逐渐消失，而世界又会复归于贫困状态。”

无论如何，亚当·斯密已经给我们展现出了一幅最美丽的财富画卷。“只要经济学被人们更好地理解，世界会是更好的地方。”（〔英〕理查德·约翰·斯通语）

第二节 通往繁荣之路

1929 年上半年，展现在美国人面前的是一眼望不到头的繁荣兴旺景象，整个美国都被“繁荣之酒”灌得酩酊大醉了。上一年，刚刚走马上任的美国第三十一届总统赫伯特·胡佛曾一本正经地宣布：征服贫穷不再是一个遥不可及的幻想，“继续向前，在上帝的帮助下，我们很快就会看到，把贫穷从这个国家驱逐出去的日子就在前头”。这是一项庄严的许诺，其中混杂着很多美国繁荣梦的东西。此时的美国，正在凝望着一个繁荣的“永久性高原”。

当年 9 月初，刚刚卸任英国财政大臣，后来却担任了英国保守党领袖和首相的丘吉尔，来到了美国纽约。从来没有买过股票的丘吉尔决定试试身手，发笔小财。但令他始料不及的是，没欢喜几天，噩梦便降临了。10 月 24 日（史称“黑色星期四”），一天之内，丘吉尔就损失了 10 万美元。对丘吉尔个人而言，这可不是一个小数字。不过，相对于生命，金钱的损失还是显得微不足道的。在日记中，丘吉尔这样描述道：“就在我房间的那扇窗户下面，有人从 15 层楼纵身跳下去，摔得粉身碎骨。”然而，丘吉尔却不知道，就在这一天，在纽约市曼哈顿区一条全长不过三分之一英里，宽仅 11 米，名叫“华尔街”的狭窄街道上，已经有 10 个股票经纪人的生命，伴随着秋风像黄叶一样飘落了。

这场突如其来的风暴，在 10 月末降临了。它像启动阿尔卑斯山雪崩的隆隆炮声一样，让无数资产迅速溶解，数不清的财富化为灰烬，使繁荣的美国的 1800 亿美元消失得无影无踪，1352 家银行倒闭，26355 家公司破产，约

400万人失业。美国国内生产总值在3年内下降了三分之一，投资在3年内下降了87%，失业率却上升了25%。美国所有的商业领域，包括农业、房地产业、金融业等，全部陷入困境。危机像病毒般迅速蔓延，全球贸易额萎缩60%，工业生产下降37.2%，全球经济倒退至20年前甚或30年前的水平。所有的人都在这场经济寒冬中瑟瑟发抖，没有人知道春天还有多久才能到来。

面对历史上第一次最严重、最漫长的经济大萧条，此前的古典经济学、新古典经济学，既不能正确而深刻地解释已经或正在发生的经济现象，也无法提出有效的救市对策。在新的经济危机面前，过去的经济学显得那么苍白无力，暗淡无光。经济学理论自身也陷入危机之中。通往繁荣之路何在？谁能指点迷津？时势需要英雄，时势造就了英雄。一个需要英雄的时代恰巧诞生了一位英雄。此时，就在古典经济学的故乡英国，剑桥大学一个名叫约翰·梅纳德·凯恩斯的教授，已然颠覆了传统经济学思想，在1936年出版了《就业、利息和货币通论》（以下简称《通论》）。他为摆脱经济大萧条提供了坚实有力的理论依据，并开出了采取扩大政府干预以提高有效需求的医治良方，被人们称为“凯恩斯方案”。他毅然承担起了解决资本主义萧条和失业问题的重担，最终把资本主义从“全面崩溃”的边缘挽救回来。

从1776年，亚当·斯密在《国富论》中对“看不见的手”的经典描述开始，一直到凯恩斯的老师阿尔弗雷德·马歇尔1890年出版《经济学原理》，他们都对市场给予了精细的刻画和精彩的阐述。二百多年来，资本主义世界的人们一直坚信：自由放任、不受干预的市场，能够自动地实现充分就业和经济繁荣。而事实也充分证明，这一信条在过去相当长的一个时期里，不仅日益深入人心，而且大大促进了资本主义的繁荣和发展。经济学家们幻想着，这是一种美妙的、近乎完美的资本主义市场体制。凯恩斯曾一度对此信条也笃信不疑。

然而问题是，1929年开始的这场旷日持久的大萧条，让资本主义世界的人们战栗不已，也让经济学家们困惑不解：为何自由运转的市场，突然毫无征兆地变得不灵了？这场危机是正常经济周期的表现，还是一场不自然的、全新的灾难？正如凯恩斯在一篇名为《1930 年大萧条》的文章中写道:“我们陷入了巨大的混乱中，我们笨手笨脚，没有控制好一个精密的机器，也不明白这个机器是如何运转的。结果就是我们创造财富的可能性暂时被浪费了，也有可能在很长时间内都要被浪费掉。”

这次经济大萧条发生之前，资本主义国家也曾出现过多次以失业为标志的较大的经济危机，马克思在他的论著中给予过深刻揭示。他认为，资本主义经济危机的根源是资本主义社会的基本矛盾，是社会制度问题。但是，以前那些危机，仅仅出现在小的、而非主要的资本主义国家，或者偶尔、短暂地发生在一两个主要资本主义国家，从来也没有像这次一样，同时在主要资本主义国家发生。因而，这场灾难引起了人们极大的恐慌，以为资本主义这艘大船将要倾覆灭亡了。

凯恩斯目睹了英国数十年来失业率超过 10% 的窘境，也冷静地分析了美国 1929 年爆发的经济大危机。他在痛苦中作出了选择，抛弃了古典经济理论的信条，主张政府干预市场，运用赤字财政政策，扩大公共支出，增加市场总需求，以弥补私人部门必然会在一定时候出现的“有效需求”不足。

凯恩斯通过对经济危机、长期萧条和失业等独到的深刻剖析，对古典经济学所奉行的自由放任的传统经济思想，从理论上进行了扬弃和批判，孕育产生了一种新的经济学说。凯恩斯认为，资本主义根本没有所谓自动化的安全机能。资本主义经济并不是一种可以经常校正自己的“拉锯”，它倒像是一部电梯，可以上升，可以下降，也可以停着不动。它可以站在楼底，正如它可以上升到楼顶一样。换言之，经济萧条可能是无法自愈的，它有可能无限期地平卧着，就像风平浪静中的帆船一样。

经济大萧条的发生、发展，也使凯恩斯的思想呈加速转变和发展。1932 年秋以来，他一边在公共场合宣扬治理萧条的公共政策，一边在书房里构建宏大的有效需求理论，从而试图在理论和政策层面搭建一条通往繁荣的道路。

1933 年 3 月，凯恩斯出版了他的论文集《通向繁荣之路》，试图来寻找这次大萧条的原因及其出路。他指出："如果我们的贫困是源于饥荒、地震或战争——如果我们缺乏物质条件和资源来生产，那么，除了艰苦奋斗、勤俭节约和发明创新外，没有别的通向繁荣的道路。实际上，我们是陷入另一类令人尴尬的困境……相反，在最严格的意义上，这是一个经济问题，或者更好的表述是，作为经济理论与治国艺术的混合，这是一个政治经济学问题。"

继《通向繁荣之路》后，凯恩斯在治理萧条和通往繁荣的道路上，继续苦苦探求。1936 年 2 月 4 日，凯恩斯出版了他的巅峰之作——《就业、利息和货币通论》（简称《通论》）。该书成功地矗立起了六根理论支柱：有效需求理论、三大基本心理规律（边际消费倾向递减规律、资本边际效率递减规律、流动性偏好规律）、就业理论、利息理论、投资乘数理论、货币理论等。通过这六根闪射思想智慧火花的理论支柱，凯恩斯搭建起了一条通往繁荣美好的道路。在此基础上，他提出，政府必须利用财政、货币杠杆，积极干预市场经济，从而增加有效需求，实现充分就业。只有这样，才能走出萧条低谷，振兴繁荣经济，唤醒经济这个"睡美人"。他说，政府真正需要的是控制任性的资本主义方向盘，使经济这驾马车驶回到通往繁荣的道路上去。

在《通论》中，凯恩斯首先试图回答这样一个问题：在一定时期由什么决定就业水平和国民收入？他的答案是：这将取决于有效需求。他所说的有效需求，是指市场上有支付能力或购买能力的需求。"有效需求理论"是凯恩斯经济学的理论基础，也是他就业理论的逻辑起点。他的就业理论就是依据"有效需求原理"展开的。他说："有效需求不足可以妨碍经济繁荣。"

凯恩斯认为，有效需求不足的原因，是消费需求和投资需求的不足。而消费需求和投资需求的不足，又是由三个基本心理规律决定的。他说，不是供给决定需求，而是需求创造自己的供给。凯恩斯以有效需求理论为核心，在阐述三大基本心理规律的基础上，全面展开了他的理论分析，分别构建起就业理论、利息理论、乘数理论和货币理论，从而形成了一个系统的国民产出与就业决定理论。他以此学说为基础，“建立起庞大的、在逻辑上无懈可击的上层结构，从而增加了它的美感”。

凯恩斯的《通论》，不仅像他自己所说的是“一本颇具革命性的经济理论的书”，而且是像“哥白尼在天文学上，达尔文在生物学上，爱因斯坦在物理学上一样的革命”。凯恩斯创建了一个以国家干预为中心，以消除经济危机和失业为目标的现代宏观经济学理论体系，成功地推翻了统治经济学思想长达一个半世纪之久的古典经济学。尽管他的革命性的经济理论引起不少经济学家的争议和误解，但他的经济“处方”却拯救了陷入大萧条的资本主义，并为二战之后西方各国所普遍接受，结果迎来了资本主义国家史无前例的长达四分之一个世纪的“经济发展的黄金时代”。凯恩斯本人也赢得了“资本主义的救星”、“战后繁荣之父”等美誉。

凯恩斯《通论》的问世，立即轰动了西方经济学界。它好像暗夜里的一盏明灯，差不多在一夜之间就照亮了西方经济学界的主要领域。在英国剑桥大学，当凯恩斯讲述《通论》原理时，“剑桥最大的报告厅中总是挤满了人。……凯恩斯讲话时，听众都安静地坐着。然后，人们分成许多小圈子，对他进行热烈的辩护或愤怒的抨击。”（何正斌语）就连后来成为凯恩斯主义理论激烈反对者的诺贝尔经济学奖得主（1976 年）米尔顿·弗里德曼也承认：“关于凯恩斯对萧条和正确治理政策的解释的新闻从剑桥（英国）传播开来，这必然像黑夜里的一盏明灯。它提供了一种对疾病极乐观的诊断。更重要的是，它提供了一种更为直接、更少痛苦和更加有效的预算赤字形式的治疗方法。朝气蓬勃的年轻人太容易被它吸引了。”

“不管怎么说，《通论》这只‘号角’——如果允许这样来比喻这本非同寻常的书的话——虽然是在英格兰的剑桥吹响的，但号角声却在麻省的剑桥听得最清楚。哈佛是凯恩斯思想传入美国的主要通道。”（〔美〕加尔布雷思语）可以这么说，哈佛是美国发射凯恩斯主义火箭的发射台。当哈佛大学的学生知道《通论》终于问世时，急得不能等待书店发售，他们凑在一起办理直接邮购手续。从 1936 年起，哈佛大学一群思想解放的教师，白天在课堂上仍然讲授传统的经济学，可是一到晚上，几乎每个人都在谈论凯恩斯。

正当凯恩斯主义登陆美国，并在哈佛大学校园掀起波澜之时，有一个年轻人保罗·A. 萨缪尔森正在哈佛攻读研究生，他就是日后给全世界教授《经济学》，并获得 1970 年诺贝尔经济学奖的“经济学界最后一位通才”。他把年轻经济学者们读到凯恩斯《通论》的激动心情，与济慈（约翰·济慈，1795~1821 年，英国伟大诗人）第一次读到查普曼（乔治·查普曼，1559~1634 年，英国作家、戏剧家、翻译家）翻译的荷马（古希腊盲诗人）著名史诗《伊利亚特》和《奥德赛》时的激动心情相比较。从哈佛开始，经过年轻经济学家们的智慧和双手，凯恩斯在美国建起了一条通往繁荣的高速公路。

萨缪尔森在他的导师、哈佛大学著名经济学教授，“有美国凯恩斯”之称的阿尔文·H. 汉森的影响下，对凯恩斯的《通论》及其理论的形成和发展，进行了系统的研究，加之他以前阅读过亚当·斯密、大卫·李嘉图、阿尔弗雷德·马歇尔以及帕累托、庇古等人的著作，使他得以纵观整个经济史，并以新的眼光看待凯恩斯主义。当时社会上对凯恩斯理论中的“投资乘数论”和“就业乘数论”颇为关注。因此，萨缪尔森决定从当时社会上亟待解决的难题——投资与就业问题入手，来研究凯恩斯主义。由此开始，他站在恩师的肩上，扛起了美国凯恩斯主义的大旗，成为凯恩斯革命“十字军西征”的领军人物。

萨缪尔森是传播凯恩斯学说的旗手和斗士。他最大的贡献，是把凯恩斯的思想编进了素有“小型的经济学百科全书”之称的教科书《经济学》中，熟练地运用简单的代数和简明的图形，阐明并简化了凯恩斯宏观经济学的基本理论。萨缪尔森的《经济学》（1948 年），不仅介绍了凯恩斯的经济理论体系，客观上起到了对凯恩斯经济学说的传播作用，而且在很多方面还对该理论做了补充和发展。后来多次再版，大约每三年修订更新一次。1961 年第 5 版时，萨缪尔森终于完成了将凯恩斯主义与新古典经济学相融合的“伟大的新古典综合”。萨缪尔森说，“新古典综合”就是总收入决定论与微观经济学经典理论的结合。

萨缪尔森指出，凯恩斯主义经济学与新古典经济学，看起来好像很矛盾，实际上却存在着十分密切的联系。两者之间不仅存在“综合”的可能，而且存在“综合”的必要。在《经济学》中，萨缪尔森把以马歇尔为代表的传统经济学称为微观经济学，把凯恩斯主义经济学称为宏观经济学，并将以马歇尔为代表的传统经济学与凯恩斯主义相结合，构成了一个包括宏观经济学、微观经济学、国际贸易与各种主要经济学说在内的、庞大的“新古典综合”理论体系。该体系既具有深邃的理论内涵，又展现了经济学构建的体系之美。

“从那时到现在，《经济学》经历了半个多世纪的风雨历练：和平与战争、繁荣与萧条、通胀与通缩、共和党与民主党，及一系列新的理论。它已经不只是美国的经济学教科书，而成为全球范围内经济学著作的经典。该书博大精深、与时俱进、长盛不衰、风靡全球，不断满足经济学界迅速变化的前沿需求，挺立于时代的潮头和经济学的锋刃之上，被西方称为‘小型的经济学百科全书’。”（范久宇语）

萨缪尔森一贯奉行折中主义原则，其理论体系的最大特点就是折中和综合。他竭力从“新古典综合”理论体系中，探求一条通往繁荣的“中间道路”，而且力求解决和回答在较长时期（如20年或更长时期）内，是否存在一条使经济以最快速度发展的实际有效路径。为此，他创立了“大道定理”（又称“高速公路定理”）。他认为，为了最有效地使一个国家繁荣富强，在一定条件下，首先向高速公路驶去，以便飞快地前进，然后在20年计划终了时，再离开这条道路向最终目标进发。这一大道理论，是最优经济增长理论的重要组成部分。

萨缪尔森在《经济学》中，曾自豪地称自己是一名“凯恩斯主义者”，或者是一名“后凯恩斯主义者”。他在1946年凯恩斯逝世后不久，关于凯恩斯贡献的一篇文章中这样写道："作为一个生于 1936 年（《通论》出版）以前的经济学家是幸运的，但更早年代出生的经济学家就没有这样幸运了。快乐存在于生存的开端，年轻也是一种幸福。《通论》对大多数 35 岁以下经济学家的感染，正像一场意想不到的致命病毒首次袭击了南海岛屿上一个与世隔绝的部落，并夺取众多人的生命一样。50 岁以上的经济学家一般都具有对这种病毒的免疫力，而其余的经济学家则持续高烧，对周围的事情全然不知。"

事实正是如此。"20 世纪 50 和 60 年代，各主要院所的学者把他们的全部精力用于对消费函数、乘数、国民收入统计及其他凯恩斯主义总量的实证研究。凯恩斯的宏观经济学也流行于记者之间，原因是凯恩斯宏观经济学易于理解（增加消费支出对经济有益）。政治家也喜欢凯恩斯的宏观经济学，因为赤字支出能够拉选票。萨缪尔森在麻省理工学院的同事、1987 年诺贝尔奖得主罗伯特·索洛在总结新的正统理论时自豪地宣称：'我们已有的短期宏观经济理论很是完美……剩下的只是填满这些空盒子的琐碎工作。'"（〔美〕马克·斯考森语）

凯恩斯经济学是西方经济思想发展过程中一个重要的里程碑。他于 1946 年战争刚刚结束后去世，而把引导经济学潮流，继续开创新的经济学的任务留给了他的徒子徒孙们。在他开辟的通往经济繁荣的道路上，他的众多信徒，包括新古典综合派和新剑桥学派，沿着其开创的理论足迹，不断地进行艰辛的探索，不仅仅是忙着做些"填满空盒子的琐碎工作"，而且大大促进了凯恩斯理论的发展，进一步夯实并拓宽了通往繁荣的道路。

凯恩斯在构建通往经济繁荣的美好大道上，树起了一块非常醒目的标牌——"有效需求"。他把有效需求定义为总产量（Y），它是消费（C）和投资（I）之和。因此，$Y=C+I$。今天我们称 Y 或总"有效需求"为国内生产总值（GDP）。GDP 是衡量一国物品和劳务产出总量的综合指标。而发明并创造"GDP"这一名词的，是一位凯恩斯的门徒、俄罗斯皮毛商人的后代、美国哈佛大学著名经济学家、1971 年诺贝尔经济学奖获得者西蒙·库兹涅茨教授。西方经济学家称其为“GDP 之父”。

西蒙·库兹涅茨在 20 世纪 40 年代初，就开始用国民收入账户作为衡量凯恩斯有效需求的方法。他提出了国民收入和国民生产总值及其构成要素，并且计算出了它们的估计值。国民收入和国民生产总值的构成要素包括：储蓄、投资、可支配收入总额，以及凯恩斯所讲到的其他量值。库兹涅茨发明了表示用经济中最终总支出的新的名为国民生产总值（GDP）的统计指标，来代表为人熟知的 $Y=C+I$ 公式。由于 GDP 强调最终支出（凯恩斯称为“有效需求”），所以它在本质上是一种凯恩斯主义统计方式。库兹涅茨用实证数据填充了凯恩斯的理论框架，从而为凯恩斯主义的骨架添加了经验研究的血肉。萨缪尔森在他的《经济学》教科书中称赞此为“20 世纪最伟大的发明之一”。

凯恩斯在英国剑桥大学酝酿他的经济学革命时，一位同在剑桥大学任教的、名叫约翰·理查德·希克斯的年轻人受到了他的赏识。当《通论》一出版，凯恩斯首先想到的是邀请希克斯为其提出批评意见。希克斯不负所望，在 1936 年发表了关于《通论》的第一篇书评《凯恩斯先生的就业理论》。但由于匆促写成，他的许多想法尚未得到充分的表达。几个月后，希克斯感到有必要重写。于是，在 1937 年又写了第二篇书评《凯恩斯先生与“古典学派”———一个受启发的解释》。两年后，即 1939 年，年仅 35 岁的希克斯就出版了他的成名之作《价值与资本》，对凯恩斯理论作了进一步研析。凯恩斯自己曾对希克斯说：“我觉得你的文章很有趣，实在提不出什么意见。”

希克斯虽不属于任何一个经济学派，但他却以凯恩斯主义者自居。晚年时期，希克斯在谈起凯恩斯《通论》对其经济思想的影响时说：“我一直是一个凯恩斯主义者。”希克斯运用一般均衡思想，对凯恩斯《通论》的部分内容作了重新表述和综合，将凯恩斯的四个基本思想——消费函数、资本边际效率、流动偏好和货币数量结合成一个整体，为解释收入决定提供了新的更为一般的均衡方法。

IS–*LM* 模型，就是一个优美的例子。希克斯认为，社会储蓄和投资的愿望决定资本市场的均衡，而储蓄和投资又必须同收入水平和利率相适应。*IS* 曲线上的每一点，都表示储蓄等于投资，并且同既定的利率和收入水平相适应，而 *LM* 函数则表明了利率、收入水平、投资和储蓄之间的关系。希克斯由此得出结论：收入的均衡水平是由 *IS* 曲线和 *LM* 曲线的交点所决定的。也就是说，凯恩斯理论的四块基石——消费函数、资本边际效率、流动偏好和货币数量，同时决定了收入的均衡水平。凯恩斯对此承认，*IS*–*LM* 分析是他的观点或他的观点的核心的相当好的表述。*IS*–*LM* 模型，不仅揭示出深奥的宏观经济理论内涵，而且充分展现出经济学的简约之美。

但是，希克斯并没有盲从凯恩斯。他认为，凯恩斯经济学是一种萧条经济学，即它是针对 30 年代大萧条的特殊情况而建立的学说。因此，凯恩斯经济学同以往马歇尔经济学一样，都是一般理论的某个特殊方面，只是他们的侧重点不同罢了。鉴于此，希克斯在潜心研究凯恩斯理论的基础上，创作出版了他的代表作《价值与资本》（1939 年），建立了一般均衡理论的基础——主观价值理论，从而为凯恩斯的理论建立起了价值论基础。希克斯的《价值与资本》，不仅给凯恩斯理论注入了新的生命力，而且使之走上了新的更加充实的发展之路。《价值与资本》也为希克斯赢得了 1972 年诺贝尔经济学奖。可以说，“希克斯的《价值与资本》，足以同古诺、瓦尔拉斯、帕累托、马歇尔等西方经济学前辈的代表作相媲美。”（萨缪尔森语）

在经济学史上，有一位世界著名且稀有的女经济学家。她像凯恩斯一样，都是纯英格兰血统。她年纪轻轻就闯入了由男人占绝对权威耕耘的经济学领地，并很快确立了作为一流经济学家的地位。她就是新剑桥学派的领军人物，英国剑桥大学教授琼·罗宾逊夫人。1929 年，罗宾逊在担任剑桥大学讲师时，就是“凯恩斯小组”的成员之一。这个小组由卡恩、米德、斯拉法、塔西斯以及罗宾逊等活跃于现代经济学界的学者组成。据称，凯恩斯理论体系的形成，就是建立在该小组研讨的基础之上的。由此，罗宾逊便作为小组成员，直接隶属于凯恩斯学派。

其实，罗宾逊早年属于以马歇尔为首的剑桥学派。凯恩斯的《通论》发表后，她就成为凯恩斯经济学说的积极拥护者。直到晚年，她虽然对凯恩斯的某些观点有所改进，但仍坚持自己是正统的凯恩斯主义者。她指责美国的凯恩斯主义者是冒牌货，破坏了凯恩斯理论体系本身的统一性，将凯恩斯理论庸俗化了。她说："在北美以及由北美向世界传播的占统治地位的经济理论，我称之为冒牌的凯恩斯主义。"

凯恩斯在创作《通论》时，罗宾逊毫不犹豫地放弃了自己在企业理论方面的研究，全力以赴地投入到凯恩斯所开创的新思想中。她与凯恩斯频繁通信，研讨《通论》中所涉及的学术理论问题。不仅如此，《通论》出版不久，1937 年，她就撰写了《就业的长期理论》，并结集出版了《就业理论的研究》一书，试图将凯恩斯的短期就业理论，重新建构成长期的理论体系，并提出了长期均衡问题。该书成为战后最为畅销的介绍凯恩斯理论体系的著作之一。

1953 年，罗宾逊夫人发表了著名论文《生产函数与资本理论》，批驳了新古典综合派的资本理论和与之相关的边际生产力分配理论，从而引发了经济学说史上著名的"两个剑桥之争"。这场争辩，实际上是凯恩斯主义的两个主要流派之争。挑战的一方，是以罗宾逊夫人为代表的，以英国剑桥大学为基地的新剑桥学派。而应战的一方，则是以萨缪尔森为代表的，以美国剑桥麻省理工学院为基地的新古典综合派。争论从资本测量问题开始，涉及价值理论、分配理论、经济增长理论等。实质上，双方都是围绕着谁才是真正的凯恩斯主义继承者而展开争论的。

虽然，由于对凯恩斯《通论》的不同理解，或对某些部分理论的不同诠释，新古典综合派和新剑桥学派在沿着不同的路径前进。然而，殊途同归，他们都是对凯恩斯经济学的进一步补充和发展，而且完成并拓宽了凯恩斯开创的通往经济繁荣的道路。"这是一条真正全新的路线。"（〔美〕保罗·戴

维森语）

凯恩斯主义的辉煌，开创了二战后一个长达二三十年的“凯恩斯时代”。凯恩斯主义风靡整个资本主义世界，几乎风光无限。在凯恩斯主义的典型试验场——美国，先是“新政”们从凯恩斯那里找到了国家干预的理论基础。接着，在战后的二三十年间，不论是共和党执政，还是民主党执政，都在不同程度上、不同形式上，推行膨胀性的赤字财政政策。就连当年的美国总统尼克松也说：“我们现在都是凯恩斯主义者了。”由此，世界进入了一个较长的繁荣期，人们充分享受着美好的繁荣成果。

然而，事物总不是一帆风顺的。凯恩斯开辟的通往繁荣的道路，也并非尽是坦途。20 世纪 70 年代，凯恩斯主义无法对西方国家出现的“滞胀”作出合理的解释，遭到了新自由主义的猛烈抨击。进入 80 年代后，新自由主义经济学更是在多个领域与之相对抗，大有取而代之的势头。凯恩斯主义遇到了空前的挑战，凯恩斯主义的美妙神庙完全隐入到不可预知的迷雾之中。到了 80 年代末 90 年代初，由于失业和经济停滞再度成为西方国家所面临的主要经济问题，新自由主义经济学明显地开始失势，凯恩斯主义经济学又开始复兴，并取得了新的突破。

最近，“始发于美国的 2008 年全球经济大萧条，是一场世界性大灾难，导致无数人失去了工作，蒸发了数以万亿的财富。而所有这一切，都与鼓吹自由市场和全球化的现代经济学家所描绘的美好前景相悖”。（〔美〕约瑟夫·斯蒂格利茨语）面对这场经济大危机，国乱思良将，人们自然又想起了凯恩斯，并呼唤“凯恩斯的回归”，而且力图从凯恩斯主义的理论中寻找新的救世灵药。事实说明，政府伸出有形之手，实施大力干预和宏观调控，积极拯救经济危机，这是凯恩斯留给人类的一剂良方。正如《凯恩斯传》作者、出生于中国哈尔滨的英籍犹太人罗伯特·斯基德尔斯基所说：“思想是不会很快随风飘去的。只要这个世界有需要，凯恩斯的思想就会一直存在下去。”

被称为“战后繁荣之父”的凯恩斯，带来了一场轰轰烈烈的经济学革命。

其理论，无论是在他生前，还是在其死后，都闪现着人类智慧的光华。因为毕竟是他，为人类开辟了一条通往经济繁荣的美好道路。

第三节 拯救贫穷

1849 年 8 月 24 日，伟大的无产阶级革命家马克思在遭到德国政府的驱逐后，不得不经由法国，横渡英吉利海峡，来到当时世界上最发达的资本主义国家首都——英国伦敦。在伦敦最初的几年里，马克思一家居无定所，从莱斯特广场上临时租住的房间，到切尔西远离国王大街的一套小房子，然后又搬到伦敦肮脏、拥挤的索荷区第恩街 64 号和 28 号。他们全家饱受饥寒、疾病和绝望的煎熬。为了生存，他们典当了家里所有的东西——家族银器、亚麻布，甚至孩子们的衣物。尽管如此，马克思三个年幼的孩子，还是被营养不良和疾病吞噬了小小的生命。马克思曾经在给恩格斯的信上说:“我不能再出门，因为衣服都在当铺里;我不能再吃肉，因为没有人肯赊给我了。”

1852 年，一个普鲁士密探偷偷潜入马克思在伦敦的家中，详尽搜查后，提交了一份不可多得的马克思家产清单的报告:

“马克思一家居住在伦敦一个条件最差，因而是最便宜的住宅区。他们一家租用一个两居室的套房。朝街的一间用作客厅，后面一间是卧室。家里没有一件干净、坚固的家具。每一件家具都有缺损、裂痕或者油漆斑驳，上面都积上了一层足有半英寸厚的灰尘。家里混乱不堪，客厅的中央摆着一张老式大桌，上面铺着一块旧布，桌上堆满了手稿、书包、孩子们的玩具，以及抹布和女主人装满布块的针线篓。桌上还放着几只杯沿都是缺口的咖啡杯和刀叉、台灯、墨水瓶、平底玻璃杯、荷兰陶瓷烟斗，烟斗旁散落着一些烟灰。一句话，这里的一切都是那样的杂乱无章，而且什么东西都堆在同一张桌子上。旧货商都会羞于出卖这一大堆破烂。”(〔美〕加尔布雷思语)

然而，此时饱尝赤贫滋味的马克思，却正在进行拯救人类贫穷的伟大事业。“基本上，马克思不想浪费他的时间做常规的工作来养育他年幼的家人。他更愿意花费数小时、数月甚至数年在大英图书馆里研究和写作。他可能回到家，告诉燕妮（马克思夫人），他在经济决定论方面有了重大的发现，那就是所有的社会活动都由经济力量决定。他1867年以德语出版的经典著作《资本论》，是他事业的巅峰。”（〔美〕马克·斯考森语）

实际上，从1843年开始，马克思就在着手系统地收集资料研究政治经济学，并撰写了一系列重要著作。19世纪40年代末，已经初步形成了马克思主义政治经济学。首先，在1857~1858年，马克思研究整理出一部篇幅巨大的手稿，即《1857~1858年经济学手稿》。这是他创作《资本论》的最初尝试，也可以说是《资本论》的第一稿。在此基础上，他横眉冷对阶级敌人施加的疯狂政治迫害，全然不顾一些流亡者败类射来的暗箭，甘愿忍受个人和家庭的贫病交迫，夜以继日地从事紧张的经济学研究。终于在10年后的1867年9月14日，《资本论》第一卷在德国汉堡正式出版。马克思为写作《资本论》，几乎花了整整20年时间，倾注了他的毕生心血。他广泛收集和阅读相关的文献资料，仅在伦敦大英图书馆深入研读的各类著作就有1500多种，所作的摘录和笔记达100余本。

马克思的《资本论》，是一部博大精深的皇皇巨著，也是马克思主义理论宝库中光辉灿烂的科学巨著。它是一片海，人类社会的全部知识，经过在历史河床上的长途奔流，又经过在各种学科山林间的吸收过滤，最后都汇到了马克思的脑海里来，汇到了这部大书里来。甚至它的光焰也逼得资本家不得不学《资本论》，不得不承认劳资对立，设法缓和矛盾。马克思说：“在本书中，我要研究的是资本主义的生产方式、生产关系和交换关系……本书的最终目的就是要揭示现代社会经济运动的客观规律。”

《资本论》就是论资本，而资本是带来剩余价值的价值，没有剩余价值就不存在资本，而没有资本也就不能带来剩余价值。所以，《资本论》的中心内容就是剩余价值。从第一卷到第四卷，都是围绕剩余价值的生产、实现、分配及其发展史展开的。可见,《资本论》是研究资本家如何榨取工人所创造的剩余价值，以及剩余价值的实现和分配问题。

《资本论》从资本主义社会财富的基本元素——商品的分析开始，一步步地揭示出资本主义经济制度内部的错综复杂的矛盾关系。它科学地说明了资本主义生产方式中生产力和生产关系之间，经济基础和上层建筑之间矛盾的相互作用。马克思在说明资本主义对生产力的巨大发展和历史进步的巨大贡献的同时，也深刻揭露了资本占统治地位的自由放任的市场经济，指出资本原始积累的原罪在于，它必将制造并继续制造着穷人与贫困。这是因为资本积累规律必然导致劳动者与生产资料相分离，从而制造劳动者贫困化后果。他还从本质上回答了劳动在资本主义经济社会的位置，并从理论上廓清了穷人为什么穷，富人为什么富。

马克思在《资本论》中，科学揭示出由于资本主义固有矛盾的发展，且越来越尖锐化，最终必然导致资本主义的灭亡。取而代之的是社会主义社会和更高级的共产主义社会，从而使社会主义由空想变为科学。马克思在内心深处是一个千年王国的信徒，他坚信天堂可以在人间实现。他心中理想的社会主义，将第一次完整地体现人类的存在和幸福，无产阶级专政将被一个没有阶级、没有国家的社会所代替。亚当·斯密所寻求的“普遍富裕”的目标，最终将在真正的共产主义下实现。马克思所预言的社会主义人间天堂，对于全世界受苦受难的民众来说，是一道新的光亮，意味着一种全新的美好生活方式。对于这种社会，恩格斯绘出的蓝图是:“这种制度将给所有的人提供健康而有益的工作，给所有的人提供充裕的物质生活和闲暇的时间，给所有的人提供真正的充分的自由。”这完全是一幅现代版的桃源图。

马克思的《资本论》,研究的是资本主义生产关系及资本主义制度的走势。这在一般人看来似乎相对抽象，但在马克思的笔下却写得栩栩如生，犹如散文般优美。他把这种研究寓于商品经济的运行，寓于活生生的经济现实之中，实现了抽象与具体、历史与逻辑水乳交融般的完美结合。

《资本论》是无产阶级、劳动大众、千千万万穷苦人民的“圣经”。它从根本上回答了穷人为什么穷，富人为什么富，揭示并指出了穷人通往富裕的基本方向与途径。它的基本立场是为劳苦大众服务的。它是一部拯救贫穷的经济学经典巨著。正如恩格斯所说:“自地球上有资本家和工人以来，没有一本书像我们面前这本书那样，对于工人具有如此重要的意义。资本和劳动的关系，是我们现代全部社会体系所赖以旋转的轴心，这种关系在这里第一次作了科学的说明，而这种说明之透彻和精辟，只有一个德国人才能做得到。”这个德国人就是马克思。他攀登到科学的最高点，把现代社会关系的全部领域看得明明白白。犹如一个观察者站在最高的山巅，环顾欣赏下面风光如画的美景。

1867 年，马克思《资本论》第一卷刚刚出版，正在英国剑桥大学圣约翰学院担任研究员的年轻人阿尔弗雷德·马歇尔就立即购买了，并认真进行了研读。可能受《资本论》的影响，这一年，马歇尔完成了他一生中最具有决定意义的转变——开始了经济学的研究。马歇尔在广泛的阅读中，包括阅读了约翰·穆勒的《政治经济学原理》，对经济学产生了浓厚的兴趣，并最终放弃了数学、物理学、哲学和伦理学的喜好，坚定地走上了研究经济学的道路。

马歇尔晚年在一次回顾自己心路历程时说:大约在 1867 年，我看到了曼塞尔的那本《班普顿演讲集》，它使我产生了这样一个想法，即人类未来可能的发展才是人们应当研究的最重要的课题。“我不怀疑物质享受不平等的合理性，但我怀疑机会不平等的合理性。于是，我利用假期到几个城市的最贫穷的地区做调查，我从一个街区走到另一个街区，看到一张张贫穷的人的脸。从此，我就决心尽我所能对政治经济学进行彻底的研究。”

在广泛阅读哲学、伦理学、经济学著作的过程中，马歇尔逐渐认识到:社会贫富不均现象的产生，并不是由于物质的苦乐不均，而是由于机会的不均。为了证明这种理解是否正确，增进对社会现实问题的了解，他利用假期走访了许多英国当时最贫穷的城镇，还深入到一些贫民窟中考察，了解穷人的生活境况。通过这些广泛深入的实地考察，他深深地感受到，神学、数学、物理学和伦理学，都不能够给人类带来“福音”。因而，他把自己理解社会现状的希望，全部寄托在经济学的研究上，并希望通过经济学的研究，能从中找到社会不公平及收入分配不均的原因，以此来完成自己拯救贫穷的艰辛之旅。马歇尔当时实际上是把经济学看成是增进社会福利、消灭人类贫困的科学。

美籍奥地利著名经济学家约瑟夫·阿罗斯·熊彼特，在纪念马歇尔《经济学原理》发表50周年时评论说:“最初并不是对知识的好奇把马歇尔带入经济学家的阵营，是一种慷慨的冲动把他从道德思考驱向这一阵营。这种冲动就是要帮助推动一项伟大任务:减轻他在英国穷人当中所观察到的苦难和堕落。”正因为如此，马歇尔在致力于经济学研究时，从未放弃过他的道德要求。按照这一要求，经济学要通过拯救“穷人的贫困”来证明经济学的合法性。因此，有人将马歇尔的经济学称为“反对贫穷的经济学”。

虽然，马歇尔把经济学的研究对象规定为一种非常抽象的东西，但他的经济学说却非常关注具体的现实社会问题，比如失业问题、贫困问题等。马歇尔认定:“穷人的祸根是他们的贫困。”但他又提出，贫困是必然的吗？也就是说，究竟是否必然有许多人生来就注定要做苦工，为别人提供美好和文明生活的必需品，而他们自己却因贫困和劳苦一点儿都不能分享到这种生活？消除贫困，使一切人从小就有享受文明生活的公平机会，不受贫困的痛苦和过度机械劳动的影响，难道是真正不可能的吗？马歇尔对这些问题的回答是乐观的。他认为，技术的发达、教育的普及以及其他一些福利设施，能使底层阶级人们的生活趋于改善。因此，马歇尔指出，消灭贫困，增进福利，提高人类的品性，避免人类的堕落，使人类能过上更加美好幸福的生活，这是经济学研究的主要的和最高的兴趣所在，也是经济学研究的主要任务。

马歇尔的经济学思想，集中体现在他的具有里程碑意义的光辉巨著《经济学原理》（1890年）中。这部花费了他13年时间的呕心沥血之作，以悠闲、散漫的笔调，勾绘出数学般精确的心灵。命题被优雅地提出，全书散发出让理论家们眼睛为之一亮的迷人的简洁之美。英国著名女经济学家琼·罗宾逊夫人曾说:“马歇尔的《经济学原理》就是‘圣经’，我们所能知道的，几乎无法超过此书。”

马歇尔在《经济学原理》中，围绕均衡价格理论，首先分析了经济学的研究对象、实质和方法，将经济学定义为研究财富和人的学问。他认为，经济学的目的就是为了解救贫困和增进福利。在此基础上，他在该书中展开了供求理论、生产要素理论、分配理论、弹性理论与消费者剩余理论的阐述。其中，均衡价格理论是马歇尔经济学说的核心。他吸收了西方新、旧各派经济学说的方法论和理论观点，融诸家学说之“精华”于一炉，建立起了一个面面俱到、精巧中允的理论体系。这个体系全面考察了个人的经济行为和单个市场、单个产业的经济活动，创造了许多反映经济运行机制的理论术语和分析工具，阐述了有关生产力发展的原理和思想，最终确立了微观经济学的基本理论框架。

马歇尔的《经济学原理》，不仅放射出理论的光辉，而且显示出马歇尔是经济学正统世界最优秀的才智之士，并且是最富怜悯心的才智之士。他对贫苦劳工，对“卑屈畏缩的可怜虫”，怀有真正的关切。因为，他认为经济学毕竟是改善社会的工具。他这种悲天悯人的情怀，流露在他大作的字里行间。他认为，经济学是“挖掘真理的一种引擎”。他将此引擎引向了一个特殊真理——贫穷的根源与良方。

迄今为止，贫穷问题依然是困扰全人类的主要问题之一，也是困扰经济学的主要问题之一。目前，全世界仍有近 20 亿人口处于贫困之中，每年就有 800 万人因为极端贫困而死亡。“每天早上，我们都能在报纸上读到:昨天有 2 万多人死于极端贫困。具体的故事可以使这些数字生动化——8000 个儿童死于疟疾，500 个父母死于肺结核，7500 个年轻的成年人死于艾滋病，还有数千人死于痢疾、呼吸系统感染，其他致命的疾病继续吞噬已经遭受饥饿折磨的躯体。穷人死在缺医少药的病房里、缺乏抵御疟疾的蚊帐的村庄里，以及缺乏安全饮用水的家里。他们就这样死去，得不到公众的关注。令人伤感的是，很少有人描述这些。大部分人没有意识到这些每日为了生存所作的挣扎，以及大量在这场挣扎中失败的贫困人口。"（〔美〕杰弗里·萨克斯语）

为了拯救贫穷，探索一条脱贫之道，无数经济学家为此呕心沥血，甚至奋斗终生。荣获1978年诺贝尔经济学奖的美国著名经济家赫伯特·A.西蒙曾说："我发现，许多经济学家进入这个专业领域是因为他们目睹了大萧条时的贫困，也有少数人，是因为他们体验了那时的贫困。对于大萧条培育出的经济学家来说，消灭贫困一直是他们的目标，而同情穷人和不幸的人，则是令人钦佩的个人品德。"

曾亲身经历过美国大萧条的瑞典著名经济学家、1974年诺贝尔经济学奖获得者冈纳·缪尔达尔，在1929年美国经济危机爆发时，正受洛克菲勒奖学金的资助，在美国作访问研究。他不仅目睹了极为动荡的美国经济和大萧条的贫困，而且从此开始了其一生关于贫困问题的研究和致力于贫困问题的解决。

缪尔达尔首先从他的祖国瑞典的贫穷问题研究开始。他在一篇文章中写道："在瑞典城市里，一半以上的家庭住两间房或甚至更小的房间。在这个国家里，仍有成群的人很穷，以致营养不良。学校制度使许多人只能受到不充分的初级教育，保健和医药照顾不是免费为所有收入阶层的人服务的。"而且他认为，瑞典贫穷的问题会愈来愈严重。因此，他强烈呼吁：我们应当为创造一个"福利世界"而努力。

随后，1938年，缪尔达尔接受了美国卡内基公司的邀请，以一个"没有种族偏见和完全客观公正态度"的具有良知的经济学家，在美国进行黑人问题的研究与调查。在当时种族主义势力极为猖獗的美国进行这种社会调查，其困难和危险是可想而知的，但缪尔达尔并没有退缩，他以极大的勇气和毅力，冲破重重阻力，战胜一个又一个艰难险阻，前后花了六年时间，对美国黑人的生活状况进行了广泛深入的调查研究，并撰写完成了巨著《美国的困境:黑人问题和现代民主》(1944 年)。他告诫人们:“不能预期美国的贫民窟这个老大难问题，仅仅由于经济增长就会消失。”他认为，最需要的是一种行动，可以使社会最底层的贫困人群脱离贫穷和一切意味着贫穷的东西。

1953 年秋，一次偶然的机会，缪尔达尔进行了为期六周的南亚旅行。他广泛接触了巴基斯坦、印度、缅甸、泰国和印度尼西亚等国家的各个阶层人士，深入了解各国的经济、政治和社会问题。这以后，他又多次访问亚洲其他国家和地区。面对这些国家和地区的贫穷，1957 年秋末，缪尔达尔毅然辞去欧洲经济委员会的职务，全力以赴地从事南亚地区的贫困和经济发展问题的研究。在美国 20 世纪基金会的帮助下，他尽 10 年之功，完成了继《美国的困境:黑人问题和现代民主》之后，又一部力作《亚洲的戏剧:南亚国家贫困问题研究》(1968 年)。

缪尔达尔在《亚洲的戏剧:南亚国家贫困问题研究》中，主要阐释了南亚国家贫困的原因和如何脱贫、如何发展的问题。全书论及占世界人口近四分之一的巴基斯坦、印度、斯里兰卡、缅甸、马来西亚、泰国、印度尼西亚、菲律宾、越南、柬埔寨和老挝共 11 个国家的经济状况，试图在经济、政治、制度、文化、习俗等广泛的层面上研究欠发达国家贫困的原因，深入探讨了贫穷国家发展进步的症结和重心所在。他特别指出，不发达国家在脱贫致富过程中，应在人口控制、农业发展、土地分配和教科文卫等方面进行大胆改革。该书以独特视角，从社会结构与文化因素中去发掘贫困的原因和摆脱贫困的方法，让人们对贫困问题的复杂性与结构因素有了更为深刻的认识。

为了探求有效的治贫之策，缪尔达尔把视野从一个国家、一个地区，扩大到全世界。很快，在 1970 年，他又出版了新著《世界贫困的挑战——世界反贫困大纲》。从“美国的困境”到“亚洲的戏剧”，再到“世界贫困的挑战”，缪尔达尔最终完成了治贫的“三部曲”。这些著作问世之后，成为发展经济学的经典作品，并被誉为“充满智慧的著作”。他从社会平等出发，深入探讨不发达国家落后和贫穷的根源，提出了拯救贫穷的有效方法。他曾宣称自己的奋斗目标是，“最大限度地增加社会财富”，使“最大多数人获得好处”。缪尔达尔不仅为全世界治理贫穷作出了自己的卓越贡献，而且为全人类奉献了自己的无疆大爱。这是一种高尚的、智慧的美。

大萧条土壤里长出来的大树，不只有缪尔达尔。另一位被经济大萧条培育出来的经济学家，是1979年诺贝尔经济学奖得主、美国芝加哥大学经济学教授西奥多·M.舒尔茨。他不仅目睹了美国1929年的大萧条，而且亲身体验了大萧条的贫困。他出生在一个农业之家，生活过得很艰难。因此，他没有系统地接受过中学教育，而是在农场里帮助父母干农活。他目睹并亲身经历了大萧条的农民生活之苦，因而决心学习经济学，尤其是农业经济学，以试图找出能够改善农民生活的经济答案。他因此被人们誉为“穷人经济学家”。他所创立的农业经济学和人力资本理论，也被称为“穷人经济学”。

舒尔茨从20世纪30年代就开始从事农业经济理论的研究。20世纪三四十年代，他曾针对美国农业的危机发表了一系列论著，后又从美国农业问题扩展到对世界农业问题的研究。他从一般经济学的角度，对农业发展和经济增长的关系进行了深入探讨。在长达半个世纪之久的学术研究活动中，他一直居于农业经济学方面的领袖地位。在经济学通常总是给人“高高在上，不近人情”的感觉时，舒尔茨的农业经济学研究，却为经济学带来一丝暖意。他将视角投入到被社会忽视的群体，为穷人呐喊疾呼。他所研究的农业问题经济学，是名副其实的“穷人经济学”。

在研究农业问题的过程中，舒尔茨发现，从20世纪初到50年代，虽然美国农业的产量增长迅速，但农业产量的提高，并不像经济学传统理论所阐述的是土地、人口或资本存量的增加，而是在于人的能力和技术水平的提高。他说：“改善穷人福利的决定性的要素不是空间、能源和耕地，而是人口质量的提高和知识的进步。”舒尔茨通过对教育和科研发展的经济分析，说明了“人力资本”，即人的知识、能力、健康等质量提高对经济学增长的贡献，远比物质资本和劳动数量的增加重要。他这一开创性的研究，使“人力资本”成为经济学的一个重要领域。其代表作《人力资本投资》，被誉为人力资本研究新领域的“独立宣言”。他本人亦被尊称为“人力资本理论之父”。

2005 年 3 月 14 日上午，十届全国人大三次会议举行记者招待会。时任国务院总理温家宝在回答记者提问怎样解决“三农问题”时说:“我想起了诺贝尔奖获得者、美国经济学家舒尔茨的一句话。他说，世界上大多数人是贫穷的，所以如果我们懂得了穷人的经济学，也就懂得了许多真正重要的经济学原理。世界上大多数穷人以农业为生。因而，如果我们懂得了农业，也就懂得了穷人的经济学。我不是经济学家，但我深知农业、农民和农村问题在中国的极端重要性。没有农村的小康，就不会有全国的小康;没有农村的现代化，就不会有全国的现代化。”

贫穷是人类的共同敌人，拯救贫穷是全人类的共同任务。为抗争贫穷，拯救贫穷，最终争取“贫穷的终结”，经济学家们进行了长期的、坚持不懈的奋斗和努力。继“穷人经济学家”舒尔茨之后，又一位被誉为“穷人经济学家”的印度著名经济学家阿马蒂亚·森，因其对福利经济学、贫困和饥荒、社会选择理论以及发展经济学所作出的突破性贡献，荣获了 1998 年诺贝尔经济学奖桂冠。

阿马蒂亚·森出生于印度孟加拉邦。“印度看上去令人激动，但却有些不和谐:优雅的妇女穿着美丽的沙丽，挤过热闹的市场;自由游荡的牛群;猴子猛地从一个屋顶跃到另一个屋顶;送葬的队伍缓缓地挤过拥挤的街市;裹着腰布的神职人员;各种各样的庙宇;贫穷的老人在街角乞讨;裹着头巾的锡克教徒。印度所面临的极端贫困问题,比我以前所想象的更为严峻。”（〔美〕杰弗里·萨克斯语）

特别是 1943 年，印度孟加拉邦的大饥荒。到处是饿殍遍野的惨景，饥饿几乎把这个国家变成了一座人间地狱。死亡人数高达 300 万，而当时官方估计的死亡人数也有 100 万 ~150 万。在大饥荒中只有 10 岁的阿马蒂亚·森虽然有幸逃过一劫，但这次大饥荒却给他幼小的心灵留下了深深的印记，以至终生都难以泯灭。这成为他后来学习经济学，并致力于贫困、饥荒和福利经济学研究的一个重要动力。

贫困和饥荒，一直是阿马蒂亚·森研究的重要主题。他的研究成果，集中反映在其代表作《贫困与饥荒：论权利与剥夺》（1981 年）中。传统理论一直把贫穷看作是人们低收入的结果，但在阿马蒂亚·森看来，收入低只是贫穷的现象，其根本原因是他们获取收入的能力受到剥夺以及机会的丧失。反过来说，贫穷人口的低收入是导致他们获取收入能力丧失的一个重要因素，但并不是全部因素。疾病，人力资本的不足，社会保障系统的软弱无力，社会歧视等，都是造成人们收入能力丧失的不可忽视的因素。为此，阿马蒂亚·森提出了一个衡量贫穷的综合指数。（即：$P=H\{I+(1-I)G\}$，其中 H 为贫困发生率；I 是平均贫困距与贫困线的比率；G 是贫困人口之间收入分配的基尼系数）这被人们称之为“森贫困指数”。该指数将贫穷人口的数量、收入以及收入分布结合在一起，全面地反映了一国的贫困程度。他的这一重大创新，对发展经济学作出了重要贡献。

阿马蒂亚·森通过对印度 1943 年大饥荒、埃塞俄比亚 1973 年大饥荒和孟加拉国 1974 年大饥荒等贫穷国家数起灾荒的大量实证研究后提出：如果有人饿死了，那当然是他们的食物不够。但问题是，为什么他们没有食物？是什么使一个阶层拥有食物而另一个阶层不拥有？他分析认为，这些事实无法用食物短缺来解释。因为有时在食物供应并没有明显低于其他年份的时候发生了饥荒，或者饥荒的地区有时还出口粮食。他得出结论：饥荒是一个穷国经济灾难导致贫困骤增最明显的例子。这种剧增，是因为那些易受伤害的人失去了获得食物的权利，并不是食物供给下降起主要作用。所以，饥荒是一种权利的失效。基于这种分析，阿马蒂亚·森提出，必须通过就业计划等政策来提高穷人收入，使饥荒的受害者得到食物，从而防止人口死亡，以有效阻止饥荒的发生。阿马蒂亚·森在研究贫困、饥荒等问题时，更多地倾注了对最低阶层人的关注，充分体现了一种人文关怀的情感，最终赢得了“经济学的良心”的美誉。

80 多年前，伟大的英国经济学家约翰·梅纳德·凯恩斯仔细分析和考虑了经济大萧条所造成的可怕后果，从环绕其周围的悲观绝望出发，写出了《我们孙儿辈的经济前景》（1930 年）一书。在那个威胁与苦难的时刻，凯恩斯曾乐观地预测：在 20 世纪末，也即他孙子所处的时代，英国和其他工业化国家的贫穷现象能够终结。“今天，我们使用同样的逻辑断言：极端贫穷不会在我们孙子一辈的时代终结，而是在我们的时代终结。”（〔美〕杰弗里·萨克斯语）

当然，这是经济学家们的一个美好梦想。这一梦想能否实现？联合国 2000 年 9 月举行的千年会议发表的《千年宣言》曾郑重承诺：2015 年，全世界极端贫穷和饥饿人口减半；2020 年，至少使 1 亿贫民窟居民的生活有明显改善。果能如此，这将是全世界穷人的福音。

第二章 均衡的和弦
（均衡和谐）

太阳初升，象征着均衡和谐的世界。

第一节 和谐奏鸣曲

1850 年，一部在世界经济学史上颇具影响的经济学著作在法国问世了。这是一部论述经济和谐的专著，书名为《和谐经济论》。非常遗憾的是，该书出版时并不完整，当时只有 10 章。作者弗雷德里克·巴斯夏，于同年 12 月 24 日因病在意大利罗马离开人世，这部书便成了巴斯夏的未完成之作。1851 年，巴斯夏的友人将他在去世前寄出的所缺各章的手稿收集整理，出版了一个完整的版本，这才使得我们今天得以一睹庐山真面目。然而，恰是作者这部最后的著作，却奠定了他在经济学史上的地位，并使巴斯夏成为了 19 世纪上半叶法国和欧洲大陆最负盛名的经济自由主义旗手。

巴斯夏的《和谐经济论》，以服务价值论为基础，以劳务交换服务规律和资本规律等为基本内容，构建了一个和谐经济理论体系，其核心是“经济和谐论”。巴斯夏认为，社会经济结构就像天体或人体结构一样，受到某些普遍规律的支配，它建立在人类天性的普遍规律之上，并按照一定的经济规律有序地运行，从而形成了一个和谐的、有组织的整体。和谐是统治人类社会的自然规律，它将使人类社会在总的改善过程中使人们平等起来。巴斯夏确信，人的本性是追求幸福和谐的，当人们从事经济活动时，从他们的智能中自发地涌现的，只能是秩序、和谐、进步、善良、更美好，以至无限美好。

巴斯夏所强调的经济和谐，主要指包括经济生活的各种要素之间、各种领域之间、各个方面、各个阶段和各个阶层之间等，在自然不受干扰的条件下，均充满和谐。他试图证明经济和谐就是一种自由的和谐，平等的和谐，即在自由竞争和平等交换下，各个个人利益尤其是资本、劳动和才能的和谐一致。他认为，经济学的任务，就是引导人们“去认识一切正当利益彼此和谐这个真理”。他说，“政治经济学并非没有自己的诗意。哪里有秩序与和谐，哪里就不乏诗意。”

这“正像开普勒（德国著名天文学家，提出行星运动三定律）从天空和谐的观点中获得灵感，发现了支配行星轨道的定律一样，早期的经济学家也是从社会利益和谐的观念中获得灵感，建立了经济定律”。

其实，经济学最初诞生于哲学，受到牛顿的启发，道德哲学家们开始探索和构建社会经济领域的自然和谐秩序，于是最早的经济学便诞生了。现代经济学发展史上，“斯密——李嘉图——穆勒定律”，是经济和谐路线的一个重要路标。由此出发的和谐理论路线，历经马尔萨斯的供给过剩理论——巴斯夏的经济和谐论——凯里的利益调和论——瓦尔拉斯一般均衡论——马歇尔“四位一体公式”——克拉克边际生产力分配论——帕累托最优原理等等，构成了一幅完整的经济和谐路线图。

“和谐”是多种关系的综合平衡，是“把杂多导致统一，把不协调导致协调”的发展过程（马克思语）。经济学的理论体系，虽然学派林立，分支众多，但它们并不是杂乱的散金碎玉，也不是大杂烩式的简单拼盘，而是一个相互协调统一和谐的整体。可以这么说，整个经济学是一个锻造完美、框架结构和谐的艺术品。对此，1972 年诺贝尔经济学奖得主肯尼斯 · 阿罗深有感触地说：“我们一次又一次地感觉到（经济学）对称、优美以及看似不相干的各部分的抽象的和充盈的和谐。”

“经济学是一门研究人类一般生活事务的学问。”这是 19 世纪伟大的经济学家阿尔弗雷德 · 马歇尔，在他的经典教科书《经济学原理》中所写的。马歇尔是现代微观经济学的奠基人。他花费毕生心血，几乎将整个经济学大厦中的各个经济理论，都加以整理和精练，并综合起来构成自己的体系。经济学说史上久负盛名的各种学说，诸如亚当 · 斯密的分工理论、李嘉图的地租学说、马尔萨斯的人口论、萨伊的销售法则、西尼尔的节欲说、穆勒的生产费用论、杰文斯的负效用论，以及当时颇为时髦的边际效用论和边际生产力论等，几乎在他之前的所有的经济学成果，都被马歇尔巧妙地加以吸收利用，整合成一个和谐的整体。

马歇尔实现了从古典政治经济学向现代经济学的转型，综合了古典经济学派李嘉图和无产阶级革命导师马克思的劳动价值论，以及奥地利学派及英国边际主义学者主张的效用价值论，并用供给曲线和需求曲线的相互作用来调和以上两种理论，建立起了此后经济学最基本的，也是最通行的供求分析方式。而且许多前人已经接触到而又未深入分析的概念，经过他的整理加工，遂成为有明确内涵的理论范畴。在此基础上，加之他自己的理论创新，最终构建成博大精深的微观经济学理论体系。

“马歇尔毕生致力于把经济学建成一门独立的科学，使它拥有自己的基础，并且像物理学或生物学那样具有高度的科学精确性。就这方面的努力而言，他是伟大的经济学家中的第一人。”这是马歇尔的得意门生、世界著名经济学家约翰·梅纳德·凯恩斯对他恩师的衷心赞誉。

作为马歇尔最喜欢也是最聪明的学生凯恩斯，虽然深得马歇尔的真传，但他并没有沿着老师开辟的坦途跟进，而是另辟蹊径，完成了一次突破性的革命，创立了宏观经济学体系。作为弟子，凯恩斯虽敬爱恩师，但他更爱真理。他对马歇尔的经济思想采取了批判的继承。他从理论上否定了马歇尔坚守的“萨伊定律”，同时对马歇尔的生产论、价值论、分配论，也进行了选择性继承。凯恩斯将马歇尔以消费为内容的需求理论，发展成为消费倾向基本心理规律。而且，凯恩斯的就业理论，基本上采用了贯穿马歇尔《经济学原理》的供求原理，但在理论上更注重研究需求方面的因素，并比马歇尔运用得更加灵活。

凯恩斯不愧为伟大的经济学家。他面对20世纪30年代史无前例、空前严重的经济危机，进行了深入的分析和研究，勇敢地批判和抛弃了传统经济学，即以他的老师马歇尔为代表的新古典经济学理论上的根本性缺陷。他以有效需求原理为核心，在阐述消费倾向、投资引诱和流动性偏好这三个基本心理规律的基础上，分别构建起利息理论、乘数理论、就业理论和货币理论，从而形成了一个系统的国民产出与就业决定理论。他用宏观总量分析代替微观个量分析，建立了现代宏观经济学的分析框架，用总需求与总供给的均衡来分析国民收入的决定，并创建了以总需求分析为中心的宏观经济学体系，从根本上奠定了现代宏观经济学的理论基础。

“凯恩斯的和谐经济既包含了国家范围的经济，也囊括了国际范围的经济。通过投资和收入再分配等机制，实现本国的充分就业，也就是缓解了对外贸易的压力，放慢了全球化的节奏，并减轻由此而产生的社会紧张关系。国际收支结算联盟将结束全球宏观经济的不平衡，自然而然地创建一个更为多元的世界。各个国家和地区会重新发现并大力弘扬他们与众不同的特色。如果全球政治所引起的不平衡被消除了，那么货币就会变得稳定。”（〔英〕罗伯特・斯基德尔斯基语）

马歇尔和凯恩斯这对杰出的师生，他们在经济学理论上都作出了卓越的创建和巨大的贡献。马歇尔代表着新古典经济学，着重研究的是微观经济行为，主张自由放任；而凯恩斯代表的宏观经济学，则主要研究的是宏观经济现象，提倡政府干预。这两个领域、两大分支，虽有不同，但却共同构成了现代经济学的核心。总体来说，“微观经济学和宏观经济学是密切相关的。由于整体经济的变动产生于千百万个人的决策，所以，不考虑相关的微观经济决策，要理解宏观经济的发展是不可能的。例如，宏观经济学家可以研究联邦个人所得税减少对整个物品与劳务生产的影响。为了分析这个问题，他必须考虑所得税减少，如何影响家庭关于购买物品与劳务支出的决策。”（〔美〕曼昆语）

经济学史上，对于“微观”与“宏观”的联系，最早可以追溯到19世纪末。1891年1月，奥地利经济学家欧根・柏姆-巴维克曾写过这一句话：“想适当了解一个发达国家的宏观世界的人，不能回避对微观世界的研究。”

但真正从理论上将马歇尔的微观经济学和凯恩斯的宏观经济学进行革命性综合，构筑起从微观到宏观的统一体系，并使它们成为一个和谐整体的第一人，当属新古典综合派旗手，美国第一位获得诺贝尔经济学奖的麻省理工学院教授保罗・A. 萨缪尔森。

萨缪尔森关于综合、统一、和谐的经济思想，主要是通过他一版再版的

“小型经济学百科全书”式的《经济学》教科书反映和体现出来的。《经济学》教科书是萨缪尔森的呕心沥血之作。1948年秋首版问世，半个多世纪以来，《经济学》大约每三年更新一次，直到他去世。先后共修订出版了19版，译成40多种语言，总销量超过1000万册。对此，萨缪尔森曾在1990年非常骄傲地说:“我不在乎谁为一个国家制定法律，谁为她起草条约，只要由我来写经济学教科书就行。”

1955年，萨缪尔森在《经济学》第三版中，正式提出了“新古典综合”的概念，并在该版书中试图将凯恩斯的宏观经济理论与马歇尔的微观经济理论综合成一个整体。萨缪尔森认为，凯恩斯的有效需求不足理论，注重考察国民收入、就业和总物价水平等宏观总量，而对于组成宏观总量的经济个量分析不足，这就使凯恩斯的宏观经济理论缺乏有效的微观理论基础。马歇尔的新古典均衡价格论，虽然解决了经济个量的决定问题，但又对宏观总量分析不足。两者综合，可以填平宏观经济分析和微观经济分析之间的“鸿沟”，达到辩证统一与和谐发展。

萨缪尔森在《经济学》教科书中,把现代西方国家经济称作“混合经济”。在“混合经济”中，存在两个部分，一部分是私营，一部分是公营，即国家干预经济生活部分。他认为，西方国家经济之所以有效率，就是因为市场制度能够调节私营部门按照效率的原则有效运行，并且公营部门的干预保证了私营部门的有效运行。经济学作为经济分析的工具，必须适应“混合经济”运行的要求，分析各种经济变量之间的联系，揭示经济运行的规律，并确定各种保证经济正常运行的政策措施。因而，经济学作为一个统一和谐的整体，就既要有分析私营部门如何在市场制度调节之下有效运行的微观经济学，又要有分析公营部门如何对经济生活进行适当干预的宏观经济学。

在《经济学》中，萨缪尔森把不同社会制度的经济问题，归结为既有区别又密切联系的三个基本问题:生产什么商品以及生产多少（目的）？怎样进行生产（手段）？为谁进行生产（分配）？由于资源的稀缺，人们必须对生产什么、生产多少，以及什么时候生产作出选择，以实现最大的经济利益。他认为，经济学就是研究稀缺资源的配置和利用的科学。宏观经济理论研究资源的利用程度问题，而微观经济理论则研究的是被利用资源的合理配置问题。两部分互为补充，构成完整和谐的经济学体系。

至此，萨缪尔森的“新古典综合”，从理论上弥补了总量宏观经济学与传统微观经济学之间的鸿沟，完成了新古典经济“均衡”理论与凯恩斯的经济“不均衡”论的对接。其最终目的在于运用凯恩斯所提出的宏观经济理论和政策，使资本主义经济免受周期性危机和失业的困扰，从而实现微观经济理论所说的资本主义经济这一美妙机器的正常运转。萨缪尔森在《经济学》第三版中曾说：“新古典综合弥补了总量宏观经济学与传统微观经济学之间的鸿沟，并使它们成为一个整体。”1981 年诺贝尔经济学奖获得者、美国耶鲁大学经济学教授詹姆斯·托宾对此则称赞说，萨缪尔森是“新古典综合的总建筑师”。

后来，随着 20 世纪 60 年代和 70 年代经济滞胀这一新型“瘟疫”的产生，以萨缪尔森为代表的新古典综合派，在理论和政策方面陷入了严重的困境，显得无能为力，因而遭到货币主义学派、供给学派、理性预期学派以及其他学派的批判。新古典综合理论遇到了严峻的考验和挑战。对此，萨缪尔森敏锐地意识道：“政治经济学期待着新型创新性研究，以更好地治疗经济滞胀这一瘟疫，就像医学研究在寻找一种突破，以更好地治疗癌症和心血管疾病一样。”

时代剧变将出新人，理论激撞必推新学。在各种流派观点纷纷登上经济学历史舞台之际，萨缪尔森的《经济学》教科书犹如一条“和谐”之河，将各种流派理论的合理内核吸收到这条长河中来，以形成和谐的大势，推动整个经济学滚滚向前。1985 年，他在《经济学》第 12 版中，将原有理论与货币主义学派、供给学派、理性预期学派的理论加以重新综合，形成了一个和谐的统一体，并将新体系称之为“现代主流经济学的新综合”。

萨缪尔森的“现代主流经济学的新综合”，并不是简简单单的拼凑，而是吸收了货币主义、供给学派、理性预期学派等各种经济学流派的合理观点，加以融合再创新，构成了一个和谐的整体。他将供给学派和理性预期学派强调的总供给，与新古典综合坚持的、后经货币主义学派进一步丰富发展的总需求加以综合，着重对国民总产值和价格的总体变动进行分析，整合了货币主义与新古典综合的理论，构成了总需求理论，并融合了供给学派与新古典宏观经济学的观点，构成了总供给理论。正如萨缪尔森在《经济学》第 12 版序言中所说:“我们把各种不同的思想流派:凯恩斯主义、古典学派、货币主义、供给学派、理性预期以及现代宏观主流经济学结合在一起。”他在总结自己成功的经验时曾自豪地说，采用折中的方式，将各种理论不断综合，并随理论和实践的发展而不断变化，这是他经济学“永葆青春”的奥秘。

事实雄辩说明，和谐思想不仅照亮了经济学的发展道路，而且使经济学在和谐中闪耀着真理的光芒。可以说，和谐是一个包含着遗传与变异的内涵极其丰富深邃的经济发展的“密码”，一旦触动它，一切就都启动了、融通了、激活了。

和谐，不仅是经济学追求的最高境界，也是千百年来人们一直孜孜以求的美好目标。远在古希腊，毕达哥拉斯学派（约与中国的孔子同期），就最早提出了“美是和谐”的著名命题。他们认为,“天体之间的距离以及天体发出的声音都是和谐的，这种和谐使苍穹无限的宇宙星空处于一种纷繁而不乱、多变而有序的永恒的运动中，就像一支气势雄浑娓娓动听的交响乐发出美妙和谐的音响。”赫拉克利特（古希腊哲学家）继承并发展了毕达哥拉斯的和谐思想,认为和谐产生于斗争,只有差异与对立才是和谐的原因。后经柏拉图(古希腊哲学家)、亚里士多德（古希腊哲学家、美学家)、黑格尔（德国哲学家、美学家）等哲学家、美学家们的丰富和发展，使和谐说达到了最高层次，就是和谐的美。所以，德国剧作家莱辛在《拉奥孔》中说:“美的法则是古代艺术的最高法则，而这个美就是和谐的理想。”

在中国，和谐思想更是源远流长。据朱自清先生《诗言志辨》考证，中和之美是殷周以来的传统思想。《虞书·舜典》中“八音克谐”、“神人以和”是最早见诸文字记载的以和为美的珍贵史料。春秋时期，晏子和史伯关于同与和的论述，“声一无和，物一无文”，只有各种不同声音、因素的和谐统一，才能产生动听的音乐和美的事物。这便进一步发展了和谐为美的思想。从春秋战国时期开始，思想家们把“和”作为一个哲学的抽象范畴加以研究，揭示了和谐的价值、本质和机制。认为“和为贵”是社会最美好的状态；和谐的机制就是“万物负阴而抱阳，冲气以为和”，即事物要通过对立和斗争，最终归于和谐；和谐的本质就在于统一体内多种因素的差异与协调。

可见，和谐之美是整个人类长期以来一直追求的理想境界。然而，“自造物主创世以来，人们将不得不首次直面那些真实而永恒的课题：如何去享用摆脱了经济烦扰之后的自由，如何去支配因科学和福利而涌流的闲暇，如何生活得更加明智、更加和谐和更加美满？”（萨缪尔森语）而对这些问题的解决，正是经济学和经济学家们所追求的“最有价值的目标”。

经济学在向着和谐的伟大目标前进的时候，不仅将会更多地拥有“人的光泽和温度”（〔英〕查尔斯·狄更斯语），而且在形式和内容上都更趋和谐与完整。因为，“一定要判断不和谐地作用于国民收入整体和穷人收入绝对份额的因素的出现，究竟是相当频繁还是极为偶然。当发现不和谐时，必须研究由此所产生的各种实际问题”。

然而，经济学是动态的、发展的。它所揭示的是经济现象、环境变化、世界经济和整个社会的变动趋势。随着经济学和它所置身的现实经济世界的发展变化，经济学的和谐稳定也不是一成不变的。它总是沿着和谐——不和谐——和谐的波浪式轨迹前进。一个现有的和谐秩序被打破，一个新的和谐稳定又将产生。而新的和谐的经济学会更有魅力，更具光辉灿烂的美好前景。

然而，在21世纪初期，一场百年未遇、最为严重的经济危机却打破了经济学的和谐局面。2008年11月，英国伊丽莎白女王二世，在伦敦经济学院向经济学家们发问：为什么几乎没有经济学家预测到新的经济危机的到来？2009年8月，英国《制度经济学学刊》编辑杰弗里·霍奇森教授起草了一份包括英国10名世界顶尖级经济学家联合签名的答信，试图给女王一个交代。

联合签名信中写道："抱歉，女王陛下，我们没能预测到国际金融危机的到来。""总之，没能预测出这次危机的时间、幅度和严重性是许多智慧人士的集体失误，无论国内还是国际上的学者，人们都没能将系统性风险视作一个整体。"信中还解释道："经济学已经变成了应用数学的一个分支，和真实的世界已经绝缘。"主流经济学喜欢玩弄那些令人高度怀疑的普遍理性和有效市场概念，经济学家接受的是狭隘的训练，无外乎那些并不适用的数学技能和不受实证控制的形式化建模，如此这些能够解释为什么经济学家都不能对新的经济危机提出预警。

2008年诺贝尔经济学奖得主，美国普林斯顿大学教授保罗·克鲁格曼，在2009年9月2日《纽约时报》上就此撰文指出："就我所看到的，经济学领域误入歧途是经济学家之过。他们错把那些美妙的，令人印象深刻的数学当作了真理。一直到大萧条时期，大部分的经济学家幻想着资本主义是一种完美或是近乎完美的体制。这种幻想没过多久就被大量的失业率击破了。然而，随着大萧条时期渐渐从记忆中抹去，经济学家们再次回到过去，理想化地勾勒出一种理智个人与完美市场和谐共处的经济体制，这回又穿上了别致的方程式华服。诚然，这场对完美市场的浪漫复兴，部分是因为政治风向的变化，部分是经济上的刺激。但经济学领域失败的最核心原因，莫过于他们试图包罗万象、思维优雅，顺带炫耀他们数学才能的欲望，毕竟胡佛研究所和华尔街的工作机会不容忽视。"

面对21世纪初的这场新的经济危机，经济学显得特别无能为力。根据主流经济学理论，如此规模的经济下滑是不应该发生的。经济学家们对如何阻止类似一连串的危机也束手无策，几乎集体失语。而在应对经济危机手足无措之际，经济学家们有的呼吁"重构经济学"，有的喊出了要"回到凯恩斯那里去"，有的要求到马克思那里去"搜寻理论"，企图由此找到一条光明的、摆脱困境的道路。这一切，都预示着经济学将要爆发一场新的革命。在某种程度上，我们对此已经期待许久：一门更新鲜、更实际、更科学、更和谐的经济学，将会在这场革命中诞生。我们热情期盼早日听到经济学新的、更动听的和谐之音。

第二节　均衡之梦

经济学说的总体经历，是一个扑朔迷离的学术探案故事，其轨迹往往是变化不定的。1985 年，美国麻省理工出版社，出版了一本经济学奇案小说——《致命的均衡》。作者马歇尔·杰文斯，是分别来自美国圣安东尼奥三一大学的威廉·布雷特、E.M. 史蒂芬和弗吉尼亚大学的肯尼斯·G. 埃尔金加三位杰出经济学家的合用笔名。这是他们三本经济学侦探小说的第二本，其他两本是《边际谋杀》和《夺命曲线》。这三本“奇案中的经济学”，是美国百所大学经济学系指定学生的课外必读。正如 1976 年诺贝尔经济学奖获得者，美国芝加哥大学著名经济学家米尔顿·弗里德曼所说：“我认为这种经济学的说理相当精巧，而把经济学分析作为破解谜案的手段也新颖之至。”

《致命的均衡》讲的是哈佛大学某学院院长，同时也是职称和终身制评定委员会主席的丹顿·克莱格，在他的人类学巅峰之作《美拉尼西亚人的风俗习惯》一书中，使用了自己编造的数据，不幸被经济学系天才的年轻人、助理教授丹尼斯·戈森发现了。担心身败名裂的克莱格，设下圈套杀死了戈森，而且几乎逃脱了法律的惩罚。但故事到这里并未结束，却出现了新的玄机。仍是那些数据，睿智的老经济学家斯皮尔曼教授却从中识破了克莱格的阴谋。绝望的院长先生只好跳海自杀了。小说将斯皮尔曼教授描绘成一个身材矮小、秃顶、固执、邋遢的教授，是一位“赤贫犹太移民的孩子”，并曾任美国经济学会会长。作者承认，他们脑中斯皮尔曼教授的原型是米尔顿·弗里德曼。此外，其他人物和故事，都纯属作者虚构。很显然，故事情节并不十分离奇，但真正吸引人的，却是小说对成本、机会成本和均衡这类经济学原理的精妙阐释。

其实，“均衡”这一概念，并不是经济学的专利。它的发明权当属物理学，后来被经济学引入吸收。物理学上的均衡，是指在某一系统中，当各种对立的力量相互作用，且各种作用恰好抵消时，该系统所处的相对稳定状态。而在经济学中，均衡则指的是在价格机制的作用下，市场供求处于平衡的状况。1769 年，英国经济学家詹姆斯·斯图亚特在经济学中第一次开始使用“均衡”这个名词。至今，经济学家们霸占这一成果已近两个半世纪。正如英国经济学家、《凯恩斯传》作者罗伯特·斯基德尔斯基所说：“古典经济学是牛顿物理学的非婚生后代，它把经济学描绘成由独立的原子微粒（人类）构成的世界，它们的作用和反作用力使世界保持在均衡的状态中。亚当·斯密和他的继任者相信，在经济学领域中与重力相似的对应物是理性自利，自利在自由竞争的环境中发挥着作用。在自利和自由市场的影响下，经济自然会达到一个最优的均衡状态。”

可以说，自亚当·斯密以来，经济学深受物理学的影响，一直被均衡理念和范式所支配，由此而建立了一个以均衡分析为核心的经济理论分析体系。古典经济学认为，理性要求行为一致、有序和可观测，只有处于均衡状态的事物才是稳定的。同时还认为，消费者和生产者的自利行为，在市场机制“看不见的手”引导下，不仅会导致各自均衡的实现，而且还会最大限度地促进公共利益，实现整个经济体的和谐与均衡。所以，如何促使价格达到均衡，是古典经济学理论研究的重点。

新古典经济学不仅继承了古典经济学的均衡思想，而且把视野拓宽到了有效需求领域，开始从消费者选择的角度分析经济现象和资源。他们根据消费者选择的最优化配置，分析资源适应消费者需求的利用效率，从而寻求供给与需求的均衡。新古典经济学代表人物阿尔弗雷德·马歇尔经济学背后的基本关切点就是“均衡”。他指出，“均衡”是指两种相反力量所形成的均势。

各种经济指标的数量，是通过各自有关要素的边际增量达到均衡来实现的。他最有名的理论，就是以一种商品的供给与需求的均衡来说明商品的价值与价格。也就是说，他避开一种商品或一种要素的市场和价格与其他商品和要素的市场和价格的关系，只分析这种商品的价值或价格，把研究范围限定在这个商品的局部市场领域内。用马歇尔的话说，就是假定在其他所有条件都不变这样一种静态情形下，研究供求均衡及价格或价值确定。因此，人们称之为局部均衡。马歇尔的这一均衡思想，不仅是他经济理论的核心和基础，而且也是现代微观静态分析的主要内容。

按照一般解释，均衡就是均等、平衡的意思。美学上称均衡为事物之间对等、对称、照应、平衡的组合关系，是形式美的法则之一。不管怎么说，均衡一直是经济学家梦寐以求的理想。在经济学中，供给与需求、自由与秩序、市场与计划、开放与封闭、增长与停滞、繁荣与萧条、通胀与紧缩等，都是相互矛盾而又相互联系的，都存在一个度和一个均衡点。经济学之美，正是体现在这种对度的精确把握和对均衡的艰苦探求之中。

经济学中均衡思想的“精品”，是一般均衡理论。一般均衡是相对局部均衡而言的。它是说各种相互影响、相互作用的经济数量关系，在一定条件下达到彼此均等、平衡。而构建这一理论大厦的，是19世纪一位生于法国，却长期在瑞士洛桑大学执教、自学成才的经济学家里昂·瓦尔拉斯。

瓦尔拉斯的研究，最先得益于他的父亲奥古斯特·瓦尔拉斯给他提供的一个经济学书籍图书室。在这个图书室里，有一本A.A.古诺（法国数学家）的《财富理论的数学原理研究》。古诺是绘制需求曲线和认真地将微积分用于求解经济学最大化问题的第一人。受古诺著作的影响和启发，瓦尔拉斯以精确的方式，从一种商品的需求曲线得出另一种商品的供应曲线。然后，他通过这两条曲线的相交点，得出两种商品的均衡价格。但他很快发现，古诺的需求曲线只严格适用于两种商品的交换，而对于两种以上商品的交换，它只是提供了一个近似值。

沿着古诺的路径，瓦尔拉斯深入下去，集中研究了存在着多种商品种类的条件下，各种商品均衡价格形成的条件。这就是我们所说的一般均衡理论。瓦尔拉斯认为，一切商品的价格都是相互关联、相互影响和相互制约的。例如，谷物和牛肉的价格就受到其他食品价格的影响，食品价格又受到衣服、器具价格的影响，而衣服、器具的价格还会受到其他消费品价格的影响。反之，谷物和牛肉的价格变动，也会影响其他消费品的价格。因此，任何一种商品的价格，必然同其他各种商品的价格相联系。只有一切商品都恰好达到供需相等时，市场的一般均衡才能形成。所以，一般均衡是各种经济力量相互影响的结果。

瓦尔拉斯的一般均衡思想，集中体现在他的经典著作《纯粹经济学要义》（1874 年、1877 年）中。在这部著作中，瓦尔拉斯采用的分析模式，被视为分析一般均衡方法的“最有效的途径”。他的一般均衡体系，是按照从简单到复杂的路线一步步建立起来的。其理论由四个模型组成。首先，瓦尔拉斯撇开生产、资本积累和货币流通等复杂因素，集中考察所谓“交换”的一般均衡。在解决了“交换”的一般均衡之后，他加入更加现实的一些假定——商品是生产出来的，从而讨论“生产”（以及交换）的一般均衡。但是“生产”的一般均衡仍然不够一般，因为它只考虑了消费品的生产，而忽略了资本品（作为实物投资对象的物品，包括机械设备、建筑物等固定资本以及存货）的生产和再生产。因此，瓦尔拉斯进一步提出了关于“资本积累”的第三个一般均衡模型。他的最后一个模型是“货币和流通理论”，考虑到货币交换和货币窖藏的作用，从而把一般均衡理论从实物经济推广到了货币经济。至此，瓦尔拉斯最终建立了一般均衡的理论大厦。

瓦尔拉斯提出的一般均衡理论，是假定在完全竞争的市场中，并且假定在消费偏好、生产结构、竞争类型、要素供给不变的前提条件下，可以通过数学方法证明，所有商品与生产要素的价格、数量，能够调整到相互协调的状态，并达到一般均衡水平。

为此，瓦尔拉斯提出了一个调整过程。他假定最初的一组价格是由“拍卖员”喊价，然后由登记员记录供给与需求的数量。他认为，在价格没有达到均衡之前，不会发生任何交易。一旦“拍卖员”发现过量需求，他就提高喊价;发现过量供给，就降低喊价。交易者将会随之改变其出价。这种摸索着达到均衡的过程，瓦尔拉斯称之为反复探索过程。这种摸索过程一直进行到所有的市场都同时达到均衡时为止。也只有达到这种均衡状态，交易才会进行。这是瓦尔拉斯的理想均衡。

瓦尔拉斯坚信，这样的均衡是稳定的。如果这个体系一开始就失去了均衡，最终也会由于市场之间的相互作用而恢复到均衡状态。这是因为，一种商品价格的变动，固然要引起其他商品的价格和供求关系随之变动，但这一价格的变动，首先影响的是商品本身的供求关系。相对而言，对其他商品的价格和供求关系影响会小一些。通过“探索过程”，最终又恢复到一般均衡。但他同时指出，在这个“探索过程”中，必须假定所有市场都是完全竞争的市场，报酬既不递减，也不递增，而是不变。凯恩斯不无刻薄地描述过这种观点:从长远来看，经济会自动作出调整，“尽管哼哼唧唧，痛苦的呻吟和抽搐，不断的时滞还使发展断断续续，但干预和错误并不对它产生影响”。这也就是说，经济往往会出现“干扰”，类似于牛顿力学中的“摩擦力”，但在发生“休克”之后，又会自动回归到正常均衡状态，就像一个被干扰的钟摆会自动回到它的固定点一样。

由此看来，一般均衡理论描述了这样一种理想经济:消费者最需要的商品，能够被生产者在利润最大化的情况下，以最低的成本生产出来。所有市场，包括劳动力市场，都处于均衡状态——在市场价格下供给等于需求。这无疑是非常美好的理想状态。当然，“经济均衡理论足以让瓦尔拉斯有资格赢得不朽的名声。这一伟大理论那水晶般清澈透明的思路，用一束基本原则的强光，照亮了纯经济关系的结构。在洛桑大学为纪念他而竖起的那座纪念碑上，只镌刻着这样几个字:经济均衡。”（熊彼特语）

由于一般均衡理论的登场，使经济学向更科学、更严密的道路迈进了一大步。但正如所有事物都有两面性一样，一般均衡理论既有其值得肯定的进步性，又存在明显的局限性。虽然这一理论定义所有消费者和生产者参与的价格制度能够优化，但它却无法证明经济如何从最开始的不均衡发展到均衡。由于理论发展的局限和数学工具的限制，瓦尔拉斯始终无法给出均衡的具体证明。也许有佛，但如何成佛呢？

20世纪四五十年代，当大多数经济学家都试图通过瓦尔拉斯构建的一般均衡理论大厦，揭开市场经济的面纱时，一批有才华的年轻经济学家却远离了世间的喧嚣，在美丽的大学校园里，默默耕耘，为均衡提供了一个又一个精美的证明。他们利用集合论、拓扑学等高深的数学知识，精巧漂亮地证明了瓦尔拉斯均衡的存在性和稳定性，以及这种竞争均衡与帕累托最优的一致性，从而将一般均衡理论推向了一个新的高峰，展现出更加光辉灿烂的前景。

1939年，距瓦尔拉斯创立一般均衡理论，已经过去半个多世纪。这期间，一般均衡理论并未显示出任何新生的迹象。直到这年2月，英国剑桥大学一位年轻的讲师约翰·理查德·希克斯，出版了一部《价值与资本》的著作，才使一般均衡理论取得了划时代的突破。他不仅开拓和发展了一般均衡理论，而且使一般均衡理论在20世纪40年代重铸辉煌。

希克斯的一般均衡理论，是把现代西方经济学关于“均衡分析”的各种成就综合起来，即把马歇尔的“局部均衡分析”，同瓦尔拉斯和帕累托的“一般均衡分析”结合起来。他从马歇尔的主观价值学说出发，重新阐释瓦尔拉斯、帕累托的价值学说，然后应用这一经过修正的价值学说，来解决维克塞尔（瑞典学派创始人）所未能解决的关于资本的种种“动态问题”。

希克斯把消费放在经济研究的首位。他是在假定没有生产和没有时间因素变动影响的条件下，来研究消费者需求理论的。他从消费者的“个人均衡”和个人对于价格变动的反应，推进到市场行为和“交换的一般均衡”，再把生产作为补充因素加进去考察“企业均衡”，并由此推演出市场上“生产的一般均衡”。在此基础上，他对均衡的条件和均衡的稳定性进行了分析，建立起静态一般均衡理论。最后，希克斯又引进了时间因素，建立起动态均衡理论。这样，希克斯就在他的主观价值理论基础之上，建立起静态一般均衡和动态一般均衡。他还把静态一般均衡分为交换的一般均衡和生产的一般均衡。动态一般均衡，是希克斯的创新理论和伟大贡献。他提出了“一周”、“计划”、“肯定的预期”这三个同时间有关的重要概念，并借助“一周”等概念，把一种变化过程当作包含一系列的暂时均衡来处理，从而在动态领域内也采用了均衡分析。由此,希克斯胜利构建了他的“一般均衡经济学的理论体系”。

希克斯的《价值与资本》,给一般均衡理论注入了新的活力,“足以同古诺、瓦尔拉斯、帕累托、马歇尔等西方经济学前辈的代表作相媲美”。(萨缪尔森语）1972 年，瑞典皇家科学院宣布:“当约翰·希克斯在 1939 年发表他的《价值与资本》一书时，他为全部均衡理论注入新的生命。他设计了一个完整的均衡模型，比以前这个领域内的努力在大得多的程度上系统地建筑在关于消费者和生产者行为的假设上”。因此，他当之无愧地获得了当年的诺贝尔经济学奖。

当然，希克斯的一般均衡理论，主要是从主观价值出发，试图论证在需求与供给之间、买者与卖者之间的相互关系中存在着一种“均衡状态”。可以说，这只是一种经济理论上的分析，或者说是一种美好的愿望。希克斯自己也承认，资本主义经济体系常常处于“暂时均衡”之中，所看到的更多是不均衡。他解释说，产生不均衡的原因很多，比如:每个人对价格的预期不一致;买卖双方的计划不一致;也或由于技术或心理因素，人们缺乏完全的预见，加之一些偶然因素;等等。这些都可能导致不均衡。

不仅如此，从瓦尔拉斯以来，建立起来的一般均衡理论大厦还不够稳固。对这个理论结构来说，一般均衡的存在性还没有得到满意的解决。因此，如果不能从理论上证明其均衡的存在性，那么这个理论体系就毫无意义。而不能确定均衡存在性的一般均衡理论，无异于空中楼阁。

这些悬而未决问题的解决，亟待于经济学的推进和发展。历史进入到 20 世纪 50 年代，美国两位年轻的经济学家，斯坦福大学的肯尼斯·约瑟夫·阿罗和芝加哥大学的吉拉德·德布鲁，两人通力合作，在美国著名的《计量经济学》杂志 1954 年第三期上，发表了《竞争经济均衡的存在性》。该文对一般均衡的存在性给出了严格的、标准的证明，并最终求得了一般均衡存在的解。这是均衡理论一个新的伟大胜利。经济学界将他们发展并求得其解的一般均衡理论，称之为“阿罗—德布鲁模型”。

其实，在此之前，任教于斯坦福大学的阿罗，就已经在独立攻关一般均衡存在性的难题。1951 年，阿罗发表了《古典福利经济学基本理论的发展》一文，提出了证明一般均衡存在的核心思想。与此同时，在芝加哥大学考尔斯委员会工作的德布鲁，从另一路径上，也在进行一般均衡存在性证明的研究。信息的沟通，使阿罗和德布鲁经常交换研究手稿。于是，两人决定共同撰写论文，宣布用数学方法证明一般均衡的存在，也因此有了这篇划时代的论文——《竞争经济均衡的存在性》。

珠联璧合的阿罗和德布鲁，在这篇论文里，设计了一个市场经济的数学模型。该模型所描述的企业目标是利润最大化，消费者的目标是个人效用最大化。然后根据各自的目标来决定自己生产或消费的数量，并以最大化为原则，计划安排商品和劳务的生产，以及对生产要素的需求。因此，模型中商品的供给、生产要素的需求和所有价格之间的联系便产生了。在一系列假设条件下，阿罗和德布鲁建立起了涉及生产、消费等各个方面关系的方程式。最后，他们用拓扑方法里的不动点定理，对均衡的存在提供了一个权威性的数学证明。他们终于证明了自由市场里需求与供给是能够达到均衡的，而使市场处于均衡的价格体系也确实存在。

阿罗和德布鲁运用集合论作为基本工具，对经济体制进行了抽象的整体数学的描述，通过对基本概念引入一些假设条件，证明了私有制经济存在一个竞争均衡。他们不仅解决了一般均衡的存在性和稳定性，而且使一般均衡理论更具一般性。从而完美地解决了自瓦尔拉斯以来，历时 80 年一直悬而未决的一般均衡存在性这一难题，使一般均衡理论大厦的根基真正得以稳固，并实现了一般均衡理论的整体时代飞跃。他们两人也因此卓越贡献，分别获得 1972 年（阿罗）和 1983 年（德布鲁）诺贝尔经济学奖。

阿罗和德布鲁之后，一般均衡理论大厦的构建似乎已经完整，梦想已然成真。然而，1988 年诺贝尔经济学奖得主、德布鲁的恩师、法国著名经济学家莫里斯·阿莱，却对此提出了质疑。他认为，从瓦尔拉斯到德布鲁的一般均衡模型，均假定一个所有物品都集中在一起进行交换的市场，而且市场价格对所有市场参与者都是共同的、给定的，然后通过唯一的一轮交易作一次性的移动，经济就会从不均衡状态过渡到均衡状态。显然，这些假定都是不现实的。阿莱把这些称之为“单市场经济模型”。

为了弥补这一理论缺陷，阿莱提出建立一个“多市场经济模型”。他用从埃奇沃斯发展而来的“多市场经济模型”，代替“单市场经济模型”。该模型假定导向均衡的交换以不同的价格连续发生，并且在任何给定时点上，不同经营者作用的价格不必是同一的，而在“可分配剩余”的驱动下，每一次交易都趋近均衡。他指出，整个经济体系运行的动力，就是追求可分配剩余。当经济中不存在这种可分配剩余时，也就实现了一般均衡。所以，一般均衡状态，就是没有可分配剩余的状态。而这种没有可分配剩余的状态，是通过价值的调整来实现的。阿莱的“多市场经济模型”，不仅对实际的经济动态学作了现实的表述，抛弃了人为的和无用的假设，而且还可以使人们更好地理解经济计算的深刻实质，并从管理和分配方面理解经济运行的真正意义。因而，它更接近于现实，且更具一般化。

一般均衡理论，由瓦尔拉斯创建，后经一些杰出的经济学理论建筑大师的改建和完善，不仅已经成为现代经济学理论的核心，甚至成为了“经济学的大宪章”（熊彼特语），而且俨然建成了一座精美的理论大厦。“世界上没有一个建筑像它一样，清澈的空间有着这种闻所未闻的华丽繁富。”（〔法〕玛格丽特·杜拉斯语）现代经济学亦因有一般均衡理论这座华丽建筑，而显得更精彩、更美丽。

第三节 有你终生美丽

2001年，美国环球电影制片公司，根据《美丽心灵》（〔美〕西尔维娅·娜萨著）传记作品，改编出品了一部同名电影《美丽心灵》（又名:《有你终生美丽》)。这部影片的人物故事，连同银幕背后的人物原型，深深震撼了全世界人们的心灵。影片发行的第二年，就获得了美国第74届电影奥斯卡金像奖的最佳影片、最佳导演、最佳改编剧本、最佳女配角四项大奖。

该影片艺术地再现了天才数学家约翰·纳什的传奇故事。纳什在麻省理工学院工作期间，年纪轻轻就作出了惊人的数学发现，并奠定了经济学中博弈论的数学基础，而且开始具有了国际声誉。但在30岁时，他却被诊断患有妄想型精神分裂症。他在自己的天才与狂乱中历经痛苦。他的那个美丽的头脑，不仅有过人的智力，而且更有过人的勇气，使他终不至于沉入深渊。这是漫长而痛苦的旅程，然而疾病逐渐恢复。他更是因为关于博弈论的研究成果而获得诺贝尔经济学奖。这是一部非一般意义上的传记电影。它不是通过事实，而是通过想象来试图赞美一个生命的奇迹，并以此达到对真、善、美的追求。

影片中的男主人公原型，现实生活中的约翰·福布斯·纳什，是美国普林斯顿大学教授，著名经济学家、数学家，1994年诺贝尔经济学奖获得者。他是“数学天才、理性行为理论创立者、富于幻想力的一部思想机器”。他的一生非常不幸，而且也非常奇特。但他的一生又是不幸中最万幸的。当他遭遇到命运的无情打击，患上“精神癌症”——妄想型精神分裂症时，不仅有亲人、朋友相伴，而且还有他所钟爱的经济学博弈论给予他强有力的精神支撑，终于使他从地狱回到了阔别30年之久的人间。

纳什患病以后，他的名字频频出现在经济学教科书、进化生物学论文、政治学专著以及数学杂志等各个专业领域。而此时，他的名字往往是作为一个概念出现的。如:“纳什均衡”、“纳什谈判解”、“纳什程序”、“纳什嵌入”、“纳什破裂”、“纳什—莫泽定理”，等等。专家们在熟练地使用这些专业名词时，他们或许尚不知道，这个著名名词所代表的人物，至今仍然活在世上。随着1994年第26届诺贝尔经济学奖的颁发，以及随后的电影《美丽心灵》风靡全球，普林斯顿大学校园里的那个“幽灵”，又重新回到了人们的视野之内。

纳什闯入经济学领域，大约是在1948年前后。他在卡内基工学院（现在的卡内基—梅隆大学）读书时，选修了一些经济学课程，如《国际经济学》等，开始了解到经济学的一些基本概念和问题。这引发了纳什对“讨价还价”等问题的特别关注。1948年，他进入普林斯顿大学读研究生时，仍在思考这些问题，以至于他最后把研究的兴趣完全集中在经济学博弈论方面。

纳什是这样一种人，当其他人通常会在山上寻找攀登顶峰的道路时，他却干脆爬上另外一座高山，再反过来从那个遥远的山峰用探照灯照射这座山。1950年，天才的纳什所贮藏的智慧突然迸发出来。这年早些时候，纳什决定把自己对于博弈论的研究，作为博士论文整理出来。整个夏天，他把时间浪费在考试上，似乎中断了研究，但他让潜意识继续思考这一问题。然而，这段看似“暂停”研究的休息时间，却使他原来模糊的想法得以梳理成形，而且有了一些意外的发现。10月份，他开始感到才思如潮，文以泉涌。很快，一份27页的博士论文《非合作博弈》，就从纳什的脑海里流泻出来。该论文不仅使纳什获得了普林斯顿大学的数学博士学位，而且还使他40多年后赢得了诺贝尔经济学奖。要知道，当年他只有22岁。

在这本《非合作博弈》的薄薄小册子中，纳什不仅创立了“纳什均衡”，而且还奠定了他博弈论大师的地位。他在此文中首先明确区分了合作博弈与非合作博弈，并巧妙地运用数学技巧和高深的数学知识证明:任何一个N人参与的非合作博弈（零和或非零和），如果每个参与者只有有限策略，那么，一定存在至少一个纳什均衡解集。也就是证明了非合作博弈及其均衡解，并证明了均衡解的存在性，即著名的“纳什均衡”，从而揭示了博弈均衡与经济均衡的内在联系。纳什均衡，是以约翰·纳什的姓氏命名的，也称为非合作博弈均衡。经济学上的解释是:纳什均衡是指这样一种均衡,即在这一均衡中，每个博弈参与人都确信，在给定其他参与人战略决定的情况下，他选择了最优战略，以回应对手的战略。也就是说，所有人的战略都是最优的。纳什传记作家西尔维娅·娜萨称:纳什均衡是“一个优美的定理”。

纳什忠实的朋友、美国普林斯顿大学经济学教授阿维纳什·迪克西特，对纳什均衡给予了高度赞美。他说:“纳什论文确定了日后博弈论的合作与非合作模式在经济学应用的方向。后者是从他证明 N 人博弈存在一个非合作均衡点开始的，这个普遍性的证明简单而精巧。在纳什的框架里，每一个参与者按照别人的策略选择自己的策略，当所有这些选择相互一致的时候就达到均衡。在标准的马歇尔竞争市场或瓦尔拉斯竞争市场，每一个独立消费者或企业，正是按照市场价格决定自己应该购入还是卖出;在所有这些决定相互一致的时候就会出现均衡价格。因此，纳什的方法是这种‘选择与均衡’的经济学框架在策略情形的一个自然延伸。而且，纳什的定理适用于任意数目的参与者，适用于任意混合的共同利益和利益冲突的情形;这在许多人相互影响的经济学是不可或缺的。而在贸易当中既存在互利互惠，也有利益冲突。这一切使纳什均衡成为反映理性个体之间相互影响的一个绝佳模型。而这样的相互影响早已覆盖整个经济学领域，还扩展到许多其他领域。需要用这个定理的作者们觉得再也没有必要明确引用纳什的论文，而是简单地称为‘纳什均衡’就可以了。假如别人每次写到或说到‘纳什均衡’，纳什就能得到 1 美元，那么他早就变成大富翁了。”

1950 年，纳什除完成了天才的博士论文《非合作博弈》外，还发表了《N 人博弈的均衡点》和《讨价还价问题》两篇具有重大影响的论文。在纳什 30

岁前短暂而辉煌的学术生涯中，他总共只发表了六篇论文，但篇篇都是精品中的精品。这六篇论文组合成了一个博弈论的强大阵营，将非合作博弈论从冯·诺伊曼和摩根斯坦（《博弈论与经济行为》作者）确定的二人零和的局限中解放出来，大大改进了他们对合作博弈的一个重要门类的解答，为如今在经济学、政治学、商业研究，和其他诸多学科的思维和模式占据支配地位的这种方法奠定了基础，后来的博弈论研究基本上都是沿着这条主线展开的。

“还不到 30 岁，纳什的洞察力和发现就为他赢得了广泛的赏识、尊敬和自主行事的权力。他在数学专业的顶峰取得了辉煌的成就，四处旅行、演讲、教学，会晤同时代最著名的数学家，自己也名闻遐迩。他的天才还为他赢得了爱情。他和一个崇拜他的年轻漂亮的物理系学生结了婚，成为一个孩子的父亲。人们甚至可以说，这是一个了不起的策略。这样的天才，这样的人生，看起来真是一个十全十美的组合。”（西尔维娅·娜萨语）1958 年，美国著名的《财富》杂志将纳什评为全美最耀眼的科学新星。

正当纳什在科学的顶峰奔驰的时候，命运之神将他从理智的顶端推向心智狂乱的深渊。1959 年冬季的一个早上，他拿着一份《纽约时报》走进教工休息室，并不特别对着某一个人，宣布刊登在报纸头版左上方一个角落的一篇报道，隐含了居住在另一个银河系的生物发出的密码信息，只有他一个人才看得懂。这种幻觉越来越多。以至于使刚刚步入而立之年的纳什，就患上了最具灾难性、变化多端、神秘莫测的精神疾病——妄想型精神分裂症。这种被称为“精神癌症”的疾病，往往备受严重的幻想、幻听、思维与情绪错乱的困扰，意志力完全被摧毁，而且几乎没有全面康复的先例。

纳什患病初期的情绪，可以描述为一种提高了的自觉意识、失眠患者的清醒和警觉，而不是躁狂或抑郁。这大概与纳什作为博弈论大师的奇特思维方式密切相关。他开始相信他看到的许多东西，比如：一个电话号码、一个红色领结、一条沿着人行道小跑的狗、一个希伯来字母、一个出生地、《纽约时报》上的一句话等，都有一种隐藏的意思，而且都与博弈论有关，只有他能看懂。他认为自己正处于广阔无边的洞察力的边缘，并宣称自己已经找到了一个办法，解决纯粹数学中最大的难题，也就是黎曼猜想。他成了一个踽踽独行、形单影只、自言自语、孤苦伶仃的人，似长空里的一只孤雁。在这段非常的日子里，纳什仍然坚持进行他所着迷的经济学博弈论研究。虽然，他时而清醒，时而恍惚，但他清醒时是因为他所钟爱的博弈论，而恍惚时却是博弈论以外的其他事情。

这期间，纳什在理性的作用下，成功地进行了一些可贵的数学研究。从而诞生了“普通流体微分方程的柯西问题”,“纳什爆炸性转换”的思想,“奇点的弧结构”和“有分析数据的隐函数问题的解的分析性”等系列成果。美妙的数学方程式，不仅使纳什回归到理性，而且成为他唯一的乐趣和心理抚慰。

整个20世纪七八十年代，纳什都处于梦境一般的精神状态，像个在普林斯顿大学校园里游荡的幽灵。他目光空洞地四处游荡，认为只有自己才真正明白世界的真相，而其他人都生活在幻想之中。在普林斯顿大学校园里，人们总能看见一个非常奇特、脸色苍白、消瘦而沉默的男人在徘徊。他穿着不太合身的衣服和紫色拖鞋，有时在图书馆看书，甚或时不时地跑到校园13层楼高的数学系大楼里，在教室和过道的黑板上涂抹一些数学符号和方程式。他也有时会突然闯入正在上课的教室，用口哨哼着小曲，在黑板上写下数学论题。年轻的学子们会感到惊奇:难道这个似疯子一样的人，就是著名的纳什？但不少学生和年轻的教师们还是仔细研究他留下的信息，有时还逐字逐句地抄写下来。

纳什患病以后，一个伟大的女性，他的妻子艾利西娅，给予了他无限的包容和无私的爱。“她敏感而温柔，皮肤洁白，有一双黑眼睛，纯真无邪，散发出迷人的美，兼备娇媚的羞涩、无可置疑的沉着及完美和高雅。”（西尔维娅·娜萨语）这个美丽优雅如温室兰花般的天之娇女，却有着钢铁一般坚定的意志。她以美丽的心灵和宽广的胸怀，给纳什无微不至的关怀和庇护。她将纳什的自身需要——安全、自由和友谊，一丝不苟地记在心里。当纳什喃喃自语说着谁也听不懂的话时，当纳什幽灵似的逡巡于绿色校园时，她总是用一双温存的眼睛和柔美的手臂相伴相随。她很有耐心，什么也不啰唆，很少对纳什提出什么要求。爱的阳光始终温暖着纳什。她默默的爱意和温柔的举止，在纳什的康复中起到了极其重要的作用。

患病期间，病魔迫使纳什不得不辞去麻省理工学院的教职，但他的同事和上司们还是设法为他办理了保险。当他的同事们听说他被关进了精神病医院后，及时给当时美国著名的精神病学专家打电话。他们说："为了国家利益，必须竭尽所能将纳什教授复原为那个富有创造精神的人。"越来越多的人聚集到纳什身边。他们设立了一个资助纳什治疗的基金，并在美国数学学会发起了一个募捐活动。基金的设立人写道："如果在帮助纳什返回数学领域方面有什么事情可以做，哪怕是在一个很小的范围，不仅对他，而且对数学都很有好处。"

纳什落难之际，他的母校普林斯顿大学敞开胸怀收留了他，才使得这位昔日的天才没有流落街头成为无家可归者。普林斯顿大学不仅有恬静的校园和优美的大楼，而且更拥有世界上最卓越的精英，并充满着大爱。伟大的科学家爱因斯坦就在这所安静优美的校园里，走过生命最后 22 年的宝贵时光。如果在别的地方，一个行为古怪的人，会被当作疯子。可是，在普林斯顿这个有许多大师生活和工作过的地方，如果你行为古怪，人们会想，你可能是一个天才。普林斯顿大学的包容精神和博爱情怀，不仅使普林斯顿成为学术圣地，也使它成为心灵圣地。在这个美丽和谐的校园里，纳什得到进一步的休养生息。而且，学校允许他"幽灵"般地长期游荡在维多利亚哥特式的楼宇间和任何一间教室内，并拥有自己的研究室，还可以自由出入图书馆。在他始终拥有的小天地里，他可以尽情地把玩自己的数字游戏——有些是高等难解的数学习题，更多的则是神秘天机般的复杂方程。

在普林斯顿大学，朋友和同事齐心努力，以各种形式帮助纳什，哪怕是象征性地参加一些研究项目。虽未成功，但他的好友沙普利却为纳什争取到一笔现金奖励。后来，同事们作出安排，使他能够使用大学的计算机，希冀神奇的电脑能够唤醒他超人的才智。事实上，纳什确实学会了使用不断更新换代的电脑。

亲人、朋友、家庭、学校、社会，这些都为纳什的康复创造了一个极佳的和谐环境。但真正使纳什最终走出心魔深渊而慢慢苏醒的，是他始终坚守的对经济学博弈论的深爱和探究。这是他心灵深处的最强知音，也是支持他与病魔顽强搏斗的强大精神动力。

1990 年秋天进入普林斯顿大学任教的萨尔纳克，是个年轻的数论专家，主要研究兴趣在于黎曼猜想。黎曼是德国人，天才数学家，是非欧几何的发明人之一。一次，萨尔纳克刚刚结束一个讲座，讲述自己关于黎曼假设的研究体会。讲座结束后，一个一直坐在后排的高个儿、白头发的长者，走上前去向他索取一份演讲稿。萨尔纳克曾在斯坦福大学求学，师从保罗·科恩教授，当然听说过纳什的名字和故事。他已认出了眼前的纳什，并爽快地答应给纳什送去一份演讲稿。

过了几天，在范氏大楼喝下午茶的时候，纳什再次来到萨尔纳克面前。他说他想提几个问题，尽管说话时仍然避开对方的目光。起初，萨尔纳克只是很有礼貌地听着，但是没过几分钟，他就知道自己不得不高度集中注意力。后来，当他仔细思考这次谈话时，感到相当震惊。纳什已在萨尔纳克的证明中发现一个真正的问题，并提出了一个解决办法。萨尔纳克认为，纳什观察事物的方式与其他人很不一样。“他会立即领悟一些东西，我却不知道自己会不会有朝一日达到那个水平。这是非常引人注目的领悟，非常与众不同的领悟。”萨尔纳克后来回忆说。

由此，引发了两人不断地学术交流。他们经常交谈。每次谈话之后，纳什就会消失几天。然后回来的时候，纳什就会抱着一捆电脑打印的东西。显然，他已经能非常熟练地使用计算机了。他喜欢想出某个小问题，一般是一些非常精巧的小问题，然后好像是玩游戏一样兴致勃勃地试图解决它。萨尔纳克同时注意到，如果纳什通过自己的思考，发现它在一个小的范围确实正确，他就去用电脑进行检验，看看它在以后几百几千次运算中是否同样成立。

这以后，纳什开始参与一些学术活动。他经常去听普林斯顿大学数学系几乎每天都有的好几场学术讲座。讲演者大多是应邀来访的国内外著名学者，也有本校教师。通常，纳什都坐在最后面，也不讲话。朋友们见他只是礼貌地打个招呼，并不在意他为什么来听讲。也许，他只是机械地重复早年学术生涯形成的习惯。也许,他在开始认真地思考研究一些问题。他“文静”得很，像一个羞怯的少女，总是害怕接触别人的目光。

与此同时，纳什开始利用电子邮件与邦别里通信。邦别里多年来一直是普林斯顿高等研究院数学部的明星人物，是数论专家，长期致力于解决黎曼猜想，曾获得“数学界的诺贝尔奖”——菲尔兹奖。他们两人之间的交流，集中在纳什开始叫作 ABC 猜测的几个猜测和计算。这些通信显示，纳什已经开始复苏并再次从事学术研究。邦别里曾说:“后来我们开始利用电子邮件通信。他的思维非常敏锐，所有的建议都非常精彩，没有半点老生常谈的废话。通常如果有人在一个领域起步，人们只会留意那些明显的东西，那些已知的东西。但这次不是那么一回事，他从一个稍稍有些不同的角度看待事物。”

1992 年，纳什的老朋友沙普利在访问普林斯顿期间，与纳什共进午餐。两个老朋友在相隔许多年后，第一次进行相当愉快的交谈。沙普利非常高兴地注意到，纳什的思维已经相当敏捷。“他完全没有容易分心的毛病，学会了使用计算机。他正在研究创世大爆炸，我感到很高兴。”沙普利后来欣喜地告诉人们。

天妒英才，天也爱英才。“而在约翰・纳什的例子里，天神一定也是爱极了他的头脑，以至于要将他的头脑从我们这里夺走几乎 30 年之久。但是，天神也并非冷酷无情;他们一定听到了约翰的许多富有献身精神的忠实朋友，以及数目更加庞大的崇拜者的祈祷，最后还是决定将他的头脑原封不动还给我们。现在，他正积极致力于他在几乎半个世纪以前丢下的‘纳什计划’的后续研究，同时尝试建立一个解决多人讨价还价的方法，取代通过一个非合作过程选举指定谈判代理人的方式达成的合作协同编队。我们热切期待看到这些研究的成果。”这是纳什的挚友、美国普林斯顿大学经济学教授阿维纳什·迪克西特，在2000年6月希腊雅典大学授予纳什博士荣誉学位典礼上，所发表的满怀敬意演讲的一段话。这段话简洁而精确地概括了纳什波澜曲折的一生。

这是一场奇特的博弈。它就像一幅永远读不完的迷人的名画。纳什，这个研究理性策略的博弈论天才，猝然间失去了赖以自傲的理性思维，身不由己地在清醒和疯狂之间来回挣扎徘徊。在那个无人能解的世界里，他始终坚持对经济学博弈论的热爱和追寻。可以说，他的生命就是博弈论。这是一个痛苦地追寻着的灵魂。在纳什奇特的人生旅程中，最终有幸寻求到一个生命的“纳什均衡”，这是亲人、朋友、家庭、学校、社会等诸要素相互作用的结果。而在诸要素中，最重要的、起决定作用的要素，是理性的“自然的激素变化”（纳什语）。这是他对科学事业、对经济学博弈论苦苦思索和探求的精神胜利。从一定意义上说，博弈论挽救了纳什，纳什也使经济学更加美丽。

经济学——有你将终生美丽。

第三章　凯恩斯的方向盘
（调控理性）

玻璃幕墙倒映的高楼大厦，象征经济的繁荣和快速增长。

第一节 恒温调控器

2008 年 9 月 15 日，美国东海岸的国际大都会纽约的一条“墙街”，即曼哈顿区南端的华尔街，有着 158 年历史的雷曼兄弟投资银行，不得不宣布申请破产保护。这家昔日呼风唤雨的全美第四大投资银行，辉煌不再，人去楼空，漂亮的玻璃大门永远关闭了。从此，它从华尔街消失了，也从人们的视野里消失了。不仅如此，雷曼兄弟投资银行的摘牌，迅即打开了金融危机的潘多拉盒子，由此引发的金融海啸很快波及全球，冰岛、希腊等国家几乎面临破产困境，整个世界经济陷入了极大的麻烦。“现在发生的经济危机就是一只黑天鹅，如晴天霹雳，事先毫无征兆，完全出乎意料，突然坠落在这个浑然不知的世界。”（〔英〕罗伯特·斯基德尔斯基语）美国政府抛出了前所未有的 7870 亿美元的“救市”方案，称之为“我们有史以来范围最广的恢复计划”。

一个多月后的 10 月 23 日，82 岁高龄的前美联储主席艾伦·格林斯潘，出席了美国众议院听证会。听证会上，这位一直被称为“经济之神”的老人破天荒地承认:“缺乏监管的自由市场存在缺陷。”对此，世界银行前首席经济学家，2001 年诺贝尔经济学奖得主约瑟夫·斯蒂格利茨，在他的新书《自由坠落》中曾说:“始发于美国的 2008 年全球经济大萧条，是一场世界性大灾难，导致无数人失去了工作，蒸发了数以万亿的财富。而所有这一切，都与鼓吹自由市场和全球化的现代经济学家所描绘的美好前景相悖。”

同是 2008 年，地球的这一边，它是中国人有许多美好梦想的一年。北京奥运，百年梦圆;神舟七号，中国人行走太空。但是，就像全世界所有的伟大梦想一样，实现梦想注定要遭受许多挫折。5 月 12 日 14 时 28 分 04 秒，四川汶川，突然千万声怒吼一齐喷射，飞沙走石，天地混沌，死亡气息煽动起巨大的翅膀肆意飞翔。里氏 8.0 级的强烈地震，使汶川山崩地裂，一片废墟，满目疮痍，惨不忍睹。近 7 万个生命的离开，让中国人在这一年度日如年。

与此同时，这一年的中国经济也迎来了非同寻常的大考。

年初，中国南方遭遇冰雪低温灾害，中国经济却与大自然的气候形成了相反的走势。经济增长由偏快转为过热，价格上涨的压力较为突出。国家提出了实行稳健的财政政策和从紧的货币政策，宏观经济调控的重点放在防止经济增长由偏快转为过热，防止物价由结构性上涨转为明显通货膨胀（“双防”）上。

年中，面对突如其来的四川汶川大地震，中国人备受煎熬。中国经济也出现了巨大的压力，面临出口和经济增速下滑。国家又及时把宏观调控调整为“保持经济平稳较快发展，控制物价过快上涨（一保一控）”，并采取了相应的财税金融措施。

9月份以后，随着雷曼兄弟公司的倒闭，一场浩大的金融危机迅速波及世界各地。全球金融危机使正在抑制经济过热，减缓增长速度的中国经济下滑步伐加快。国家宏观调控的着力点又果断地转到防止经济增速过快下滑上，并采取了积极的财政政策和适度宽松的货币政策。其间先后三次提高出口退税率，五次下调金融机构存贷款基准利率，又采取了暂免储蓄存款利息个人所得税，下调证券交易印花税，降低住房交易税费，加大对中小企业信贷支持等政策措施。同时，还提出了4万亿元人民币的“输血”计划和10个行业的振兴计划。及时、果断、有力的宏观调控，使中国经济终于闯过了激流险滩，保证了中国经济巨轮的平稳前行，并使中国经济在国际金融危机的阴霾中呈现出一抹亮色。

2008年的宏观经济调控，是中国经济近30年来持续快速增长，创造一个个经济奇迹的一个缩影。镜头由此推向中国经济自1978年以来高速增长的三十多年：

中国1978年以前实行的是计划经济。1978年到1992年是计划经济向社会主义市场经济的过渡。1992年提出实行社会主义市场经济，宏观调控逐渐走上了中国经济的历史舞台。从那以后，中国经济经历了四轮宏观调控：第一轮是针对1992年的经济过热，从1993年起实施的紧缩型宏观调控，大约持续到1997年;第二轮是针对1997年的经济偏冷，从1998年开始实施扩张性的宏观调控，大约持续到2002年;第三轮是2003年到2007年经济平稳较快增长，实施了财政、货币政策双稳健的宏观调控，可称之为中性宏观调控。第四轮是2008年以后的宏观调控。

三十多年中国的宏观经济调控，打了一组精彩漂亮的十八般武艺组合拳。既有限制，又有发展;既有紧缩，又有扩张;既有后退，又有前进，运筹自如、拿捏有度。充分发挥了“自动稳定器”（斯蒂格利茨语）的作用，达到了熨平经济波动，促进经济平稳较快发展，不断增加社会财富的目的。它不仅展现出“运筹帷幄之中，决胜千里之外”的雄才大略，以及高超的艺术和不凡的智慧，而且在多彩的宏观经济舞台上，演出了一场场波澜壮阔的大剧和一曲曲气势恢弘的华章。可以说，这既展示出宏观经济学的巨大胜利，又显示出它的迷人之处和神奇魅力。

宏观经济学，诞生于20世纪30年代大萧条的腐烂泥土中。设想一下1929年的世界，几乎四分之三个世纪以前，股票市场欣欣向荣，繁荣时期似乎看不到终点。而仅仅一年之后，世界却发生了令人惊愕的变化。西方人刻骨铭心的是1929年10月的那个“黑色星期四”：

> 这天早晨股市开盘时，并没有出现什么值得注意的迹象，而且有一段时间股价还非常坚挺，不过交易量很大。突然，股价开始下跌。股票报价机一次又一次落后于行情的变化，股价下跌的速度越来越快，显示牌滞后的时间也越来越长。到上午11点，股市陷入了疯狂的竞相抛盘。11点半，股市已经完全听凭盲目、无情的恐慌摆布。到这天结束时，换手的股票数已达到12,894,650股，损失总额达数十亿美元，而且已经有11个金融家自杀了。成千上万的美国人，从普通公民到腰缠万贯的大亨，都失去了他们终生的积蓄。
>
> 这件事简直就像尼加拉大瀑布突然从窗口泻进来一样，一发而不

可收的洪流直泻入证券市场。证券经纪商呼天喊地叫起来，他们撕裂了自己的衣领；他们呆若木鸡似地望着无尽的财富像“棉花糖”般地融化掉了；他们粗声地大吼，像是在吸引买者的注意似的。当时流行的一个凄惨笑话是：当你向旅馆订房间时，旅馆柜台会问你，“是要睡觉，还是要跳楼？”

股市的崩溃引起了银行危机，进而引发了美国经济危机的全面大爆发。这一危机造成的连锁反应，很快就波及依赖美国资本的德国和依赖外贸的英国。不久，便蔓延到全世界大多数国家。危机像雪崩一样，席卷了整个资本主义世界。

这次经济大萧条，从 1929 年秋天开始，持续到 1933 年春季。萧条期间，造成四分之一的人员失业，三分之一的产能过剩。许多人流离失所，衣不遮体，食不果腹。成千上万的人饥寒交迫，生活状况十分悲惨。失业、饥饿、寒冷和死亡，时时刻刻威胁着他们。经济危机中，整个资本主义世界失业人员超过 3000 万。失业者通宵达旦地等候在职业介绍所门前。等候领取救济面包的依然是长长的队伍，成千上万的人在挨饿；在严寒的冬季，失业人员为了御寒，只得用麻布片把裤腿扎起来；城市出现了一片片用破烂洋铁皮搭起的贫民窟。另一方面，资本家们却把劳动者辛辛苦苦生产出来的产品烧毁，或者投入大海，甚至把大批牲畜杀掉。当时美国报纸有这样一则传言，蒙大拿州的牧场主们，要么试着倒掉牛奶，要么赊些子弹，把牲口全部杀死，扔进山沟。曾有人形容美国在危机最严重时，倒入密西西比河的牛奶使这条河流有如一条银河。在巴西，有 2200 万袋咖啡豆被烧毁或倒入大海。在丹麦，仅牲畜就杀掉了 11700 头。

这一时期，即 20 世纪 30 年代，永远地与艰难困苦和经济状况的不景气联系在一起，现在通常被称之为大萧条。但是，在传统的古典经济学那里，从 1776 年亚当·斯密《国富论》问世，也即经济科学诞生以来，坚信理性的个体行动者往往会借由“看不见的手”而达到集体理性，即市场均衡，或者说市场出清。因此，不存在有卖不出去或买不到的状况。也就是说，不存在供不应求或供过于求的现象。即使偶尔有之，那也是短暂的，即可通过“看不见的手”自动进行调节。按照这一理论逻辑，经济危机是不可能产生的。

古典经济学还认为，市场是“有机的”，也即它是有组织的。当生产者所生产的产品总量大于消费者所购买的产品总量时，价格回落。对于理性的生产者来说，为了维持自己的生存，他们会选择降价，或者是削减生产数量；而对于理性的消费者来说，在购买能力保持不变的情况下，价格下降，即购买的成本在下降，但从单个产品中所获得的效用保持不变。根据成本收益法则，他们倾向于多购买产品，或者原来没有购买能力的人也可以购买该产品，这样总的福利水平在上升。在某个数量点上，生产的总产品与消费的总产品数量达到一个均衡，生产者不再出现库存现象，市场是出清的。当产品供不应求时，由于资源的稀缺性，每个产品的价值在上升，价格也随之上涨。对于消费者来说，价格的上涨驱使一部分人丧失购买能力，一部分人由于购买力的约束，倾向于少购产品；而对于生产者来说，由于追逐利润的动机，他们会多生产产品。这将在某个价格和产量点上，市场又达到均衡。所以，按照古典经济学所认可的这种价格机制，可以说是完美无缺的。

然而，“海啸”起处神话灭，大萧条粉碎了古典经济学的梦想和神话。特大灾难的降临，往往既会给人类带来无可估量的损失，也可给人类带来经济学理论上的惊喜。大萧条为宏观经济学的诞生，创造了特殊的机遇和条件。1936 年，约翰·梅纳德·凯恩斯的《就业、利息和货币通论》问世，标志着现代宏观经济学的创立。他从理论上阐释道：大萧条时期的价格调节明显滞后。也就是说，生产者或消费者对市场供求状况的信息不完善，并不能完全预知市场供求信息，等到生产者完全意识到生产过剩时，将为时已晚，不知有多少企业会倒闭，亦不知有多少工人会失业。凯恩斯认为，在这种时候，国家和政府可以采取一些措施来扭转这种局面。这些措施就是宏观调控。凯恩斯以宏观总量分析代替了微观个量分析，建立了现代宏观经济学的分析框架，用总需求与总供给的均衡来分析说明国民收入的决定，并建立了以总需求分析为中心的宏观经济学体系。宏观经济学这个睡美人，被凯恩斯把她从睡梦中吻醒了。

凯恩斯认为，当价格机制不再起作用的时候，市场经济就开始出现急性或慢性疾病。内在表现就是供给和需求之间的不平衡，即中国传统医学上阴和阳之间的不平衡。当市场上所生产的物品总量小于所需求的物品总量时，市场就开始“上火”，其主要表现是市场生产旺盛，“村村点火，户户冒烟”，同时市场价格飞升，使中下阶层人们生活处境日益艰难。而当市场供给总量大于需求总量时，市场又处于“阴虚”状态，造成大量工厂倒闭，机器停产，工人失业，到处呈现一片萧条之状。这种经济衰退现象，宏观经济学家的诊断结论是有效需求不足。他们认为，当市场中有效需求的物品数量少于市场中所生产的物品时，经济衰退产生，最佳的治疗方法就是扩大有效需求。总的来说，凯恩斯主义者们认为，市场的“上火”和“阴虚”，都是经济不健康的表现。因此，必须通过宏观总量上刺激需求和控制需求，来调控他们之间的平衡。

但是，在经济衰退情况下，由于大量人员失业，加上暗淡的经济增长前景，人们用于购买商品的收入会大大缩水。因此，商场里购买商品的人越来越少，购买量也越来越少，一般消费需求便不断萎缩。而另一方面，经济衰退导致价格不断下降，所生产的产品卖不出去。这种景象足以让许多勇敢的投资者望而却步，投资需求在经济的颤抖中停滞不前。在此情况下，加之国外需求要由国外人们的需求状况而定，同时还要受汇率、关税等因素的影响，这对于国内市场而言，是一个不可调控的因素。这时，最有效的，唯一的、看得见的手，就是政府的公共支出需求。政府的公共支出需求包括：政府的投资性支出，主要由国有企业投资和公共产品投入组成；政府的行政费用支出，用以发放人员工资和维护日常运转。当其他需求暗淡时，政府勇敢地点亮自己，以保持总需求的旺盛。对于经济萧条下这种政府“有形之手”的干预，经济学上称之为积极的财政政策。

当然，面对经济衰退，政府这种自我发光发热以维持经济恒温的壮举，往往是不能独立支撑起整个经济春天的。事实表明，如果其他主体都不购买商品，而仅仅靠政府购买，那么市场是无法坚挺的。因此，政府不能只唱“独角戏”，而要通过自己的表演，创造“好戏连台”的局面。市场一片暗淡的时候，到处都充满着萧瑟气息。无论是生产者，还是消费者，都缺乏信心和希望。政府的行动，无疑就像星星之火，帮助人们燃起希望。这就是说，通过政府的财政政策，点燃黑暗之中的希望和信心，并在政策传导机制的作用下，最后形成一片燎原之势。正如英国现代著名经济学家阿瑟·塞西尔·庇古所说:“走出黑暗就是光明！求索光明，就是‘政治经济学这个阴暗的科学’向要从事我们学问的训练的人提出的任务，而发现光明则是这种训练的报偿。”

比如，当政府拿出 100 万元修建公路，某中标公司拿到了这 100 万元。假如该中标公司从这 100 万元中拿出 40 万元用于购买原材料和机械设备，40 万元用于支付工人工资，20 万元留作公司利润。这样，第一波刺激传导就产生了。原材料生产商和机械设备制造商获得订单，大批修路工人获得就业机会和收入，公司也可获得 20 万元收入。不仅如此，原材料生产商和机械设备制造商又将 40 万元用于生产和制造，而且本身也将获得一定利润。另外用于支付工人工资的 40 万元，也并不可能全部存入银行。假设他们拿出 20 万元作为消费支出，还剩 20 万元存入银行。那么，这 20 万元的消费支出，又将带动成千上万的商品生产，并将带动就业的增加、劳动收入的增长和企业家利润的上升，由此便引发了第二波效应。随之而来的还有第三波、第四波、以致第 N 波传导效应。一石激起千层浪，平静的湖面上就会激起层层涟波。100万元的政府支出，往往会引起1000万元左右总需求的增加。这些传导效应，就形成了经济学上的“财政支出乘数效应”。

经典的、著名的罗斯福新政，就是凯恩斯主义实行积极财政政策的试验场，并且获得了巨大成功。

美国经济大萧条后，1933 年 3 月 4 日，在一片萧瑟凄凉的危机惨状中，罗斯福就任美国新一届总统。为了摆脱大萧条，罗斯福开始推行对社会经济生活全面干预的“新政”。新政包括：扩大财政支出，实行赤字财政政策；增加货币和信贷，实行通货膨胀政策；大兴公共工程，创造就业机会等。新政的推行，对于解救经济危机，促进经济复苏，减少人员失业，收到一定的疗效。可以说，罗斯福果断地用政府干预的“烈药”，拯救了垂危的美国经济“患者”，挽回了资本主义在经济危机中不能自拔的颓势，成为了凯恩斯革命的序曲。

时势造就英雄。就在罗斯福新政迫切呼唤新的理论之时，1934 年 5 月，一位最杰出的客人凯恩斯，造访了罗斯福总统。他建议总统实行赤字开支。他说：“与这个办法相比，其他办法都算不了什么。”后来，罗斯福写道，他同凯恩斯进行了“一次精彩的谈话”。与此同时，凯恩斯的《就业、利息和货币通论》，也于 1936 年适时诞生了。凯恩斯坚信，要使经济周期上升，政府必须相机决策，用减少失业的方法来维持购买力，从而领导国家走上恢复商业投资的道路。这将意味着会出现“赤字开支”，同时也会恢复经济平衡。他还宣称，政府真正需要的，是控制任性的资本主义方向盘，使这驾经济列车驶回到通往繁荣的道路上去。凯恩斯用高度的技巧和深厚的理论功底，进行了精彩的阐述，开出了医治萧条、发展经济的“处方”。这便是实行国家干预经济，也就是今天人们称之为的宏观经济调控。因而，这部书迅速成为了新政们的“圣经”。

罗斯福上任后的“百日维新”，其规模之庞大，内容之庞杂，攻势之凌厉，甚至连凯恩斯都为之目眩。凯恩斯在 1933 年 6 月与李普曼的一次跨洋对话中说：你们的总统已经说服国会给了他一些漂亮的空白写字纸和一些漂亮的削尖了的铅笔，但是，我们这边的人根本不知道他真正想要依赖的是他的哪部分权力。

美国人民的信心来得如此之快。在罗斯福总统 3 月 12 日的“炉边谈话”，以及银行重新营业之后，杰克·摩根在写给他的欧洲合伙人的一封信中，充分表达了对罗斯福的颂扬之情。他写道："所有国民都十分钦佩罗斯福的作为，他在仅仅一周内所取得的成就实在不可思议，我们过去从来也没有经历过类似的事情。"在罗斯福百日计划尚未结束，其公共支出从经济学意义上讲乘数效应尚不明显的时候，华尔街股价在一年之内竟上涨了53%，美国经济奇迹般地迎来了复苏的浪潮。

战后，美国实行了凯恩斯主义调节经济的办法，西欧和日本也相继效尤。接着出现的便是西方世界的一片"繁荣"。从那以后，西方世界虽然也出现过几次经济波动。如美国经济在1948~1949年间，发生了一次持续11个月的衰退；1953~1954年间，持续了13个月的衰退；1957~1958年，衰退只有几个月；1960~1961年，又出现了9个月的衰退期。虽然发生在20世纪60年代的越南战争，使美国经济受到一定的影响，但是，到60年代末，美国经济再次启动。后来，1969~1971年间的衰退，持续了将近两年，而1973~1980年左右，一场新的更加剧烈、更加混乱的灾难袭击了美国资本主义制度。接着就是1981~1982年间的衰退，这可以说是自20世纪30年代以来最严重的一次。此后，在80年代的剩余时间里，美国通货膨胀率逐渐下降，并且经济条件有所改善。虽然1990~1991年间，又持续了8个月的经济衰退，但随后的经济就出现了温和而长期的扩张。

一次次衰退，一次次治理。宏观经济调控成效越来越明显，宏观经济学也越来越走向成熟。美国近一个世纪的宏观经济史告诉我们，美国经济在经历了多次衰退和治理之后，走进了20世纪80年代的发展道路。80年代初强硬的货币政策，为1982~2000年的长期经济扩张奠定了基础。除1990~1991年这段时间的短暂衰退外，这个时期已经被证明是美国历史上最成功的宏观经济稳定时期。美国宏观经济这出大"戏"的精彩上演，充分证明了凯恩斯开出的医治资本主义市场经济痼疾的良方发挥了较好的效应。美国著名经济学家罗斯托曾说："传统上，1951~1972年的世界经济大繁荣，被认为是现代宏观经济学的胜利，是因为有高明的财政和货币政策的结合，有效需求被保持在适当的水平（至少到20世纪60年代中期），从而实现了低失业、高增长和低通货膨胀率的独一无二的组合。”

另一名美国著名经济学家、诺贝尔经济学奖获得者保罗·萨缪尔森也曾说：“宏观经济问题，在20世纪的大部分时间里，主导了美国的政治和经济的发展进程。20世纪30年代，当美国以及几乎所有的工业国的生产、就业和价格体系出现瘫痪等问题时，经济学家和政治领导人都在大萧条中艰难地摸索。60年代的越南战争和70年代的能源危机，给美国带来了棘手的问题——‘滞胀’，低增长、高通胀并存使美国人民苦不堪言。90年代迎来了高增长、低失业率和低通货膨胀的黄金时期——这一不寻常的时期被称为经济学的‘新时代’。”

经济学告诉我们，经济波动是一个常态。只要经济活动存在，经济波动就不可避免。一般来说，经济波动的规律不容易有效掌控，并且几乎也不可能较为准确地预测。这将大大地增加了宏观治理的难度，同时也给宏观调控抹上了一层玄妙的色彩。宏观经济学在这种丰富多彩的宏观调控实践中，历经风雨，蓬蓬勃勃地向前发展。探索宏观经济调控的奥秘，充分发挥恒温调控器的作用，保持经济持续快速增长，这必将使宏观经济学绚丽多彩、美不胜收。

风雨过后终将现彩虹。

第二节　掌控货币水龙头

北太平洋加罗林群岛中有个神秘的雅浦岛，是世界上最大的货币所在地，也称“石币之岛”。该岛隶属于密克罗尼西亚联邦。在这里，石头比美元更坚挺。岛上一直使用打制成圆形的石头作为交换媒介，岛民们管这种当货币使用的圆形石头叫作费（fei）。费中间有孔，方便插入木杠运输。这些巨大的雅浦岛石币，是特地从400里（海里）远的另一个岛屿帕劳岛，开采打制后用独木舟运回雅浦岛的。岛民们在进行土地和房屋的买卖交易时，往往用直径约4米、重约5吨的石材当货币使用。不仅如此，其独特的交易方式也很奇妙。岛上居民在完成一笔交易后，竟然可以不用搬走石币。如果交易涉及的费用太大，大到石币无法方便搬运，则采用单纯的所有权认可制度。一个典型的例子是：

> 有一家人的祖上，曾经在另外一个盛产石头的岛上采到了一块硕大的费（石头）。在运回雅浦岛的途中，遭遇风暴，为了救人，砍断了捆着费的缆绳，费沉入了海底。幸存者们回家后，都证明那家人得到了一块质地优良的费，体积也非常巨大。从那时起，岛上所有的人都承认，石头落入海底只是一个意外事故。海水虽然吞没了石头，但并未影响石头的购买价值。因为，石头已被凿制成费，很多人都见过。所以，石头虽然沉在海里，就像放在家里后院一样。这块躺在海底一动未动的费，在岸上却充当了几代交易的媒介。更有趣的是，因为雅浦岛上没有公路，当时的殖民统治者想修一条路，但命令下达后，岛民们因为赤脚走惯了碎珊瑚小路而不愿执行。情急之下，统治者想出了一个妙法。他们派人拿着黑笔，将每块有价值的费都画上一个黑十字，表示这块费已被政府征收。此办法很管用，很快岛上的公路就修好了。然后，当局又派人擦掉了费上的黑十字。擦掉了黑十字的费，又成了岛民们自己的资本。

货币，自诞生之日起，就是一种奇妙神秘的东西。现代人所使用的货币，通常是指纸币。“我们勤勤恳恳地赚生活所需的钱，但每张钞票却都仅仅是一张又一张的纸片。”（保罗·萨缪尔森语）当然，不仅如此，还有债券、股票、信用卡之类的东西。未来，还将使用电子货币。但在远古时代，牲畜、盐、稀有贝壳、珍稀鸟类羽毛、宝石、沙金等不容易大量获得的物品，都曾被作为货币使用过。第二次世界大战中的集中营、战后的德国，以及80年代的俄罗斯，还曾一度把万宝路香烟作为货币。而如今的北太平洋雅浦岛上，人们仍把石头作为货币。

虽然，货币的形式千奇百怪，并呈现出奇光异彩，但实质上它只是一种固定地充当一般等价物的特殊商品。它是价值的一般代表，可以购买任何别的商品。货币是商品交换发展到一定阶段的产物。古代中国最早的金属货币是商朝的铜币。这是从原始的物物交换时代进入到金属货币时代的产物。最初的铜币形式，有刀币、布币、蚁鼻钱等多种多样。秦始皇统一中国后，下令全国的铜币以秦国的圆形铜钱为标准。由于浇注铜币使用砂模，铸造好的铜币带有毛边，所以在其中央留有方孔，以便用木棍串联起来打磨修锉。这种特殊的形状，使它被赋予了诸多具有象征性的神秘解释。比如，人们认为铜币的圆形代表“天”，中央的方孔代表“地”。铜币上通常铸有发行时的皇帝年号。

根据现代经济学原理，货币可分为狭义货币（M1）和广义货币（M2），狭义货币也称为基础性货币，包括现金和活期存款，它代表着经济中的现实购买力；广义货币包括狭义货币加上定期存款。更广义的货币，还包括一些金融衍生品，如债券、汇票和商业票据等。它不仅反映着现实的购买力，也反映着潜在的购买力。若狭义货币增速较快，则消费和终端市场活跃；若广义货币增速较快，则投资和中间市场活跃。中央银行和各商业银行可以据此制定货币政策。如果广义货币过高而狭义货币过低，表明投资过热、需求不旺，有危机风险；反之，如果狭义货币过高而广义货币过低，则表明需求强劲、投资不足，有物价上涨的风险。

货币理论告诉我们，货币在充当一般等价物的同时，也就标明了它的价值尺度。货币的流动性非常强。作为一种有价媒介，它往往很快从一个人的手中流动到另一个人的手中。比如，种菜的人通过卖菜获得现金，又拿现金去买米，现金就流动了一次;如果卖米的人拿这些钱去购买日用品，现金又流动了一次。所以说，现金是流动性最强的货币。股票、债券等其他有价证券的流动性远不如现金货币。

货币（钱）是个好东西。人人都需要货币，而且人人都渴望得到更多的货币。人们对货币的需求，主要是交易需求和资产需求。现代宏观经济学之父凯恩斯告诉我们，人们是否持有货币，取决于三个动机:交易动机、谨慎动机和投资动机。

交易动机，即为应付日常交易需要而持有一部分货币的动机。它主要决定于收入，收入越高，交易数量越大，所需货币数量越多。

谨慎动机，也称为预防性动机，即为预防意外的支出而持有一部分货币的动机。这一货币需求量，主要决定于个人对意外事件的看法。从整个社会来看，预防准备货币同收入是密切相关的。

投机动机，即人们为抓住有利购买获利资产的机会而持有一部分货币的动机。获利资产如债券等有价证券的价格，随利率升降而向相反方向变化。因此，利率低，人们对货币的需求量大;利率高，人们对货币的需求量小。这一货币需求量取决于利率的高低。在利率极高时，投机动机引起的货币需求量等于零，而当利率极低时，投机动机引起的货币需求量将是无限的。由于利息是人们在一定时期放弃手中货币流动性的报酬，所以利率不能过低。否则，人们宁愿持有货币而不再储蓄。这种情况亦被称为“流动性偏好陷阱”。当利率极低时，人们手中无论增加多少货币，都不会再去购买有价证券，而将货币留在手中。因而,流动性偏好趋向于无限大。这时,即使增加货币供给，也不会再使利率下降。

这样来看，货币是愈多愈好。人人都可以多花一些钱，享受幸福美满的生活，而无需任何人少花一些钱，岂不皆大欢喜？货币供给增加，形成迷人的波浪，处在波谷的人羡慕浪尖上的人，竭力也要冲到浪尖上去。但事与愿违。如果一旦货币发行过多，就会导致开支增大，迫使物价上涨;人们工资虽有所提高，但能够购买的东西却会愈来愈少；企业成本上升必然会提高产品价格，否则销售额的增加并不能带来他们预期的利润。于是，便出现物价飞涨，需求缺乏弹性，通货膨胀和经济停滞同时发生。所以，美国货币主义大师、1976年诺贝尔经济学奖得主米尔顿·弗里德曼曾一针见血地指出："通货膨胀永远是，而且在任何地方都是一种货币现象。"通货膨胀的机理和传导机制可能是多种多样的，但直接原因只有一个，即货币供应量过多。弗里德曼用了一个十分形象的比喻：通货膨胀在于经济浴盆里的货币溢出太多。而要制止住浴室中流溢满地的通货膨胀，有效做法就是关闭货币水龙头。

掌控货币水龙头，是一门高超的宏观调控艺术。可以将向社会投入货币的过程，形象地比拟为向缓慢膨胀的容器中注水的过程。如果水龙头过松，水流速度加快，容器中的水就可能漫过警戒线而溢出来。此时，便可采取拧小水龙头，关小阀门。而当水流速度过于缓慢时，再可将水龙头开大些，以保持容器有足够的水量。"我们将会看到，当今货币政策是政府用来稳定商业周期的最重要的工具。中央银行可以控制货币供给，在经济增长缓慢时刺激经济增长，而当价格升得太快时则又踩住经济的刹车。"（保罗·萨缪尔森语）

当然，在实际运行中，如果货币发行一下骤然增加，一下又突然刹车，会使货币水龙头忽紧忽松，剧烈变动，反复无常。这样货币就很可能会成为经济波动的一个主要根源。只有掌控好货币水龙头，才能为经济健康运行提供一个稳定的环境。而要做到这点，就需要采取以稳定物价为最终目标的货币政策，使货币的发行量与实际需要量保持一致。

为了保持物价稳定，实现没有通货膨胀的繁荣，货币经济学家弗里德曼指出，最根本的措施就是要控制货币供给的增长率，使它与经济增长率大体相适应。弗里德曼根据美国过去一百年生产总值平均增长3%的史料分析，如果年产量以每年3%的速度增长，则货币量应以每年略超过4%的增长率增加。之所以要多出一个百分点，是为货币流通速度长期可能减缓而留有余地。所以，每年以3%~5%的货币增长率，大致可以适合经济增长的实际货币需要，以保持市场价格水平的稳定。对此，弗里德曼提出了“单一规则”的货币政策，即“年复一年地按一个固定不变的比率增加货币存量”。

弗里德曼以其矮小的身躯，站在了宏观调控的高度，把“货币政策当作控制经济周期的万灵药”（萨缪尔森语）。他强调，货币是推动产量、就业和物价变化的最主要因素。而货币当局的行为支配着经济周期中货币存量的变动。因而，通货膨胀、经济萧条或经济增长，都可以而且应当唯一地通过货币当局对货币供应的管理来加以调节。正如美国一位货币史学家所说:“控制货币是一场伟大的战争，控制货币的发行和分配，就可以控制财富、资源和全人类。”

弗里德曼不仅是赫赫有名的货币主义大师，而且也是货币学派的创始人。他从 1951 年的货币专题讨论会开始，长期坚持对货币理论的探求，终于“稍微窥视了货币这个广袤无垠而又神奇迷人的花园。自从人类发现，人类非常有必要将买和卖的行为分别开来之后，在几千年的发展过程中，这座花园花开花落绵延不断”。他说:“货币理论就像一座日本式花园。花园的整体美来源于花园的多样性;表面的简单之中隐藏着复杂的实体;厚重的景观则叠化在表象之下。如果我们从各个不同的角度进行观察，如果我们从容但深入地进行研究，我们就能充分领会这两个方面的妙处。复杂与简单两个方面都有一些可以独立于整体之外让人欣赏的东西，但对这些东西有了充分的认知，也只不过是对整体的部分了解罢了。”

货币的魔力之所在，不仅体现在它犹如花园般的“美”和“妙”，而且展示出在许多普通人眼中的“神”和“奇”。它“是一门迷人的学问，而最迷人之处是，它的基本原理如此简单，只需一张纸便可以写完，而且任何人都可以了解，然而真正了解的人实在太少”。（弗里德曼语）因此，货币问题一直困扰着人们:要么货币之水太多，引发通货洪灾，所到之处则物价飞涨;要么水太少则干旱，货币短缺，企业需要货币却无处可觅。为此，货币主义经济学家们，从他们的工具箱中觅到了有效掌控货币水龙头的三大妙招:

第一招是调整准备金率。西方经济学的货币理论说明，银行只能把存款的一部分用于贷款或购买短期债券等营利活动，而必须留下一部分准备金用于正常的到期和临时支付。准备金在存款中占的比率为准备金率。此准备金留多留少，关系到可供贷款货币数额的大小。因而，对准备金率的改变，就是对贷款数额的改变，也是对市场上流通货币量的改变。根据宏观调控需要，是刺激需求还是抑制需求，中央银行可采取提高或降低准备金率来实现。

中央银行对商业银行吸收的存款，规定一个最低限度的准备金，称为法定准备金。法定准备金占银行全部存款的比率，是中央银行为保护存款人和商业银行本身的安全，控制或影响商业银行的信用扩张，以法律形式所规定的商业银行及其他金融机构提取的存款准备金的最低比率。该最低限额比率称为法定准备金率，超过部分则称为超额准备金率。中央银行对法定准备金率的规定，最初是为了降低商业银行的经营风险，保护存款人的存款安全，以后逐渐把它作为控制信用规模和货币供给的货币政策工具。在经济高涨和通货膨胀时期，中央银行为控制信用的过度扩张，采取提高准备金率。它一方面减少商业银行和其他金融机构用于贷款的资金，另一方面使得商业银行创造的货币减少，从而收缩银根，减少货币供给，减少投资，抑制总需求。反之，当经济处于衰退和高失业时期时，中央银行可以降低准备金率，以增加货币供给，增加投资，刺激需求。

美国联邦储备委员会（美联储）前主席，世界著名经济学家、金融家艾伦·格林斯潘，是利用货币利率杠杆调控宏观经济的高手。利率工具在他手中就像一根“魔棒”，引导着美国经济乃至世界经济的走势。有人开玩笑说，他一打喷嚏，美国经济就要感冒，世界经济就要发烧。格林斯潘对经济过热保持高度警戒，两眼紧盯通货膨胀率。只要各项指标显示经济过热的趋势，他马上通过加息使经济降温，以避免泡沫经济的产生。最为严重的 1994 年，格林斯潘主持加息 7 次，创造了美国一年内调升利率的新纪录，最终让美国经济平安“软着陆”，成功地保持了价格稳定，从而开创了美国历史上最长的经济上升期。1998 年下半年，格林斯潘又巧妙地利用利率杠杆，连续 3 次下调利率，给愁云惨雾的美国股市注射了一针速效兴奋剂，让美国经济躲过了亚洲金融危机这一劫。20 年来，他在美联储主席任上，掌控着货币的水龙头。就像一名忙碌的调音师，当弦刚刚显得太紧的时候，赶忙松一点；当弦刚刚显得太松的时候，又再去紧一下，始终保持琴弦处于最佳的音调。可以这么说，他是美国经济旋律的最佳调音师。

2000 年下半年，当人们还沉浸在对新世纪的美好憧憬中时，美国股市却是一片惨淡景象，熊气弥漫，长达 100 多个月的持续经济增长景象结束了，经济开始疲软下滑。特别是 2001 年“9·11”恐怖袭击事件后，美国经济更是雪上加霜。危难之际，为恢复美国经济，刺激经济增长，2001 年 5 月到 2003 年 6 月的两年间，美联储连续 13 次降息，将联邦基金利率从 6% 降到 1%，创下自 1958 年以来的历史最低水平。在这种扩张性货币政策作用下，美国经济逐步复苏，2004 年第一季度增长率达到 3.9%。

2004 年 6 月，美联储在连续 13 次降息后，首次宣布加息，将联邦基金利率提高 25 个基本点至 1.25%。这次加息，标志着美联储新一轮加息运动即将开始。通过近两年连续 17 次加息，联邦基金利率只差 0.75 个百分点就回复到了上一轮降息前（即 2001 年初）的水平。美联储后一轮连续 17 次加息的主要原因，是油价大幅攀升，美元持续疲软，劳动力市场及企业设备利用率偏紧等因素，直接加大了通货膨胀压力。另一方面，美国消费支出扩大，房地产市场价格上升，使人们产生了经济过热的担忧。美联储“掌柜”格林斯潘，就是通过对货币供应量的调节和对货币资源的控制，使得各种资源的供需能够始终保持基本平衡，并使经济能够平稳、持续发展，而避免过大的波动。美国经济的波澜壮阔，大起大落，造就了一个冉冉升起的智慧之星——“经济之神”——格林斯潘。

近年来，世界各国央行纷纷采取利率杠杆调控宏观经济。在油价屡创新高，经济增长加速的情况下，为了控制通胀，2006 年 6 月 8 日，欧洲央行将基准利率上调了25个基点，达到2.75%。至此，欧洲央行在6个月中连续加息3次。与此同时，世界各国为防止和应对经济过热，也加强了利率调控。丹麦国家银行、印度储备银行和韩国银行也先后宣布加息。2006年7月14日，日本银行决定解除自2001年3月实施至今的零利率政策，将作为金融政策基准的无担保隔夜拆借利率从0%提升至0.25%。这是自2000年8月以来，日本央行时隔6年后的首次提高利率。

2003年以后，中国经济不断加速发展，尤其是新一轮房地产热和小轿车热，共同拉动了钢铁、煤炭、水泥、电力、电信等基础产业的快速发展，导致宏观经济过热，物价上涨开始抬头。中国鉴于此，开始拧紧货币水龙头，2004年10月29日，贷、存利率首次上调。2007年以后，从紧的货币政策调控越来越频繁，中国央行先后10次上调商业银行存款准备金率，6次上调金融机构人民币存、贷款基准利率。这对于抑制货币信贷过快增长，稳定物价，保持经济平稳较快发展，起到了四两拨千斤的作用。2008年第三季度，受美国金融危机影响，中国出口开始下降，经济增速下滑。中国央行又旋松货币水龙头，开始放水，实行新一轮反经济萧条的货币政策。从2008年9月16日到2008年12月22日的百日之内，5次下调存、贷款利率。2008年11月26日下调的幅度最大，存、贷款利率下调了1.08个百分点，其他4次分别下调了0.27个百分点。

当今各国，往往是将货币政策和财政政策结合起来搭配使用。这样，宏观调控的力度更大,更有效。但总的来说,这种调节是逆向的。有效需求过热，就让它降温，拧紧货币水龙头；过冷，就加以刺激，旋松货币水龙头。此举既是一项逆向调节经济的政策，又是一门智慧的掌控艺术。

第二招是变动贴现率。贴现率是商业银行向中央银行借款的利息率。中央银行降低贴现率，商业银行会向中央银行多借款，而调高贴现率，则可减少商业银行向中央银行的借款。所以，通过对贴现率的调高或降低，可以增加贷款需求或减少贷款需求。如需刺激经济，便可采取降低中央银行贴现率的办法；若要防止经济过热，则可采取调高中央银行贴现率，来抑制贷款需求，从而抑制经济过热。

当商业银行的准备存款不足以应付存款人取现的现金需求时，就有可能发生挤兑现象。这对银行的信用往往产生较大的影响，甚至可能导致银行倒闭。为避免此类情况发生，商业银行就要向中央银行借款。这种把中央银行给商业银行的借款就称为“贴现”。当这种贴现或借款增加时，它意味着商业银行准备金增加，进而引起货币供给量的增加。当这种贴现减少时，就会引起货币供应量的减少。贴现率政策，是中央银行通过变动给商业银行及其他存款机构的贷款利率来调节货币供应量。

1987 年 7 月，美国原油价格跌至每桶 11 美元。而到了 8 月，又猛涨到每桶 22 美元。价格的暴涨连同其他通胀压力，促使美联储于 9 月 4 日将贴现率提高了 0.5 个百分点。2006 年，日本央行为缓解通胀的压力，抑制经济过热，决定将贴现率由当时的 0.1% 提高到 0.4%。

虽然，贴现率具有调节灵活等优点，但也不宜频繁变动。否则，给人以政策意向不明确的印象，而使商业银行无所适从。此外，贴现率的调节空间有限，且贴现行为的主动权掌握在商业银行手中。如果商业银行出于其他原因而不向中央银行借款，那么，贴现率的调节作用将大打折扣，甚至失效。

第三招是公开市场操作。凯恩斯曾说过：“公开市场交易，不仅可以改变货币数量，而且还可以改变人们对于金融当局之未来政策之预期，故可双管齐下，影响利率。”公开市场操作（公开市场业务），就是在公开市场上买进或卖出债券，调整货币供应量。它是中央银行吞吐基础货币，调节市场流动性最重要也是最常用的货币政策工具。通过中央银行与金融机构进行有价证券和外汇交易，实现货币政策调控目标。如在萧条期，总需求不足，中央银行在公开市场上向企业和个人买进政府债券，将货币投入市场。而当通货膨胀出现时，需求过度，中央银行卖出政府债券，回笼货币。

中国中央银行的公开市场操作，包括人民币操作和外汇操作两部分。人民币操作的载体是国债和政策性金融债券。外汇公开市场操作于 1994 年 3 月启动，而人民币公开市场操作则稍后于 1998 年 5 月 26 日恢复交易，后来规模逐步扩大。1999 年以来，公开市场操作，已成为中国人民银行货币政策日常操作的重要工具。这对调控货币供应量、调节商业银行流动性水平、引导货币市场利率走势，都发挥了积极的作用。

从交易品种看，中央银行公开市场业务债券交易，主要包括回购交易、现券交易和发行中央银行票据。其中，回购交易分为正回购和逆回购两种。正回购为中国人民银行向一级交易商卖出有价证券，并约定在未来特定日期买回有价证券的交易行为。正回购为央行从市场收回流动性的操作，正回购到期则为央行向市场投放流动性的操作。逆回购为中国人民银行向一级交易商购买有价证券，并约定在未来特定日期将有价证券卖给一级交易商的交易行为。逆回购为央行向市场上投放流动性的操作，逆回购到期则为央行从市场收回流动性的操作。

现券交易则分为现券买断和现券卖断两种。前者为央行直接从二级市场买入债券，一次性地投放基础货币；后者为央行直接卖出持有债券，一次性地回笼基础货币。中央银行票据，即中国人民银行发行的短期债券。央行可通过发行票据回笼基础货币，票据到期，则体现为投放基础货币。

一般来说，货币水龙头是通过这三招来控制货币的流量和流速的。但特殊情况下，当需有非常之举。在一个国家或地区，货币通常都是由中央银行来控制发行的。各国的中央银行无疑是货币的源头、发源地。它通过商业银行或其他金融体系流入到客户手中。中央银行发行的货币，通过干流，再通过网络状的、一层一层的支流，最后汇聚大海，形成货币的海洋。因此，中央银行是控制货币水龙头的总阀门。总阀门所控制流出的货币，通过层层汇聚，最终形成波涛汹涌的海洋。这种累积效应，在宏观经济学中称之为货币乘数效应。

如：假设最低准备金率是 10%，当银行获得 100 万元的存款时，它必须留存10万元，只能贷出90万元。又假设银行把这90万元全部贷出。如果某企业家贷到这90万元，将30万元购买原材料，60万元作为后期流动资金又存入银行。原材料商人收到30万元购货款后也存入银行。这样一来，90万元又全部存入了银行。银行收到90万元存款后，必须保留10%的存款准备金，其余的81万元又可以全部贷出。……如此类推，中央银行最先投放的100万元，在商业银行的操作下，按以乘数倍增理论来推算这个数列，最后可达到峰值1000万元。存款准备金率的倒数，其实就是货币乘数的值。

货币如此神奇。掌控货币水龙头，不仅需要战术上的机巧灵活，而且还必须要有战略上的雄才大略和深谋远虑。它简直就是美妙艺术和高超智慧的精灵。在这里，我们如果用广角镜来观看货币的宏观调控，它犹如山川原野五色斑斓的风景。既有色彩，又有深度，远远近近，层层叠叠，轮廓鲜明，如诗如画，构成了一幅秀美的锦绣山川图。这是一种妙不可言的美。“在各方面都美的一切事物本身就是美的，其美是归于自身的。”（〔古罗马〕马可·奥勒留·安东尼语）

第三节 增长之谜

历史上，为什么号称“日不落帝国”的英国，在创造出无比的财富和快速的经济增长后，却走向了衰退？为什么世界头号经济大国美国，在经过几十年的发展黄金期后，却出现了连续三十多年的经济增长缓慢？为什么太平洋上一个狭小的岛国日本，战后经济能够高速增长，发展成为当时仅次于美国的世界经济大国，并创造了经济发展的“东洋奇迹”？为什么自20世纪60年代开始，亚洲的新加坡、韩国、中国台湾和香港，号称“四小龙”的经济增长如此神速，而许多非洲国家的经济却停滞不前，有的甚至还处于倒退状态？为什么古老文明的东方大国中国，在长期落后的状况下，创造了近三十多年来经济持续、快速增长的神话，且一跃而成为世界第二经济大国。为什么？这不是“猜想”，也不是“之问”，而是一个个经济增长之谜。

长期以来，经济增长一直是经济学家关注的中心。“增长理论之河在这期间已经走了很长的路，在其中做进一步的跋涉，似乎是一个很好的主意。”（〔美〕罗伯特·M. 索洛语）按照西方的经济增长学说，经济增长，即国民财富或社会财富的增长。用现代术语解释，就是产出的增长。它表现为国民生产总值，或国内生产总值，或国民收入的增长。1987 年诺贝尔经济学奖得主、美国著名经济学家索洛，曾将经济增长理论比喻为“一处美丽的风景地”。

经济增长理论的渊源，最早可以追溯到古希腊。古希腊著名史学家、哲学家色诺芬，在其《经济论》和《论雅典的收入》中，不仅第一次提出了“经济”的概念，而且还论述了劳动分工可以快速增长财富的问题，从此开始了增长理论研究的“长途跋涉”。其后，经济学家们在经济增长理论这块园地里，进行了几百年的寻觅和长期辛勤的耕耘。从现代经济学鼻祖亚当·斯密及大卫·李嘉图和后来的丹尼森、库兹涅茨等人的“经济增长多因素决定论”，到现代宏观经济学奠基人凯恩斯和哈罗德、多马等人主张的“资本决定论”，再到新剑桥学派琼·罗宾逊、卡多尔、帕森奈蒂为代表的“收入分配决定论”，然后是新古典经济增长理论的代表人物索洛和阿布拉莫维茨提出的“技术进步决定论”，最后是舒尔茨、卢卡斯、罗默等人发现的“知识积累和人力资本决定论”，直到最近的经济增长理论新发展——中国经济学家梁言顺创新提出的“低代价经济增长理论”。为了探求经济增长的奥秘，经济学家们穷尽其精力，而且献出了毕生的聪明才智。他们遨游其中，乐此不疲，每个人都精心勾画出了一幅经济增长的优美画卷。

亚当·斯密是最早具有系统增长思想的“现代经济学之父”。他的经济增长思想，不仅是现代经济增长理论的重要基础，而且是经济增长理论具有鲜明标志的出发点。他成功地超越了重商主义和重农学派等前辈学人，建立起科学系统的经济增长思想体系，矗立起人类认识经济增长一般规律方面的第一座理论高峰。

斯密的增长思想，不仅批判了重商主义和重农学派，而且继承了英国古典经济学创始人威廉·配第等人的经济思想传统。他既站在前人的肩膀上，又注重吸收同时代学者大卫·休谟等人的思想精华。在此基础上，他通过深入、透彻的研究，逐步形成了比较科学、系统的经济增长思想。

斯密增长思想的最初表达，见诸其在格拉斯哥大学道德哲学课讲稿《关于法律、警察、岁入及军备的演讲》中。在此，斯密提出生产的目的是满足人们的自然需要，富裕起因于分工，而分工的程度又必须和商业的范围相称，从而给出了他关于财富性质和财富增长原因的基本观点，构成其增长思想的两大核心基石。

斯密的天才巨著《国富论》,就是以国民财富的增长为中心和主线展开的。他在《国富论》中指出，经济增长受多种因素的影响，劳动是极其重要的生产要素，并且是价值的唯一源泉。他坚持劳动创造价值。他所说的劳动，是指一般化劳动，是一切生产劳动的总和。他认为，劳动应分为生产性劳动和非生产性劳动。人均产出的增加，除了取决于投入生产中的劳动力数量和质量外，还取决于生产劳动者与非生产劳动者的比例。如理发、艺术等非生产性劳动不创造财富，而种植、采矿、制作等生产性劳动才创造财富。一般而言，生产性劳动所占份额越大，则经济增长越快。

斯密根据自己的财富观念，把考察经济增长的视角，主要放在生产和供给方面，并由此判断出经济增长的根本因素，首要的是劳动生产率的提高，再就是参加生产性劳动的人数增加或比例提高，进而引出他对分工、资本、市场规模等多种因素的重视，从而阐释了资本积累在经济增长中的重要作用。

斯密肯定了资本积累在国民财富增长中的重要地位。他指出:“增加一国土地和劳动的年产物的价值，只有两个方法:一为增加生产性劳动者的数目，一为增进受雇劳动者的生产力。很明显，要增加生产性劳动者的数目，必先增加资本，并增加维持生产性劳动者的资金。要增加同数受雇劳动者的生产力，唯有增加便利劳动、缩减劳动的机械和工具，或者把它们改良。不然，就是进行更适当的分工细化。但无论怎样，都有增加资本的必要。要改良机器，少不了增加资本；要改良工作的分配，亦少不了增加资本。把工作分成许多部分，使每个工人一直专做一种工作，比由一个人兼任各种工作，定须增加不少资本。”“劳动生产力的大大提高，非有预先的资本积累不可，同样，资本的积累也自然会引起劳动生产力的大大提高。”

斯密不仅重视劳动、资本、土地等要素投入量在经济增长中的作用，强调经济增长率与要素投入之间存在正相关关系，而且还注意到，即使在要素投入量不变（即消耗同量劳动和生产资料）时，技术进步引起的资源配置，也会提高要素生产率，从而增加产出。

展望经济增长前景，斯密认为经济增长是一个长期过程。因此，研究经济增长，不仅要注意当前，而且要考虑未来。他还认为，经济增长是一种不稳定的动态过程，从均衡状态开始，任何偏离均衡的力量都会引起连锁反应。因此，经济增长进程有进步状态、退步状态和静止状态。其中，静止状态就是增长的自然上限。当一国的财富已经达到资源和环境允许的最大限度时，就没有了再增长的可能。

不管怎么说，是亚当·斯密将我们领出黑暗的隧道，迎接经济增长的光明。斯密的增长理论确是一座巍峨的理论高峰，而且是第一高峰。我们站在这座高峰上，便能领略“一览众山小”的美景。

美国第一个获得诺贝尔经济学奖的经济学家保罗·萨缪尔森曾说：“毋庸置疑，谁都希望经济增长。但是，用什么方式去实现经济增长，人们却有很多的看法。一些经济学家和政策制定者强调务必需要增加投资；另一些人士则主张用政策鼓励研发活动和技术变革；还有一些人看重培训对劳工队伍的作用；最后，一些人甚至认为推行经济保护主义是很有效的。”正所谓条条道路通罗马。然而，斯密的两个门徒——英国经济学奇才大卫·李嘉图和牧师马尔萨斯所开辟的增长理论之路，似乎并不是一条通往光明的道路。甚至可以说，他们几乎逆转了斯密令人兴奋的经济增长理论的进程。

大卫·李嘉图诞生于《国富论》出版前四年。他本来很喜欢研究数学、化学、地质学及矿物学。1799 年，他和夫人旅行到巴斯，偶然看见了亚当·斯密的《国富论》，便觉得很有趣味，且具有一种特殊吸引力的美。然后便潜心研究，其结果是 1817 年出版了奠定他在经济学中地位的巨著《政治经济学及赋税原理》。李嘉图认为，在经济增长中，唯有资本家将利润重新投入到生产中，加速资本积累，才能实现国民财富的增长。但是，随着资本投入的增加，工人工资会相应增加，便带来了人口增加，对粮食的需求也会增加，进而会加速土地开垦。由于土地的有限性，必然导致地租上升和地主的收入增加，从而出现资本家投资利润率下降的趋势。因为投资的报酬递减，资本家的资本积累动机便受到抑制。这样一来，资本家、工人与地主之间的分配矛盾最终将导致经济增长中断。

马尔萨斯是大卫·李嘉图最要好的朋友。李嘉图在其巨著《政治经济学及赋税原理》（1817 年）中，专门辟有一章，论述马尔萨斯的地租学说。李嘉图在书中盛赞马尔萨斯的《人口论》（1798 年）："这部伟著，确是经济学界的装饰啊。"（《政治经济学及赋税原理》第 254 页）马尔萨斯在其著作中，虽然强调农业新技术的出现，会带来收入临时增长和人口死亡率下降，从而使现有土地能养活更多的人口，人口增长率也随之增加，但农业的收益递减规模仍会导致收入回落到初始水平。他指出，每个人都需要吃粮食。人口在无所妨碍时会以几何级数增长，而粮食生产只能按算术级数增长。因此，他认为，人口的无限增长将会出现粮食短缺，人类的发展将不可持续，最终会走向毁灭。这种理论，也称之为"马尔萨斯陷阱"。两位经济学家给我们描绘了一幅阴暗的画面。这不仅给斯密理想中的黄金增长时期蒙上了一层阴云，而且使得英国著名作家托马斯·卡莱尔莫名地给经济学贴上了"忧郁的科学"的标签。

经济学果真如此忧郁吗？二百多年来，增长理论之河浩浩荡荡，奔流不息，千姿百态，生机勃勃。它是一条充溢着无限美的长河。事实上，经济增长的各种理论，“犹如森林里的树木，正是由于每一株都力求攫取别的树木的空气和阳光，于是就迫使得彼此双方都要超越对方去寻求，并获得美丽挺直的姿态”。（康德语）

随着现代经济学的发展，人们似乎产生了一个疑问，即经济增长是否存在一个动态均衡的增长路径。这一深入追问，终于催生了现代经济增长理论的诞生。凯恩斯的学生、英国牛津大学教授罗伊·哈罗德在1939年的一篇论文《走向动态经济学——经济学说近来的若干发展及其在政策上的运用》中，提出了新的经济增长理论。在西方经济学中，他第一次系统地发展出一套经济增长模式，为后来的经济增长研究开辟了广阔的道路。与此同时，美国经济学家埃赛·多马于1946年发表了《扩张与就业》的论文，提出了与哈罗德大致相同的经济增长模型。他们两人从截然不同的两个方面提出了结论基本相同的数学模型。因此，人们把他们的模型合称为：“哈罗德—多马增长模型”。这是经济学家第一次提出的经济增长理论模型，从而开辟了现代经济增长理论研究的先河。

哈罗德和多马回答了一个直截了当的问题：什么时候一个经济体系能够以一个不变的速率稳定增长？“他们分别采用了截然不同的方法得到了一个古典的、简单的答案：国民储蓄率（用于储蓄的收入部分）必须等于资本—产出比率和（有效的）劳动力增长速率。只有在这种情况下，经济体系才能使得工厂和设备存量与劳动供给保持平衡，因此可以继续稳定增长而不会要么出现劳动短缺，要么出现劳动过剩和逐渐增长的失业率。他们的一般性结论都是正确的。”“哈罗德—多马模型”，是一个关于经济增长的原始模型，这必然存在若干缺点。该模型要求各要素恰好保持一致，所以假定它们不变。而现实情况是不断变化的，这使得“哈罗德—多马模型”一般只具有理论意义，而无多少实用价值。

如何才能使经济增长理论既具有理论意义又具有实际价值？“一个关于

经济增长的万能理论，首先由诺贝尔经济学奖得主罗伯特·索洛提出，然后由爱德华·丹尼森、大卫·卡斯和加林·库普曼改进和延伸。其精髓是产出的增长率取决于投入的增长率，并取决于如何有效利用这些投入。”（〔英〕黛安娜·科伊尔语）

索洛采用了一种不同的方法来解决稳定增长问题。1956 年，他发表了论文《经济增长理论的拓展》，指出了哈罗德—多马模型中的不稳定性，是因为他没有考虑技术的变革。由此，索洛修改了哈罗德—多马模型中劳动和资本不可替代以及技术不变的假定，提出了运用人均总量作为基本分析单元的索洛模型，建立了新古典经济增长模型。该模型说明，在技术不变的条件下，收入增长是由资本增长和劳动力增长两种要素带来的。尽管实际收入可能会偏离均衡值，但不会持久或偏离太远。社会的实际经济增长率，存在着走向均衡增长率的趋势。索洛模型对某些与这种量变关系相关的部分作了假设。其一，假设资本和劳动的投入增加一倍，产出亦增加一倍。这就是收益与生产规模成固定比例假说。其二，假设劳动量不变，追加资本越多，或资本存量不变，追加劳动越多，则产出的增加就会递减；就任意一个生产要素而言，假如其他要素不变，都存在着收益递减的情况。索洛在生产函数中引入了技术因素变量，以解释经济增长的长期持续性。这意味着即使人均资本不变，外生的技术进步仍会使人均收入增加；没有技术进步，资本积累的报酬会递减，最终经济增长将会停止。索洛还预测了在技术扩散的条件下，各国人均资本和人均收入最终一致。因此，对资本短缺国家的投资，应该比对资本充裕国家的等量投资，能更强有力地促进产出的增长。著名理性预期经济学家卢卡斯曾对索洛的杰出贡献无比感叹地说：“索洛的确是一杰出人物，他把整个学科推向了生机勃勃的方向。”

虽然，索洛提出了技术进步决定长期经济增长的理论，为经济增长论打开了又一扇可洞悉无限美景的大门，但却同时也增添了一个新的谜团。对于技术进步来自何处，索洛并未作出合理的解释。他把技术进步当作偶然的科技突破，似乎可以从天而降，像天赐甘露一样。而科技的贡献，也被他当作减去劳动和资本贡献之后的“余额”。用统计学的术语来说，技术进步仅仅是个“残值”。它代表着用其他方法不能予以说明的任何增长的要素。但无论如何，“索洛创造了一个理论架构，该架构可以用于从定量和理论的角度来讨论促进经济增长的各个要素，也可以用于从实证上度量不同生产要素对经济增长的贡献”。

经济增长之谜，引诱着众多经济学家穷尽其毕生精力，去追寻探求。然而，“经济增长的较大部分就这样被放在一个黑匣子之中；主流派经济学家的最大贡献也只是为这个黑匣子选了一个别出心裁的标签。除主流派经济学以外，多年来，其他经济学家也在断断续续地研究如何才能观察黑匣子的内部，以了解其实际含意。直到最近，这方面的工作才被搓在一起，搓成一种崭新的增长理论”。

20 世纪 80 年代中期，以卢卡斯和罗默为代表的一批经济学家寻找到另一扇尚未被开启的门扉，观看到那里面的不尽美景和无限风光。1988 年，理性预期学派的重量级人物罗伯特·卢卡斯发表了他的著名文章:《论经济发展机制》。文中揭示了新古典增长模型的经验缺陷（即不能解释国家之间收入水平和增长率的巨大差异），提出了两个内生增长模型。所谓“内生”，是相对于索洛模型中技术进步这一“外生”增长要素而言的。索洛模型隐含的条件是：技术是外生给定的，也就是说技术是偶然因素决定的结果，就像天上掉下的馅饼，与劳动和资本之间并无内在联系。而内生经济增长理论则认为，技术进步是劳动和资本积累的结果。

卢卡斯的两个内生增长模型，为揭开经济增长谜团提供了新的视角。第一个是人力资本外部性模型。卢卡斯提出，在人力资本中，只有生产某一种商品所需要的特殊的、或者专业化的人力资本（接受过专业知识的培训，包括正规与非正规教育、脱产与在岗学习），才是产出增长的决定性因素。他认为，如果不存在人力资本的外部性，经济甚至将以更多的增长率增长。这一结论意味着，增长的发动机是内生的人力资本投资，而不是外生的技术变化。因此，从总体上看，人力资本专业化技能积累是递增的，从而推动经济的持续增长。他指出，国与国之间的增长差异，主要在于各国人力资本投入水平。教育投入越多，研发活动越频繁，总人力资本越丰富的国家，其经济增长率越高。而一些国家之所以落后，原因在于人力资本总水平太低，没有足够的资本投入研发活动，限制了经济增长的速度。

第二个是"边干边学"的外部性模型。该模型包括两种商品和两个国家。学习对一个厂商来说完全是外部性的，而对一个国家来说，则完全是内部性的。其中一种商品的增长会比另一种增长得快，国家的分工依赖于初始的条件。根据两种商品的替代性，对快速增长的商品的消费也会相对提高。只有在两种商品有较高的替代性时，生产高知识含量的商品才会带来较高的增长。对外开放可以促进本国工业的分工，但学习和增长都会慢一些。

沿着这两条脉络继续探索，其后的经济学家相继提出了内生经济增长的知识累积模型和人力资本投资模型。卢卡斯在芝加哥大学的得意门生保罗·罗默，沿着"边干边学"的思想，假定技术来自对实物资本投资过程中知识的共享和累积,可直接将技术进步内生化。由此,他创建了知识累积模型。罗默在他的《增加的收益和长期的增长》一文中，将知识作为一个独立因素纳入经济增长模式，并把知识因素作为经济增长的决定因素。他认为，资本积累的增加会导致专业知识的积累。由于知识的"溢出"效应，人人都可以分享知识。因此，专业知识的积累会导致社会知识总量的增加。他进一步将知识分为一般知识和专业知识。一般知识可以产生规模效益，知识存量越多则获取成本越小，所创造的收益越大。专业知识可以使生产要素收益递增。因为知识是一种特殊产品，它可以重复使用，在消费上不能排除他人的使用，而在产权上则表现出排他性。这两种效应，不仅使知识和技术的重复生产产生递增的收益，而且也促使资本和劳动等投入要素产生递增收益。因此，这类模型的基本思想是:技术进步可以提高投资收益，投资又促进知识的积累，而知识累积又加快了技术进步的进程。这样，就出现了良性的正反馈过程，经济增长率得以稳定提高。罗默因此建议，只有不断追加投资，才能实现长期的经济增长。按照他的观点，富裕国家投资比贫穷国家要多，大国投资比小国要多，因此，富裕国家和大国肯定比穷国和小国增长快。这一推论后来被事实证明显然是站不住脚的。

卢卡斯和罗默两人在经济增长理论方面的研究和贡献，使得经济增长理论在长达 20 年的沉寂后得以复兴。正如 1987 年诺贝尔经济学奖得主、经济增长理论学家罗伯特・索洛所评价的那样："保罗・罗默和罗伯特・卢卡斯的两篇著名文献所发展起来的新的'内生'增长理论，这种理论使得正在干涸的增长理论之河又重新流动起来。"

经济增长之谜之所以成为经济学家们探求的中心课题，激励着经济学家们进行艰辛的研究，并使经济学家们成为"热情的疯子"，是因为人们总是在努力解决那些引人关注的经济问题，比如贫困、饥饿，以及人类的悲惨境遇，并使人们过上更加幸福美好的生活。为此，一代又一代经济学家们长期坚持不懈地探索，力求揭开经济增长的奥秘。但这犹如爬山。你在往上爬的时候，往往到处都是雾，你虽然有地图、导游手册和指南针等可依赖，也知道目的地在何处，但仍坠入迷雾中。事实说明，检验增长理论的经济发展实践，并未达到经济学家们提出的理想状态。特别是对于发展中国家的经济增长，这些理论似乎"失言"了。一些发展中国家或中等收入国家，比如南美的智利和巴西等国家，长期以来一直在"中等收入陷阱"中徘徊。因此，影响投资和技术进步的法律、习俗和国家政体等制度因素逐渐进入经济学家的视野。由此产生了以道格拉斯・C. 诺斯为代表的新制度增长理论。这一理论表明，劳动、物质资本、人力资本和技术进步等因素只是经济增长的必要条件，激励和制约人们经济活动的制度才是决定因素。它决定了各种资源利用的范围和边界。

诺斯认为，制度就是一套"博弈规则"。他说："有效率的制度能够使每个社会成员从事生产性活动的成果得到有效的保护，从而使他们获得一种努力从事生产活动的激励。”“有效率的制度能够给每个社会成员以发挥自己才能的最充分的自由，从而使整个社会的生产潜力得到最充分的发挥。”（〔美〕D. 诺思、R. 托马斯语）一些国家的发展之所以停滞不前，原因就在于无效率的制度。无效率的制度，一方面导致了“它不能够使每个社会成员从事生产性活动的成果得到有效的保护，不能使个人收益和社会收益趋于一致，从而它不仅不能鼓励人们的生产性活动，而且还鼓励人们的搭便车等损人利己行为”。一个典型的例子就是“公地悲剧”。在牧场公有的条件下，每个人都有过度放牧的动机，而却没有为维护牧场进行投资的动机。另一方面，“它也不能给予每个社会成员以从事生产活动的充分的自由”；“同时，既然广大社会成员的自由受到了不合理的限制，那么一定是存在着某种凌驾于社会大多数人利益之上的特殊权力集团，而这种特殊权力的存在又必然会诱发大量的寻租行为，把大量的资源引入寻租的领域，从而降低整个社会的生产效率。”

由此可见，经济增长的因素是多方面的。虽然影响经济增长的诸要素：劳动、土地、资本、技术进步、人力资本以及制度和寓意广泛的知识因素等，对经济增长的作用是巨大的，但并不是单向的。它们既能增加物质财富，促进经济增长，又往往会产生一些负面效应。如：浪费资源、破坏生态环境，造成大量的不良品、人为事故损失以及社会问题等。对于经济能否持续、均衡增长？中国经济学家梁言顺博士进行了勇敢艰辛的探索，给予了漂亮的回答。他提出了低代价经济增长理论，指出过去的经济增长全部代价占 GDP 的 42.2%，既 100 元的经济增长，要付出 42.2 元的代价。因此，经济要持续增长，必须低代价增长。他所说的低代价经济增长理论，就是“两循环三增长”理论。即：自然资源的循环使用和循环替代，生态环境的循环净化；经济低代价增长，自然资源总量和环境容量扩大增长，人口适度零增长。

中国改革开放 30 多年来，每年以相当高的经济增长率高居世界经济之首，创造了一个又一个经济奇迹，经济总量跃居世界第二，成为世界经济增长的一枝独秀，世称“中国模式”。梁言顺博士的低代价经济增长理论，为世人提供了一个“中国模式”的理论板块。2001 年诺贝尔经济学奖得主、信息不对称理论奠基人、美国斯坦福大学教授迈克尔·斯宾塞，对梁言顺的低代价经济增长理论给予了高度赞扬。他说:“低代价经济增长理论对世界经济学界有着多么大的影响！是梁言顺以自己的勇气和胆识，第一个指出了包括许多诺贝尔经济学奖得主创立或尊崇的西方经济增长理论所共同存在的缺陷：忽视影响经济增长的要素投入效果的二重性，以及由此引起的经济增长的代价。”“低代价经济增长理论，其意义不仅对中国，对世界经济学界也是个重大贡献。”

“事实上，研究经济增长的经济学家已经发现:经济增长的发动机必定安装在相同的四个轮子上，无论是穷国还是富国。这四个轮子，或者说经济增长的要素就是：

人力资源（劳动供给、教育、纪律、激励）；

自然资源（土地、矿产、燃料、环境质量）；

资本（机器、工厂、道路）；

技术（科学、工程、管理、企业家才能）。”

只要这四个轮子协调运作，经济增长就可以持续发展。

这样看来，经济学家们似乎已经解开了经济增长之谜。然而，1972 年，以美国麻省理工学院教授丹尼斯·梅多斯为首的四名年轻经济学家，针对长期流行的高增长理论，进行了深入的研究，并提交了一份研究报告——《增长的极限》。报告向人们展示了在一个有限的星球上，无止境地追求增长所带来的后果是:冰川正在融化，新鲜水源正在消失，鱼类和森林正在枯竭。如果人口和资本的快速增长模式继续下去，世界将会面临“灾难性的崩溃”。报告提出了必须建立一个持续的生态平衡环境，实行“零经济增长”。继梅多斯之后，1974 年，原联邦德国经济学家梅萨罗维克和佩兹物尔提交了第二份研究报告:《人类在转折关头》。该报告强调指出，人类面临崩溃的根源，不仅应从《增长的极限》所提出的矛盾中去寻找，而且应该从现代国际经济关系体系中日益尖锐化的矛盾中去追究。全世界所有经济体系必须协同行动。只有国际间的密切合作，才能避免世界性的崩溃。这种理论被称为“有机增长理论”。

1987年，瑞典皇家科学院卡尔·格兰·马勒教授在致诺贝尔经济学奖获得者罗伯特·索洛的祝辞中说:“经济增长显著地改变了人类社会，为我们提供了就在几代人以前人们不曾想到过的前景和自由。不管怎么说，由于经济的增长，人类的境遇有了根本的改善。”

二百多年来,经济增长理论之河已成大势。不管崇山峻岭,无论暗礁险滩,它总是一路昂首高歌,“直挂云帆济沧海”。但直到今天，可以说经济增长仍是一个谜。正如英国著名作家狄更斯所说:“这是个最好的时代，这是个最坏的时代。这是个充满希望的春天,这是个令人绝望的冬天。我们前面什么都有,我们前面什么也没有。”

第四章　复杂性中的秩序之美（竞争有序）

绚丽的彩虹，象征着经济模型中的曲线。

第一节　蜜蜂的寓言

宽敞的蜂巢有众多蜜蜂聚居，
他们的生活实在是奢华安逸；
这蜂巢素以法律和军队驰名，
它繁育着庞大而勤劳的蜂群；
这蜜蜂之国的确可以被列入，
科学与勤勉的一方伟大苗圃。
没有哪群蜂有过更好的政府，
或者更无瑕疵，或者更不知足：
他们既不是残暴君主的奴隶，
亦未蒙受狂热民主制的治理；
有一点都不会错：他们有国王，
然而法律却高于君主的权杖。

这是荷兰著名思想家，古典经济学家伯纳德·曼德维尔，在1705年出版的长篇讽喻诗《蜜蜂的寓言——私人的恶德，公众的利益》起首的第一段。曼德维尔1670年出生于荷兰鹿特丹，常年旅居英国。他本是一名医生，但显然有点不务正业。当年在英国著名作家笛福经常出入的伦敦咖啡馆和酒肆中，便可常常见到他的身影。《蜜蜂的寓言》以蜜蜂王国比喻人类社会。“这些昆虫生活于斯，宛如人类，微缩地表演人类的一切行为。”它以讽喻的形式，在戏谑与诙谐中，展开对人类社会繁荣、秩序及隐身背后的人之本性的探讨，初步形成了最早的“社会秩序的自发生成说”。寻找、探求和解释复杂经济世界秩序之美的历程，就是从蜜蜂的故事开始的。正如美国伟大的经济学家保罗·萨缪尔森所说：“在蜂群中，所有这些问题，即使牵涉到极度复杂的相互合作的分工（秩序），也都自动地被所谓‘生物的本能’所解决。”

《蜜蜂的寓言》如同其名，是一个以蜜蜂为载体的寓言故事。它描述了一个蜜蜂王国，在这个王国里，存有一个奢华庞大的蜂巢，里面生活着众多蜜蜂。“大群的蜜蜂涌进兴旺的蜂巢；那众多的蜜蜂更使他们繁茂；数百万蜜蜂无不在纷纷尽力，满足着彼此间的虚荣与贪欲。”这个蜂巢拥有良好的政府、军队和繁荣的经济，亦有各式各样的社会角色。它们按照各自的分工，秩序井然地努力工作着，互相满足着彼此的需要，并因此使蜂巢成为幸福的乐园。

不仅如此，曼氏以蜜蜂喻人类，以蜂巢讽人类社会。通过蜜蜂行为的“由恶向善”导致蜂巢的盛衰变化，道出了著名的“曼德维尔悖论”：“私人恶德即公共利益。”

“有些拥有丰沛股本，痛苦很少，他们全力投入生意，收益丰饶；有些则注定使用斧头和铁铲，肩负着一切艰苦辛劳的重担；那些不幸者，则情愿日日地挥汗，气力用完、四肢疲惫才能吃饭。”（〔荷〕伯纳德·曼德维尔语）直到有一天，好心的神面对众蜂们虚伪的祷告，“吾辈若诚实该多好”，便让蜂巢从此全无欺诈。顷刻间，“诚实便充满了蜜蜂们的心窝”。他们羞于自己犯下的罪行并虔心忏悔，“伪善面具统统被丢在了地下”。而此时，伪饰虽然已不复存在，但蜂巢却被另一种可怕的面貌取而代之：“土地和房屋的价格急剧下降，贬值的还有绮丽的殿宇宫墙”；“节制欲望的众蜂在努力学习，不学如何花钱，而学怎样生活”；“不单是商号，而且所有公司，现已将工场作坊全部关闭。各行与各业无不弃绝扯谎。”最后，蜜蜂的数量急剧减少，“他们纷纷飞进一个空树洞里，以便去安享满足与诚实无欺”。

在这里，曼德维尔告诉我们，勤俭节约对个人来说是美德，但对社会而言未必是好事。而奢侈浪费对个人来说是劣行，但对国家来讲确实好事。他认为，如果人人都增加储蓄，减少消费，就会导致生产下降、商业衰落、失业增加。假如人人都不花钱，最终人人都将没有工作，亦没有收入。因此说，消费会促进各行各业的发展，从而使社会更加繁荣。例如，降低工人工资，对厂商来说，可以降低成本，增加利润，而且可以增雇工人，增加生产。但是，如果每个厂商都降低工资，就会引起整个收入水平的下降，人们的消费就会减少，对产品的总需求就会下降。这时，企业生产出来的产品就可能卖不掉，因而不得不减少生产和就业。这就是曼氏的悖论。

故事的寓意很明确。人类生来自私，可在一个井然有序的社会里，他们却可以被引导自愿做好事。从这一核心思想出发，曼德维尔提出了具有普遍性的经济学观点：不是人之善，而是制度之善。制度使社会有序，使坏人也可为大众的福祉服务。而制约自私行为肆意妄为的大多数制度是在人类实践中自然生成的。它们是人类行为的结果，而并非人类有意识设计的产物。正是在构思这一核心观点的思维过程中，曼德维尔第一次完整地提出了有序的社会制度结构（包括法律和道德、市场、货币、语言以及技术知识进步等）自发生长的经典模式。

曼德维尔“蜜蜂的寓言”，对后世影响是深远的。大卫·休谟等继承了曼德维尔早期的秩序思想。他认为，人类赖以活动并取得巨大成就的社会经济制度，并不是设计的结果，而是人类社会经济活动自然演进的结果。曼德维尔关于自由竞争和社会分工的思想，也被亚当·斯密所吸收。约翰·梅纳德·凯恩斯更是在它的经典名著《就业、利息和货币通论》中赞赏和推崇蜜蜂的寓言。1974 年诺贝尔经济学奖得主哈耶克则从其“秩序内生于人性的思想中得到启发，建立了区别源于外部安排的‘建构秩序’和‘人为秩序’的自发社会秩序理论”。中国著名经济学家、现代合约理论创始人张五常教授曾说：我们不难明白，蜜蜂的例子发表后就立刻大名远播。蜜蜂的翻飞，衬托着大自然的风和日丽，而又那样新奇，怎会不触发经济学者的想象力？

秩序，是人类一个古老而永恒的话题。“对人类来说，没有再比井然有序更好更方便的事情了。”（色诺芬语）人类从诞生到现在，为建立良好的秩序而坚持不懈地进行着探索。在汉语中，秩序是“秩”和“序”的合成。“秩”和“序”含有常规、次第的意思。中国古代，“秩序”作为独立词语，最早见于西晋文学家陆士衡的《文赋》一文，其中写道："谬玄黄之秩序，古典认而不鲜。""秩序"一词原属于伦理行为的范畴，后扩展为与社会经济生活、社会行动的规范相联系的普遍性范畴。哈耶克给"秩序"的定义表述为："秩序是事物的一种状态，在这种状态下，纷繁众多的各种因素彼此相互联系，使我们可以从我们熟悉的部分空间或时间来得出对于其余部分的正确期望，或者至少使我们有可能得出正确的期望。"

德国著名经济学家、弗赖堡学派主要代表人物瓦尔特·欧根曾说："每一个人的每一个经济计划和每个经济活动，总是产生于某种'经济秩序'的范围之内，并且只有在这个当下的秩序的范围内才有意义。经过过程总是并且到处都是在历史上既定的经济秩序中运行的。这些历史上既定的、实际的秩序可能是坏的;但是没有秩序，一个经济就根本不能运行。"

经济学家告诉我们，自生自发秩序是经济学的唯一原则（布坎南语）。所谓自发秩序，是包括惯例、规则和制度在内的人类秩序。它并非是由于人们理性地预见到其利益而谨慎设计的，而是不同的行为主体在追求各自的目标时不经意的结果。虽然，自发秩序传统的思想源流，可以追溯到16世纪经院哲学派的经济学家们，但直到18世纪初，曼德维尔才第一次系统地阐明了自发秩序的思想。紧随其后，一位名叫大卫·休谟的英国年轻学者，隐居法国四年，潜心著述，四年磨一剑，于1739年出版了他的三卷集长篇名著《人性论》，时年28岁。《人性论》主要是一本哲学著作。该书奠定了休谟在英国哲学史上的地位，使他后来成为英国最著名的哲学家。不仅如此，该书中也散落着像珍珠一样闪光的经济学思想，尤其是继承和发扬了曼德维尔的经济自由主义的自发秩序思想，这也因此使他成为著名的经济学家。

休谟在《人性论》中，从人类知识的狭窄疆域即理智的弱点出发，说明了职业分化或者说劳动分工的好处，而且说明了社会中有碍合作的那些障碍是如何克服的，并由此促成了三条基本自然法则的出现:占有物的稳定性，其转移需经同意以及信守诺言。他认为，事实上，全部法律制度只不过是对它的表述而已。这就像语言和货币一样，这些规则是人为的，但不是发明和设计的。很显然，人类赖以在其中活动并取得巨大成就的社会经济制度，并不是人类可以设计的结果，它们是人们社会经济活动自然演进的结果。这是一种自发秩序。休谟认识到，市场使人们有可能“为他人服务却并不表示真正的善意”，甚至根本不认识服务的对象。市场还使人有可能“为了公共的利益而工作，尽管其他人并不抱有这种目的”。他说，在市场秩序中，“让人一切从利益出发，甚至可以让坏人为公众的利益做贡献”。

当然，休谟的经济思想主要集中反映在他 1752 年出版的《政治论丛》中。这部著作收录了休谟一系列的经济论文，主要讨论了贸易、货币、利息和赋税等。其中不少闪光的智慧和有趣的思想及观察，对现代经济学影响很大。例如，他最早指出了这样一种现象，即在价格由于流通中货币量增加而上涨的过程中，存在着“滞后”现象。他还指出，在所有商品的价格中，“劳动价格”即工资的提交是最后的。这些重要的规律性的认识，不仅有助于理解在通货膨胀条件下所发生的社会经济过程，而且对于建立有序的经济起到了重要的作用。《政治论丛》也因此被称为经济思想史上的一个里程碑。

有序经济一直是经济学家们所致力追求的美好目标。“很多研究工作的动力所在，无非是热切希望理解大自然，寻找那种隐匿在复杂性当中的秩序之美。”（〔美〕赫伯特·西蒙语）与大卫·休谟同时代人，而且是同乡兼好友的现代经济学开山鼻祖亚当·斯密，深受曼德维尔和休谟等思想家关于自发秩序思想的影响，在其被称为西方经济学圣经的天才著作《国富论》中，对这一思想作了有力的经济学证明。

从某种意义上来说，是休谟为斯密开辟了经济学道路。1740 年，正在格拉斯哥大学就读并即将毕业的斯密，为休谟的《人性论》撰写了一篇摘要和述评，大受休谟赞赏。由此二人结成终生的师友关系，直到 1776 年休谟逝世。他们二人交往的 36 年中，交情甚笃，感应日深。正如俄罗斯当代知名经济学家安德烈·弗拉吉米洛维奇·阿尼金所说：“在另一种意义上，休谟为斯密开辟了道路。在一部篇幅不大的出色的论文集中，休谟似乎对斯密以前的古典派反对重商主义的某些成果作了一个总结，它对斯密准备《国富论》起了重要作用。”

亚当·斯密的伟大著作《国富论》，是从分工开篇的。他在该书第一篇的第一章就是《论分工》。他说：“由于分工，所有不同行业的产量成倍增长，一个治理得很好的社会所出现的普遍的富裕扩展到了最底层的劳苦大众身上。”斯密认为，促进国民财富增长的第一个决定因素是分工。他把分工作为建立良好生产秩序、提高劳动生产率，从而增加国民财富的一个重要途径。然而分工一词并非亚当·斯密的发明，它来自曼德维尔《蜜蜂的寓言》。

按照亚当·斯密的观点，分工是秩序。只有建立良好的秩序，才能有更高的效益。一个有秩序的社会，才能真正成为一个和谐的社会。否则，就是无序的、混乱的。无序、混乱，不仅不能增加效益，往往还可能产生负效益，甚至社会也不得安宁。《国富论》俄译本译者阿法纳谢耶夫曾说：“分工可以说是一种历史的棱镜，亚当·斯密正是通过它来观察经济过程的。”

在《国富论》中，亚当·斯密第一次证明了个人谋求自身利益的动机和行为如何导致整个社会财富的增长。他那著名的“看不见的手”的比喻，成为自发秩序传统经济思想中最广为接受的词汇。而正是这个比喻，不仅成为斯密经济学的明显象征，而且意味着最初以道德哲学问题出现的自发秩序成功地转化为经济学上的一个重要主题。

自利与自私是两个完全不同的概念，亚当·斯密憎恶损人利己的自私，但却主张“君子爱财，取之有道”的自利。自利是珍爱自己生命的人性基础，也是自我发展的责任感和事业心的人性美德。经济活动的基础是分工，分工的前提或缘由是人们为了利己目的而需要进行的交换。“请给我以我所要的东西吧，同时，你也可以获得你所要的东西。”因此，个人利益是人们从事经济活动的原始动力。“我们每天所需要的食物和饮料，不是出自屠夫、酿酒师或面包师的恩惠，而是出于他们自利的打算。”斯密还进一步阐释道：由于他管理产业的目的在于使其生产物的价值能达到最大，他所盘算的也只是他自己的利益。在这种场合，像在其他许多场合一样，他受一只“看不见的手”的指导，去尽力达到一个并非他本意想要达到的目的。也并不因为事非出于本意，就对社会有害。“他追求自己的利益，往往使他能比在真正出于本意的情况下，更有效地促进社会的利益。”

这就是斯密关于“看不见的手”的著名论断。在他看来，这只看不见的手就是市场，就是秩序，就是客观经济规律的自发作用。这些规律的作用，是不以人的意志为转移的。恰是在这一点上，斯密把经济规律的概念引进了科学。也称此为自然秩序或自发秩序。他认为，市场体系的自我调节特征并不是一种设计的产物，而是价格机制的一种自发结果。自然的智慧，“看不见的手”，对于人类的愚蠢及不公正的许多恶劣影响，有着充分的准备来给予纠正，正如在人体内，自然的智慧，能纠正人类的懒惰及无节制的不良结果一样。不过，斯密并不认为“看不见的手”在所有情况下都能给社会带来好处，相反，将自利心引导向有利于社会的方面只能在适当的竞争和公正的制度下才能发生。他强调，市场诸要素的相互依存会带来市场的自发秩序，任何对这一秩序的干预都将不免自找失败。正如伟大的哲学家圣·奥古斯丁在他的名著《上帝之城》一书中所指出的，世界上存在着两种同构的秩序：“上帝之城”的秩序和“尘世之城”的秩序。“尘世之城”的秩序是充满邪恶和非道德的，其拯救之途就在于“上帝之城”的秩序。“斯密的决定性贡献，是对一个自发秩序作出了证明：如果个人只受恰当的法律规则的约束，这一秩序便会自发地产生。”（哈耶克语）

按照斯密“看不见的手”原理：自由放任、不受干预的市场，就能够产生自发秩序，并且能够自动地实现充分就业和经济繁荣。一百多年来，这个信条日益深入人心，自发秩序似乎是一条美丽的康庄大道。然而，1929 年的经济危机，世界经济突然陷入混乱，让资本主义世界的人们战栗不已，也让经济学家们万般困惑不解：何以自由运转的市场，突然毫无征兆地变得不灵了？

这场危机是正常经济周期的表现，还是一场不自然的、全新的灾难？“看不见的手”到哪里去了？

就在这场大灾难突如其来地破坏了旧有的秩序，粉碎了经济繁荣美梦，大家一筹莫展之时，英国剑桥大学的一位经济学家约翰·梅纳德·凯恩斯，却敏锐地捕捉到了这次经济大危机的信息，准确地诊断了病症，并及时有效地开出了医治疾病的良方。这就是扩大政府干预，增加有效需求。他认为，只有这样，才能恢复和建立新的良好的经济秩序。

凯恩斯的经济学说与思想，集中体现在它的救世杰作《就业、利息和货币通论》中。其惊世骇俗之处，在于主张国家调控经济，干预经济生活。他认为，只有如此，有效需求才会在充分就业的情况下达到与总供给的均衡。因此，国家干预经济是非常必要的，而且还要尽一切可能对社会经济活动加以控制管理。这样，才能使市场经济更加有序、有效。国家干预主义是凯恩斯最伟大的思想创举，也是他最具革命性的理论主张。他不仅因此提出了国家干预经济生活的政策主张，创立了现代宏观经济学体系，而且改变了国家职能，同时也改变了人类的经济思想。

虽然凯恩斯并未继承和光大自发秩序思想，主张通过干预措施和管理手段建立经济秩序，但他却从曼德维尔的思想精华中吸取了丰富的营养。他从曼氏《蜜蜂的寓言》中悟出一个真谛:短期中决定经济状况的是总需求而不是总供给，并系统地提出了消费不足危机论。凯恩斯充分肯定“曼德维尔悖论”，认为悖论对伦理学和经济学的剑桥传统起了决定性的推动。他说:“《蜜蜂的寓言》这一则故事提醒我们——明天的快乐是人们今天刻苦奋斗不可缺少的理由。”

自由主义经济秩序和国家干预管理经济，是经济学中两种并存的思潮。对此，美国著名经济学家、2001 年诺贝尔经济学奖得主乔治·阿克洛夫打了一个巧妙的比喻:“你可以拥有一座法式花园，那儿的一切都有某种令人赞叹的秩序(人们先假定某些公理,然后他们推导出原则)。另有一座英式花园，那儿看起来没有任何秩序。英式花园法就是如何从看似相当混乱的东西中梳理出秩序来。”凯恩斯之后，有众多杰出的经济学家沿着凯恩斯的道路，添砖加瓦，建立起了“凯恩斯主义经济学”的秩序大厦。最著名的当属1970年第二届诺贝尔经济学奖得主、美国麻省理工学院教授保罗·萨缪尔森。他是凯恩斯主义在美国的旗手，其代表作《经济学》被称为“小型的经济学百科全书”。而作为自发秩序思想的集大成者，无疑是1974年获得诺贝尔经济学奖的弗里德曼·冯·哈耶克。他说:“秩序不是人们从外部向社会施加的压力，秩序是在社会内部建立的平衡。”《通往奴役之路》是哈耶克的标志性代表作。

实际上，自发秩序和管制秩序两者并不矛盾。自发秩序的市场作用是基本的，应该成为配置资源的基本手段。但是，政府干预管制也是必要的。因为，自由市场也存在缺陷，比如在提供公共物品、解决外部性以及公平等方面。况且，两者都有一个共同美好的愿望，那就是建立良好的市场经济秩序。瑞士著名经济学家西蒙·德·西斯蒙第曾说:“政府应该运用政治经济学来为所有的人管理全民财产的利益;它应当设法维持秩序，使富人和穷人享受到丰衣足食的安宁的生活。这种秩序不许国家里有任何人受苦，不许有任何人为自己的将来感到忧虑，不许有任何人不能以自己的劳动获得本人和自己的家庭所需的衣、食、住;要使人的生活变成一种享受，而不是一种负担。”

第二节　绚丽的彩虹

1974年12月初的一天,美国南加利福尼亚大学商学院教授、被人誉为“神童式”的经济学家阿瑟·拉弗,同当时美国总统福特的白宫助理(后任众议员)切尼等,在华盛顿一家饭店喝鸡尾酒。席间,大家谈起如何治理“滞胀”问题。拉弗自认为找到了治理“滞胀”的灵丹妙药，一心想让自己的主张成为白宫的施政纲领，进而把美国和西方世界从“滞胀”的深渊中解救出来。

拉弗口若悬河滔滔不绝地向福特总统的助理切尼,详细解说自己治理“滞胀”的减税理论，而作为政府官员的切尼却难以理解。他对拉弗的解说如坠五里云雾中,茫然地望着拉弗没有任何反应。而同桌的《华尔街日报》副主编、综合经济分析公司总经理万尼斯基却频频点头，大加赞赏。虽然拉弗又解说了一遍他的理论，但切尼还是弄不明白:怎么降低税率反而会使政府税收增加呢？面对切尼的不解和疑惑，拉弗随手拿起一张餐巾纸，画出一幅类似彩虹的弧形图，来向切尼和在座的其他人说明税率如何影响税收收入。就这样，作为后来一个现代著名学派——供给学派思想精髓的理论，便在一张餐巾纸上描绘出来了。这就是著名的“拉弗曲线”，也被戏称为“餐桌曲线”。

拉弗在餐巾纸上画了这样一幅图：

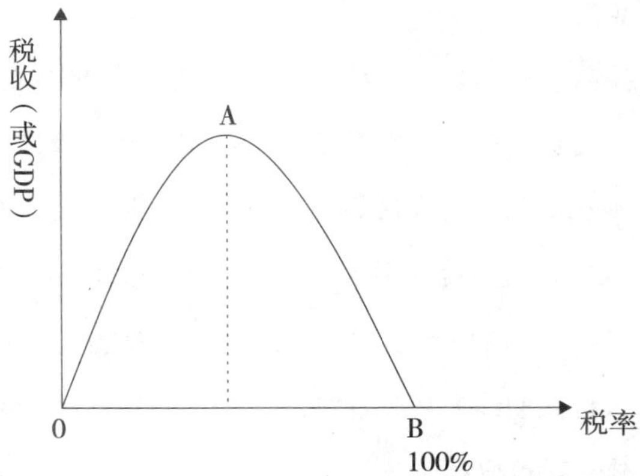

图中纵轴代表税收或 GDP，横轴代表税率。当税率为零时，税收也为零。当税率从零开始上升时，政府的总收入亦随之上升，最后达到 A 点时，税收收入或 GDP 最大。如果税率继续上升，人们开始逐渐较少地工作、较少地储蓄、较少地私人投资，或者人们为了逃避税收，便把他们的经济活动转入地下。而当税率高达 100% 时，全部收入都被征走。因此，也就没有人愚蠢到还要去工作。由此生产便中止了，政府也就没有了收入。所以，税率从 0~100%，税收收入亦从零回归至零。根据拉弗曲线，从理论上说，它存在最大的财政收入点，如图中的A点。它既是财政收入的最高点，又是生产供给的最优点。同时，还是税率增加的转折点。一旦越过转折点，政府的税收将随税率进一步增加而减少。

所以，按照“拉弗曲线”理论，低于A点的税率与税收或GDP呈正相关性。当税率提高到A点时，税收收入或GDP达到最大。高于A点的税率与税收或GDP呈负相关性。当税率提高到B点即100%时，税收收入或GDP为零。拉弗曲线说明，高税率不一定会促进经济增长，取得高收入，而高收入也不一定需要高税率。这样，复杂的经济学减税理论，就被拉弗用一条抛物线简洁明了地解释清楚了。正因为拉弗曲线对税收政策影响经济的阐释非常精彩和出神入化，竟能使白宫助理切尼这样的经济学门外汉也顿时恍然大悟，从而确立了“拉弗曲线”作为供给学派思想精髓的地位，并促进了供给学派的兴起。

不仅如此，拉弗曲线还大大激发了1980年当选美国总统罗纳德·里根的想象力。里根曾亲自经历过类似拉弗曲线的事实。他深有体会地说：“第二次世界大战期间，我拍电影赚过大钱。在那时，战时附加所得税达90%。你只能拍四部电影，就达到最高税率那一档了。因此，我们拍完四部电影就停止工作，并到乡下度假。”高税率引起少工作，低税率引起多工作，里根的亲身经历恰恰证明了拉弗曲线所反映经济现象的正确性。1980年，里根当选总统后，减税成为他一项重要的施政纲领。

一般来说，曲线是在平面上或空间中按一定条件而变动的动点的轨迹，曲线是相对直线而言的。中国著名美学家朱光潜在《谈美》中说：“曲线是一般人所公认为最美的线。依斯宾塞（英国哲学家）说，它所以最美者就由于曲线运动是最省力的运动。直线运动在将转弯时须抛弃原有的动力，而另起一种新动力，转弯越多，费力越大。曲线运动则可以利用转弯以前的动力，所以用力较少。我们觉得曲线运动最秀美，因为它最省力；我们觉得一切曲线都美，因为由它联想到曲线运动。”但经济学家们却认为，“曲线并不是一种理论，而是一种统计观察”。(〔新西兰〕威廉·菲利普斯语）一条曲线“胜千言”。经济学上的曲线，将复杂的理论简明化。它所表达的内涵和境界，不是随意的、杂乱的，而是规则的、有序的。这里面贯穿着严密的逻辑和唯物辩证法，具有一种逻辑美和秩序美。它不仅“提供了一个可以从树丛中辨认出森林的透镜”（〔美〕N. 格里高利·曼昆语），而且充分展现出经济学家们的思维智慧。

美国著名经济学家，哈佛大学教授曼昆说:“经济学中最重要的图形之一是需求曲线，它描绘出一种物品价格对消费者想购买的物品量的影响。”需求曲线是表明商品价格与其需求量之间相互关系的曲线。需求曲线的发明权首当归功于马歇尔，是他在其被西方经济学界奉为“圣经”的《经济学原理》中，第一次运用数学图解的方法，把人们对某事物的需求用曲线加以形象解释，后称为“需求曲线”。如图：

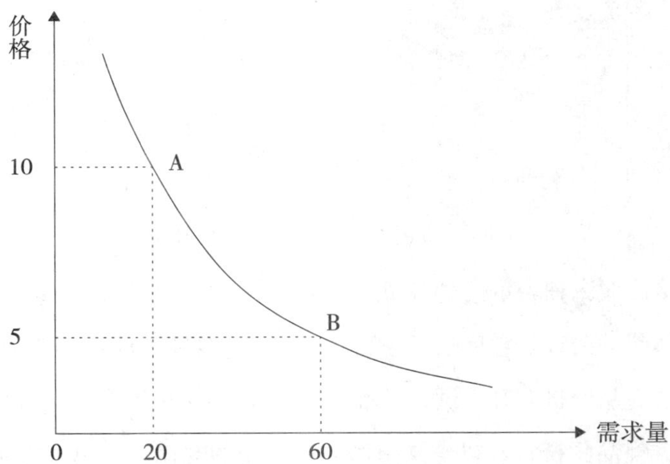

该需求曲线纵轴表示商品的价格，横轴表示商品的需求量。需求曲线是一条向右下方倾斜的曲线。它反映了一般商品的需求规律，即在其他条件不变的情况下，商品价格与其需求量之间成反向变动关系。若商品价格下降，需求量就上升;若商品价格上升，需求量就下降。图中需求曲线表明，假定在 A 点，某种商品的价格为 10 元，其需求量为 20;当价格下降到 5 元时，其需求量上升为 60，即从 A 点变动到 B 点。当价格不变时，如果有其他因素影响到商品需求量，需求曲线本身将发生移动。

按照马歇尔的经济学原理，商品有需求，就有供给。需求与供给是一对范畴,是密切相连的,是对立统一的。它们共同构成了现代经济学的基本理论。马歇尔从边际革命中，创造了反映购买者边际效用的需求曲线。他又从古典学派中，提出了依赖于生产成本的供给曲线。供给曲线是把价格与供给量联系在一起的曲线。供给曲线向右上方倾斜，是因为在其他条件相同的情况下，价格越高意味着供给量越多。如图：

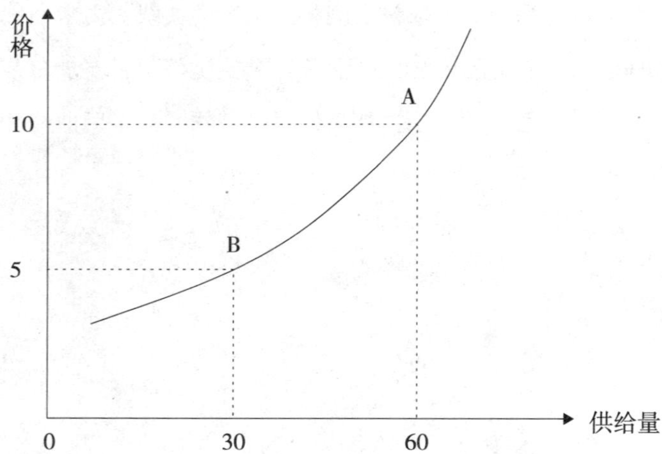

该供给曲线纵轴表示商品价格，横轴表示商品的供给量。该曲线是一条向右上方倾斜的曲线。它反映了一般商品的供给规律，即在其他条件不变的情况下，若商品价格上升，供给量就上升;若商品价格下降，供给量就下降。一般来说，商品的价格和供给量呈同方向变动的规律。图中供给曲线表明，假定在 A 点，某种商品的价格为 10 元，其供给量为 60;当价格下降到 5 元时，其供给量就下降为 30，即从 A 点变动到 B 点。当价格不变时，如果有其他因素影响到商品供给量，那么供给曲线本身将发生移动。

供给曲线和需求曲线，犹如两道绚丽的彩虹，高高悬挂在经济学的天际，吸引无数经济学人和经济学家，去研究它，品味它，欣赏它，观察它的崇高瑰丽。究竟是供给决定需求，还是需求创造供给，已成为二百多年来，经济学家们关注和争论的焦点。最早探求这其中奥秘的，是被称为“科学王子”的法国著名经济学家让·巴蒂斯特·萨伊。他在1803年出版的经济学巨著《政治经济学概论,财富的生产、分配和消费》中,创造性地提出了“供给自动创造需求”的著名论断，即“萨伊定律”。萨伊认为自己的这个发现，是个“重要真理”。

萨伊定律一出世，就掀起了当时经济学界的热闹场面，遭到了内外夹攻。直到一个世纪后，20世纪30年代，凯恩斯出版了《就业、利息和货币通论》(1936年),才彻底颠覆了萨伊定律。凯恩斯提出,不是供给决定需求,而是需求创造自己的供给。这一理论被西方经济学者称之为“凯恩斯定律”。然而，时隔近两个世纪，沉寂已久的萨伊定律忽然又被重新炒热起来。凯恩斯主义所奉行的刺激消费的药方，长期服用，失去了效力，人们便又想起了萨伊的偏方。20世纪80年代，一股兴起的供给经济学潮流，又把萨伊推到了浪尖。

对于经济学上的这场旷日持久的争论，马歇尔的应对哲学是:剪刀理论。他把供给和需求看成是剪刀的两个刀锋。它们相互作用，产生均衡的价格和均衡的数量，即市场均衡。他说:“我们讨论价值是由效用决定的，还是由生产成本决定的，就如同讨论是用剪刀的上片还是下片裁一张纸一样合理。的确，当剪刀的一边拿着不动时，纸的剪裁是通过另一边的移动来进行的。我们大致可以说，纸是由剪刀的第二边剪裁的。但是这种说法并不十分准确，当仅仅把它当作是一种对现象的通俗解释，而不是当作一种精确的科学解释时，才可以这样说。”

马歇尔的市场均衡，是指发生在供给和需求力量达到平衡的价格与数量的点上。在该点，买者所愿意购买的数量，正好等于卖者所愿意出售的数量。这也叫“市场出清”。这就是说，在这种状态下，市场上既没有超额需求，也没有超额供给。此时，既不存在商品短缺现象，也不存在商品过剩现象，市场供求处于出清状态。如图：

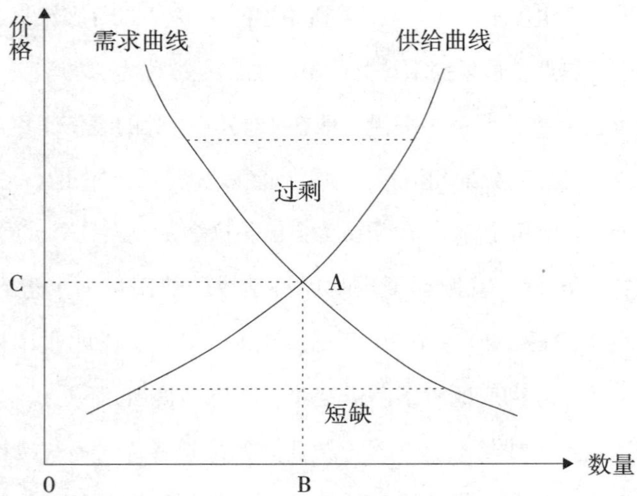

该供求曲线图，以纵轴表示价格，横轴表示供给与需求的数量，而供给曲线与需求曲线的交点（A 点）就是市场均衡点。处于市场均衡点时的价格（C 点）被称为“均衡价格”;处于市场均衡点时的供给数量和需求数量（B 点）被称为“均衡数量”。该图表明，若市场价格高于均衡价格，生产者会生产和出售更多的商品。当商品的供给超过消费者的需求时，会出现过剩。过剩累积到一定程度，生产者就要降低价格，以便出售这些过剩的商品。价格的下降，使需求量上升，最终使需求量与供给量相平衡。反之，若市场价格低于均衡价格，消费者的需求将会上升。当商品的需求超过供给时，就会出现短缺。这将促使商品价格上升，而价格上升又会激励生产者扩大生产和销售，最终又会使供给量与需求量相平衡。市场机制通过市场价格的变化来调节供求，实现最优资源配置。价格成为引导资源配置的信号。这种竞争性市场中存在的市场价格趋向均衡价格、需求与供给趋向均衡的变动趋势，被称为“供求规律”。

美国著名经济学家萨缪尔森在他的《经济学》教科书中说:“图形之于经济学家，犹如锤子之于木工一样必不可少。”“图在经济学中非常有用，一个原因是它能使我们非常直观地分析概念，并讨论它的变动趋势。”经济学上的每一条曲线，不仅有助于我们理解重要的经济规律或发展趋势，而且既雅致又简明地表述我们观察到的现象，无疑给人以美的享受。一条简单平滑的弧线竟能反映出如此深邃的经济学原理，确实令人散魂荡目，迷不知其所之。这是经济学家们精心描绘出的一道道智慧彩虹。

萨缪尔森在《经济学》教科书中宣称“既有趣味又富有启发”的“第一个图”，是“生产可能性曲线”。该图表示，以既定的生产要素投入所能生产的各种产品的不同组合。如果在一个经济体资源给定，并假设所有资源都已经得到充分利用的条件下，“生产可能性曲线”代表的是该经济体能够生产出来的一种物品或劳务的最大数量。以生产两种产品服装和布料为例，图示如下：

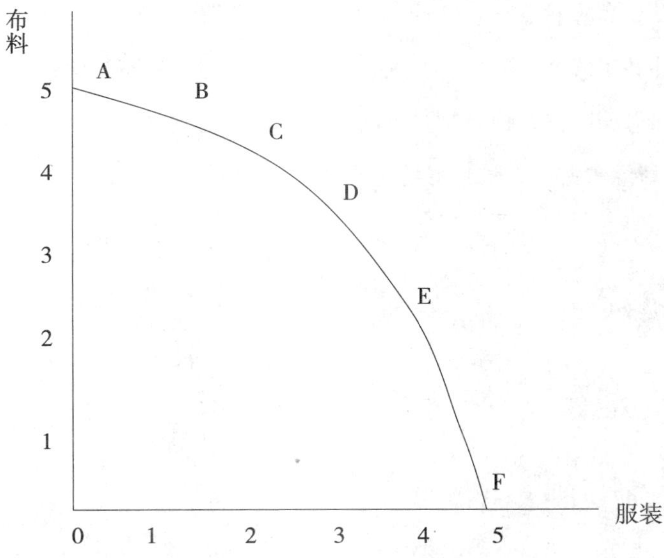

该图以纵轴表示布料的产量，横轴表示服装的产量。假设所需投入要素的量——劳动和资本是既定的，即在一定量的劳动和资本投入的情况下，既能生产一定量的布料，又能生产一定量的服装，ABCDEF 曲线就是生产可能性边界。在 A 点上，全部投入要素只用于生产布料，可生产出 5 单位布料。从 A 点到 B 点，为了增加一单位服装的生产，需减少三分之一单位布料的生产；从 B 点到 C 点，为了再增加一单位服装生产，需再减少三分之二单位布料生产。

以此推算，到F点，全部投入要素只用于生产服装，可生产5单位服装。由此可知，在既定的投入要素下，为了多增加一种产品的生产，就需要越来越多地减少另一种产品的生产。正如美国著名经济学家曼昆所说:“生产可能性边界（生产可能性曲线）简化了复杂的经济,以便强调并澄清一些基本思想。”

在经济学中，除我们在上面已经欣赏的部分曲线外，还有诸如:无差异曲线、收益递减和U形成本曲线、等产量曲线、投资需求曲线、菲利普斯曲线……这一条条优美的曲线，就像是一道道挂在云端色彩斑斓、神奇瑰丽的彩虹。彩虹是大自然创造的奇观，是一种极美的自然现象。雨过天晴，空中的小水珠经太阳照射,折射和反射出42度的彩色圆弧。它由外而内,呈现出红、橙、黄、绿、蓝、靛、紫七种颜色。千百年来，人们不仅欣赏彩虹的壮美，而且联想创造出种种关于彩虹的神话。在阿拉伯人的传说里，虹是光明神哥沙赫的弓。当哥沙赫休息的时候，他就把自己的弓——虹，挂在高天。

“赤橙黄绿青蓝紫，谁持彩练当空舞？”

第五章　撬动社会经济的魔力杠杆（博弈智慧）

国际象棋，象征着博弈和智慧。

第一节 游戏的智慧

美国普林斯顿大学曾经设计了这样一道博弈练习题:如果给你两个师的兵力，由你来当“司令”，任务是攻克“敌人”占据的一座城市，而敌军的守备力量是三个师。约束条件规定:双方的兵力只能整师调动;通往城市的道路只有甲乙两条;当你发起攻击的时候，你的兵力超过敌人，你就获胜;你的兵力比敌人的守备兵力少或者相等，你就失败。那么，你将如何制定攻城战斗方案?

面对这样一道习题，可能有人会说,“为什么给敌人三个师的兵力而只给我两个师?而且还规定兵力相等则敌胜我败。这太不公平。”然而，通过交战双方胜负的分析不难发现，其实双方获胜的概率都是50%，即谁胜谁负的可能性是一半对一半。这个习题的名字就叫作“诺曼底登陆博弈模拟”，是对诺曼底战役的战略模拟。诺曼底登陆战役，是第二次世界大战中的一次著名战役。1944年6月，盟军实施“霸王”行动，展开了第二次世界大战中最大规模的一次登陆战役。这次战役拉开了盟军收复被纳粹占领的欧洲大陆的序幕。战役中，盟军巧妙部署，出其不意，一举取得了这次海上登陆作战的巨大胜利。此役的胜利，宣告盟军开辟欧洲第二战场的成功，加快了第二次世界大战的最终结束。

“诺曼底登陆博弈模拟”，不仅仅是一道习题，而且具有相当的现实意义。战争的过程，就是敌我双方博弈的过程。对这种互动决策进行分析研究的理论，经济学称之为博弈论，亦称为“对策论”。它是一些个人或组织面对一定的环境条件，在一定规则下，同时或先后，一次或多次，从各自允许选择的行为或策略中进行选择并加以实施，进而各自取得相应结果的过程。2005年诺贝尔经济学奖得主、当代博弈论“四君子”之一的罗伯特·奥曼在权威的《新帕尔格雷夫经济学大辞典》的“博弈论”词条中，对博弈的概念以及这门学科的历史和发展成果，作了极为精辟凝练的论述。他说，博弈论较具描述性的名称应是“互动的决策论”。这是因为人们之间的决策与行为将形成互为影响的关系，一个经济主体在决策时必须考虑到对方的反应。他还以经济主体的理性为分析的出发点,认为博弈论是互动条件下“最优理性决策”，即每个参与者都希望能以其偏好获得最大的满足。然而，现在已经作为重要经济理论和经济学核心分析方法的博弈论，其本身并不涉及经济问题，而是一种数学的理论和方法，它主要研究的是“怎样以数学模型模拟理性决策者之间的冲突与合作”。因此，在博弈论中，往往大量充斥着晦涩难懂的数学公式和推理。当然，数学肯定是美学满足感的一个源泉，但这也给博弈论悄悄蒙上了一层神秘的面纱。

博弈论是一门十分有趣但又非常深奥的学问，既充满智慧，又高深莫测，被人们戏称为“游戏理论”。其英文“Game Theory”，直译就是“游戏理论”。当然，从美学的观点来看，游戏也是一种状态，是一个很高的美的境界。“严肃的理论”被翻译得如此轻松、愉悦，这并不是翻译们在玩弄文字技巧，而是从源头上来说，博弈论正是衍生于古老的游戏。中国古代田忌赛马的故事就闪烁着博弈论的光芒。很长时间以来，人们对博弈论的研究知之甚少，它只是归属于少数数学家的专利。一些数学家们“无事生非”，从中发现了游戏中隐藏着的奥秘。他们将具体问题抽象化,通过建立完备的逻辑框架、体系，研究其规律及变化。正如美国作家威廉姆·庞德斯通所说，当有人深入研究看起来似乎不相关的一些事物，并提取出其中一些一般的要素时，科学就会取得极大的进步。

其实，博弈就是一种用游戏思维来突破看似无法改变的格局，解决现实严肃问题的策略。在博弈中,每个参与者都在特定条件下争取最大利益,因此，强者未必胜券在握，弱者也未必永无出头之日。特别是在多个参与者的博弈中，结果不仅仅取决于参与者的实力和策略，而且还取决于其他参与者的制约和策略。总体上说，博弈就是智慧的对垒，是一场智力博弈和对策的较量。博弈的智慧之美无处不在。1994 年诺贝尔经济学奖获得者、德国波恩大学教授莱因哈德·泽尔滕说:“博弈论非常让人兴奋，因为它既展现了合作，又刻画了冲突。在某种意义上，博弈理论激动人心，让人着迷。”

博弈论最早在19世纪就开始应用于经济领域。如1838年古诺提出的简单双寡头垄断，1883年伯特兰和1925年艾奇沃思对两个寡头的产量与价格垄断的研究等，都属于早期博弈论在经济领域的萌芽。当时，他们的研究都是零星的、片段的，带有很大的偶然性，很不系统，而且长期不为人们所知。直到20世纪20年代中到40年代，博弈论的奠基人、美籍匈牙利数学家和理论经济学家冯·诺伊曼从沉醉于研究扑克和其他游戏的数学结构中发展了博弈论，才使博弈论开始大放异彩。

尽管冯·诺伊曼本人并不特别精于此道，只不过是一个“过得去的赢家”，但他凭着那副天才的、犀利的头脑，敏锐地捕捉到游戏中的一些要素。在玩扑克游戏时，你必须考虑到别的玩家是怎么想的。好的玩家决不会仅仅盯着自己的牌，而会考虑其他局中人的牌局以及每一个人可能采取的对策，甚至有时候还要试图欺骗其他局中人。他对采用骗术、虚张声势、猜测对方意图，以及在规则允许的框架内游戏者相互斗法，彼此误导对方等种种手法，都特别感兴趣。隐藏在扑克牌、棋子、骰子的华丽装饰背后的这些冲突，深深吸引了冯·诺伊曼。与此同时，经济生活中的各个方面、各个主体相互影响、相互依赖、相互合作又相互对抗的博弈以及政治学、日常生活和战争中类似的冲突，都进入了冯·诺伊曼的慧眼。他从中看出这种狡猾的游戏方法，既是理性的，又是经得起检验的，而且值得做严密的分析。

1928年，冯·诺伊曼发表了一篇题为《客厅游戏中的理论》的论文，证明了著名的“极小极大定理”，一举获得了数学界的认可和重视。该论文也被后人称之为“博弈论的开山之作”。其实，在冯·诺伊曼关于博弈论的第一篇论文发表前7年，也就是在1921年，法国数学家埃米尔·波莱尔就曾用扑克做例子，发表了几篇论文，提出了博弈论的一些基本问题。比如:游戏中存在着最好的策略吗？怎样才能找到这样一个策略？但是，后来由于他担任法国海军部长政务繁忙，竟没有把此课题继续深入研究下去。这既是波莱尔的遗憾，却又为冯·诺伊曼创造了良机。

游戏的状态即自由的审美状态。一般来说，游戏在形态上多为对实际生活活动的模仿，也是对现实生活的抽象。面对复杂的现象，人们常常无法抓住其本质或关键所在。通过游戏，既可以抽象出现实生活中的着重点，将干扰因素降至最低，又可以做进一步深入地分析研究，找到合理可行的解决办法。智力游戏与博弈相近似。各种智力游戏实质上就是一个社会的经济、管理、政治、军事等现象抽象出来的缩微模拟模型。从这个意义上，可以说博弈论就是研究怎么玩好游戏的理论。

英国科技史家雅各布·勃洛诺夫斯基写道："你必须看到，从某种意义上说，所有科学、所有人类的思想都是游戏的一种形式。抽象思维是智力的早期成熟阶段，凭着这种智力，人才能进行没有直接目的的活动，以便为自己准备好今后长期的策略和计划；而其他动物则只在年幼时才游戏。"

博弈论近似于游戏，但博弈论毕竟不是游戏，它有着自己的理论体系。在一场博弈中，往往包含着形成博弈的四个基本要素：

其一，博弈的参与者或局中人。在一场博弈中，每一个有决策权的人都是博弈的参与者或局中人。只有两个参与者的博弈被称为"两人博弈"，而多于两个参与者的博弈被称为"多人博弈"。从经济学的角度看，如果是一个人做决策，而不受其他人的影响，这只是在一个既定的情况下如何决策的问题，但博弈并不仅仅是一个人在一个毫无干扰的环境中决策，因为博弈中存在两个或多个具有主观能动性的决策者，所以他们之间的选择会相互作用、相互影响，从而使博弈的结果充满玄机、扑朔迷离。

其二，参与者能够选择的策略。所谓策略，就是参与者在进行决策时可以选择的手段方法。不同博弈中可供选择的策略数量不同，即使在同一场博弈中，不同博弈方可选策略的数量也常不相同。有时只有几种，甚或只有一种；有时又可能有很多种，甚至无数种。不同的策略选择，会直接对局势造成重大影响。

其三，进行博弈的次序。在决策活动中，如果存在多个独立决策方时，有时需要这些博弈方同时作出选择，以保证公平合理，而有时各博弈方的决策又有先有后。这种次序的不同，就是不同的博弈，即使博弈的其他方面均相同。

其四，博弈方的得益。所谓得益，就是参加博弈的各方从博弈中获得的利益。这是各博弈方所追求的根本目标，也是他们的行为和判断的根本依据。得益的表现形式，既可以是能量化的利润、收入，又可以是能量化的效用、社会效益、福利等。但是，由于人们在博弈中，可能赢，也可能输，可能成功，也可能失败，因此，博弈中的得益，有正，也有负。每个参与博弈者的得失，不仅与局中人自身选择的策略有关，而且也与全部参与者所取定的一组策略有关。

博弈论是个复杂的理论体系。它沿着从零和博弈到非零和博弈，从完全信息博弈到非完全信息博弈，从静态博弈到动态博弈的河道滚滚向东流去。深入探究，可以从不同角度对博弈分成许多种类：

根据博弈方数量多少，可将博弈分为“两人博弈”和“多人博弈”。由于博弈问题的根本特征具有策略依存性，不同博弈方的策略之间往往有较多较复杂的相互影响和作用。博弈方的数量越多，这种策略依存性就越复杂，分析也就越困难。两人博弈，是博弈问题中最常见，也是研究最多的博弈类型。齐威王田忌赛马、猜硬币游戏、围棋、象棋，以及两个厂商之间的竞争等，都是两人博弈。当然，在两人博弈中，博弈双方并不总是相互对抗，有时则会出现利益方向一致的情形。如，一家生产电视机和一家生产 DVD 的公司，在采用制式问题上的博弈，就属于非对抗性博弈。这就是说，如果双方采用相同制式，各自的机器就可以相互匹配，便能给双方带来产品互补性的利益，实现双赢。否则，双方都无法享有这些利益。另外，掌握信息较多的一方也未必一定能获得更多的利益。

根据博弈方得益情况，博弈又可分为零和博弈、常和博弈与变和博弈。零和博弈，指的是所有博弈方的得益总和为零。在两人零和博弈中，一方所得是另一方所失，一方所赢就是另一方所输。这样双方总的得益为零。在生活中，各种赌博行为就是一种零和博弈。一次赌博中所有人输的钱，一定等于所有人赢的钱。期货交易市场参与者之间的关系也属于零和博弈。人们常说的“损人利己”，实际上也包含零和博弈的意思。零和博弈的博弈方之间是无法实现“和平共处”的，总是“你死我活”。因此，两人零和博弈也称为“严格竞争博弈”。常和博弈,则是指所有博弈方得益总和等于非零的常数。常和博弈可看作零和博弈的扩展，零和博弈则可看作常和博弈的特例。与零和博弈一样，常和博弈中各博弈方之间利益关系也是对立的，博弈方之间的基本关系也是竞争关系。若干人分配一份总额既定的财产，就属于典型的常和博弈。除零和博弈和常和博弈以外，其他所有博弈都称为“变和博弈”，它随着博弈参与者选择的策略不同，各方的得益总和也不同。变和博弈是最一般的博弈类型，常和博弈和零和博弈都是它的特例。如在同一个股票市场上，面对同样的大盘走势，伴随着投资者的投资策略不同，有可能出现大部分人赚而小部分人亏，也可能出现小部分人赚而大部分人亏，甚至还有可能出现所有人都赚或所有人都亏。这是非常具有戏剧性的，其机理简直妙不可言。

根据博弈的过程，博弈论还可分为静态博弈、动态博弈和重复博弈。静态博弈，指参与者同时采取行动，或者尽管参与者的行动有先后，但后行动的人并不知道先行动的人采取的是什么行动。为了博弈各方的公平性，也为了使决策更具有对抗意义和现实根据，许多博弈都要求博弈方同时决策，或者可看作是同时决策。例如，在投标活动中，投标人投出标书总会有先有后，但因为所有投标人在开标前都不知道其他投标人的标价，因此可看作是同时选择策略而采取的行动。体育竞赛中,双方出场阵容的选择,也属于静态博弈。动态博弈，是指参与者的行动有先后顺序，并且后采取行动的人可以知道先采取行动人所采取的行动。如，下棋就是一种动态博弈，两个博弈方依次轮流按规则移动棋子，每个博弈方都是根据另一方的行动，决定自己该如何走下一步。经济活动中，A 企业降价后，B 企业也跟着降价；足球比赛中，一方换上一名攻击性前卫，另一方也有针对性地换上一名后卫等，都是动态博弈。除了静态博弈和动态博弈以外，还有一种与两者都相关的博弈，亦称为重复博弈。它实际上是同一个博弈反复进行所构成的博弈过程。体育竞技中的多局制比赛、商业中的回头客问题、企业间的长期合作与竞争等，都可以看作是重复博弈问题。

根据博弈方能否形成约束性的协议，博弈也可分为合作博弈和非合作博弈。如果各博弈方能达成某种有约束力的契约或默契，以选择共同的策略，此种博弈就是合作博弈。反之，就属于非合作博弈。一般来说，企业之间的联合定价就属于合作博弈，而经常挑起价格战的企业采用的便主要是非合作博弈。在合作博弈中往往包含着非合作博弈。如石油输出国组织，是合作博弈的产物，但其成员国之间为了各自利益，常常出现的超产和争吵，却又属于非合作博弈。

此外，根据博弈方策略的数量，还可分为有限博弈和无限博弈；根据信息结构，亦可分为完全信息博弈和不完全信息博弈，以及完美信息动态博弈和不完美信息动态博弈；根据博弈方的理性，又可以分为完全理性博弈和有限理性博弈。

凡此种种，博弈结构方面的差异，往往对博弈结果和博弈分析都有着重要影响。但实际上，各种博弈分类之间，却又都相互交叉，并不存在严格的层次关系，常常是“你中有我，我中有你”。无数事实说明，一切博弈活动，不仅具有小技艺、大学问，而且在聪明的策略上，在心智的较量上，却处处盛开着高妙的智慧的鲜花。

博弈是人类的决策选择，特别是在人们相互之间存在互动关系、策略对抗情况下的决策选择。人们在社会经济生活中，往往会自觉不自觉地对事物或对手行为进行判断预测，并根据这些判断预测，选择或调整自己的策略行为。这些判断和决策调整，在本质上就是博弈。由此可以说，博弈实际上是人类早就在实践中不断运用的古老智慧，可谓历史久远。博弈来自人们长期的社会实践，是人类实践经验和古老智慧的结晶。

在中国博大精深的古文化中，闪现着许多博弈思想之光。《孙子兵法》这部以战争为研究对象的兵书中，包含有对策智慧、对策原则、对策类型、对策方法在内的系统而完整的对策及策略，蕴含着许多战争博弈思想。如："上兵伐谋"，"兵贵胜，而不贵久"，"择人而任势"，"避实而击虚"，"以迂为直" 等。另一部包含着卓越军事思想和丰富斗争经验的兵书《三十六计》中，同样闪现出丰富的博弈思想。比如：暗度陈仓、李代桃僵、假痴不癫、打草惊蛇、隔岸观火，等等。

博弈思想源远流长，但对具有博弈性质的决策问题研究，也即博弈作为一种理论研究的历史却不长。上世纪初，德国数学家齐默尔和法国数学家波莱尔对象棋博弈的研究，标志着系统研究博弈论的发端。1913 年，齐默尔提出的 "逆推归纳法"，被认为是博弈论的第一种有一般意义的分析方法。1921 年至 1927 年间，法国数学家波莱尔给出了混合策略的第一个现代表述。直到 1939 年以后，冯 · 诺伊曼和经济学家摩根斯坦的历史合作，才使博弈论进入到经济学的广阔领域。

1944 年，二战的阴霾笼罩着世界。这一年，由冯 · 诺伊曼和摩根斯坦合著的、与军事有着千丝万缕联系的博弈论巨著《博弈论与经济行为》出版了。这本标志着现代博弈理论初步形成，被誉为带领人类走进社会科学 "牛顿时代" 的著作的出版，似乎给这段黯淡的岁月增添了一抹亮色。该书从讨论经济行为出发，说明了建立博弈论的必要性。冯 · 诺伊曼和摩根斯坦通过细致的分析，引出了对博弈概念的公理化描述。他们在系统而全面地建立了博弈理论之后，又回过头来研究经济行为以及其他方面的一些问题，作为理论的直接应用。该书不仅拓展了博弈论的范畴，使博弈理论找到了经济学这个最好的用武之地、思想源泉和实验领域，而且扭转了人们长期以来把博弈论作为数学一个分支的认识，进而最终完全融入到现代经济学体系。《博弈论与经济行为》被认为是20世纪社会科学的经典著作之一，成为博弈论的奠基性著作。它的出版,虽然赢得了喝彩,却因书中运用了大量数学公式,终究曲高和寡。

《博弈论与经济行为》出版之后,博弈论研究掀起了第一轮高潮。1950年，博弈论历史上一个划时代的人物、美国普林斯顿大学数学博士纳什提出了著名的“纳什均衡”，证明了任何策略型博弈都存在一个纳什均衡，这成为大多数现代经济分析的出发点和关键分析概念，成为非合作博弈理论的奠基石，极大地推动了博弈论和经济学的发展，并由此开创了博弈论的新时代。后来，匈牙利裔美籍经济学家约翰·C.海萨尼和德国经济学家莱因哈德·泽尔滕等人将纳什均衡动态化，并加入了接近现实的不完全信息条件，极大地丰富和发展了博弈论体系，并使其影响日益扩大。因此，纳什、海萨尼、泽尔滕三人同时获得1994年诺贝尔经济学奖。正如博弈论大师、2005年诺贝尔经济学奖得主奥曼所说:“40年代末50年代初是博弈论历史上令人振奋的时期，原理已经破茧而出，正在试飞它们的双翅，活跃着一批巨人。”

从20世纪50年代中后期一直到70年代，是博弈理论月满中天、花开满树的时期。期间产生了一批智慧圣果:“微分博弈”、“强均衡”、“重复博弈”、“子博弈完美纳什均衡”、“颤抖手均衡”等重要概念相继被提出。1994年诺贝尔经济学奖得主海萨尼撰写的不完全信息博弈理论的系列论文，在现代经济学和博弈论中占据里程碑式的、极其重要的地位，成为信息经济学的奠基石。此外,“进化博弈论”在这个阶段也取得了重要发展,“共同知识”在博弈论中的重要性被引起了广泛重视。

由于现代经济活动的规模越来越大，对抗性、竞争性越来越强，特别是寡头垄断或垄断竞争市场，竞争和决策较量更是厂商经营活动的核心内容，使得人们越来越重视经济活动的环境条件及其变化，越来越重视竞争者或者合作者的反应，经济决策的博弈性越来越强。正是在这样的背景下，到了20世纪八九十年代,“顺推归纳法”被引入,“序列均衡”、“可理性化性”、“完美贝叶斯均衡”等重要概念，以及非合作博弈和合作博弈中均衡选择的一般理论和标准被提出，博弈论的理论框架以及博弈论和其他学科间的关系逐步完整和清晰，在经济学中的应用领域越来越广泛，因而在经济学中的地位亦达到了前所未有的高度。

事实告诉我们，19 世纪末以来，垄断竞争代替完全竞争已成为无论怎样遮掩也掩盖不住的事实，而所谓做决策的经济人和追求效用最大化的个人，根本不可能得到决策所需要的全部信息。而在信息不完全的情况下，强行做出最大化决策，这本身就是一种不理智行为。所以，经济学在很大程度上陷入两难境地:若继续坚持原来的假定，则严重脱离实际，理论成为不切实际的僵硬教条;若承认垄断和信息不完全，又无足以依据的分析工具来说明，即使在垄断和信息不完全情况下，个人的决策仍然是一种理性的、追求个人效用最大化的行为。现代博弈论正好为长期困扰经济学的难题提出了解决之道:它虽然是垄断竞争，信息也不完全，但个人的行为仍然是追求效用最大化的理性行为。这就是基于一种成本—收益计算基础上的、斗智斗勇的博弈行为。

由此发端，博弈论开始贯穿几乎整个微观经济学、产业组织理论，而且在宏观经济学、金融经济学、环境经济学、劳动经济学、福利经济学、国际经济学等学科中也开始占有越来越重要的地位，大有吞噬整个现代西方经济理论的气势。博弈论的思想、词汇在经济学杂志上大量出现，几乎到了不懂博弈论就意味着不懂现代经济学的地步。博弈论在整个经济学的理论和应用领域，引发了一场全面而深刻的革命。它不仅对经济理论和经济政策产生了重要影响，而且在西方国家的许多大公司都专门聘请博弈论专家担任顾问和决策参谋。似乎具有无限潜能的博弈论开始释放巨大魔力，在许多领域大显身手。保罗·萨缪尔森曾经这样说明博弈论对于现代社会的重要性,他说:“如果想成为现代社会中博闻广识的人，你必须对博弈论有某种程度的了解。”

随着社会的不断发展和经济分析要求的不断提高，以及人们对博弈论价值的认识越来越充分，博弈论正受到前所未有的重视和广泛应用。博弈理论本身所具有的优美而深刻的魅力，越来越散射出迷人的光芒。博弈论正迎来又一个美好的春天。

第二节 囚徒困境

如果你去超市购买东西，在交款的时候，有不同的队列。那么，你究竟是选择排队人少的队列，还是选择排队人物品少的队列，抑或选择收银小姐动作快的队列？司机开车遇到交通高峰，有两条路可供选择，一条距离较近，但容易堵车，另一条距离较远，但行驶顺畅，司机该怎么选择？两个年轻的骑士，为了一个心爱的姑娘，展开一场决斗，他们各持一把长剑，径直地冲向对方，谁将会取得最后的胜利？

在这些充满竞争和对抗的世界里，聪明而又善良的经济学家们，为我们提供了一种智慧的武器——博弈论。

可以这么说，生活中处处有博弈，人人在博弈。警察与小偷，就像猫与老鼠，水火不容。但这个世界上并没有因为有了猫，老鼠就灭绝了，也不会因为有了警察，小偷就消失了。相反，他们好像都“相安无事”，各自过着正常的生活。这是怎么回事？他们究竟怎样在为自己争取生存空间？

假设某小镇上，只有一名警察负责整个镇的治安。假定小镇的一头有一家酒馆，另一头有一家银行。再假定该地只有一个小偷实施偷盗。因为分身乏术，警察一次只能在一个地方巡逻，而小偷一次也只能去一个地方偷窃。假定银行的财产价值 2 万元，酒馆的财产价值 1 万元。若警察在某地巡逻，而小偷也选择了该地，那么小偷恰好撞个正着，就会被警察逮住；若警察没有巡逻的地方而小偷光顾了，小偷就大获成功。警察如何巡逻才能防止小偷呢？

博弈论告诉我们，警察的最好做法，是去银行还是去酒馆巡逻防守由抽签来决定。因为银行和酒馆的总价值 3 万元，如果 1 万元用 1 个签来表示，银行的价值是酒馆的两倍。用1号、2号两个签代表银行，3号签代表酒馆。如果抽到1号或2号签就去银行，抽到3号签就去酒馆。这样，警察便有2/3的机会去银行巡逻，1/3的机会去酒馆防守。而小偷的最优选择是:以同样抽签的方法决定去银行还是去酒馆偷盗，只是与警察相反，抽到1号或2号签去酒馆，抽到3号签去银行。这样一来，小偷就有1/3的机会去银行，2/3的机会去酒馆。

从警察和小偷的不同角度计算最佳混合策略，便得到一个很有趣的结果：那就是双方成功的概率相同。这是两个局中人利益严格对立的所有博弈的一个共同点。经济学家们称之为“最小最大定理”。按照此定理，在二人零和博弈中，局中人的利益严格相反，每个参与者尽量使对手的最大收益最小化，而他的对手则努力使自己的最小收益最大化。局中人的这种博弈，总会出现一个令人惊讶的结果，即最大收益的最小化等于最小收益的最大化。双方都无法改善自己的收益。因此，这些策略就形成了一个均衡。

现代博弈论的创立者冯·诺伊曼，一个被人们称为“拥有世界上最好用的脑瓜”的匈牙利人，创立了“最小最大定理”，开创了博弈论的崭新篇章。1953年，他在一篇文章中写道:“就我而言，我深知没有这个定理，就没有博弈论。在研究这个课题的整个时期中，直到最小最大定理获得证明，在此之前我一直觉得还没有什么值得发表。”

严格地说，博弈论并不是经济学的分支，更不是经济学家的发明。但是，经济学家们却不得不借助于数学家建立的这种“博弈帝国”，来解决经济分析面对的种种困境。1944年,冯·诺伊曼与奥斯卡·摩根斯坦合作的巨著《博弈论与经济行为》出版，使研究经济生活中各个方面、各个主体相互影响、相互依赖、相互合作又相互对抗的博弈论，开始大放光彩。

如果将冯·诺伊曼创立的博弈论比作一座美丽的花园。那么，在这座花园的整体构建下，纳什、泽尔腾、海萨尼、弗得伯格和泰勒尔等后继者们，不仅仅优化了花园里的园林布局，增建了楼台亭榭，而且使花园更具特色、更加精美了。

在《博弈论与经济行为》影响下，美国普林斯顿大学天才数学家、具有传奇色彩的纳什，于1950年11月，在美国全国科学院每月公报上发表了两篇论文，将冯·诺伊曼的“最小最大原理”推广到了非合作博弈领域，提出了著名的“纳什均衡”——非合作博弈均衡，而且找到了普遍化的方法和均衡点。它比冯·诺伊曼的合作博弈理论更能反映现实情况，并为非合作博弈奠定了坚实的理论基础，由此开创了博弈论的一个新时代。

纳什的非合作博弈，是指各方在给定的约束条件下，如何追求各自的利益最大化，并最后达到力量均衡。对于两人以上的非合作博弈会出现何种结果，纳什给出了自己的分析方法，提出了“纳什均衡”概念，而且证明了均衡解的存在性。

均衡是博弈论中最重要的思想之一。当博弈达到均衡时，局中的每一个博弈者都不可能因为单方面改变自己的策略而增加收益。于是，各方为了自己利益最大化，而选择某种最优策略，并与其他对手达成某种暂时的平衡。在外界环境没有变化的情况下，倘若各方坚持原有的利益最大化原则，并理性地面对现实，那么这种平衡状况就可能长期保持稳定。

所谓纳什均衡，就是在其他局中人的策略选择既定前提下，每个局中人都会选择自己的最优策略。所有局中人最优策略的组合就是纳什均衡。在所有均衡中，纳什均衡是一个基础性概念，是非合作博弈的核心。它意味着，在给定别人策略情况下，任何一个局中人都不能通过改变自己的策略得到更大的效用或收益，因而，任何人都没有积极性打破这个均衡。如果一个策略组合不是纳什均衡，则至少有一个局中人认为，在其他局中人都遵守这种策略组合的规定下，他可以比现在做得更好。纳什均衡揭示了人们在利益相互影响的局势中，如何决策以使自己的收益最大。1970年诺贝尔经济学奖获得者萨缪尔森非常幽默地说：你可以将一只鹦鹉训练成为经济学家，因为它所需要学习的只有两个专用词——“供给和需求”。日本博弈论专家神取道宏引申萨氏的话说:“现在这只鹦鹉需要再学一个词，那就是纳什均衡。”

透过经典的“囚徒困境”，我们能够发现纳什均衡的智慧和美妙。警察抓住了两个合伙犯罪的罪犯，但却缺乏足够的证据指证他们所犯的罪行。为了得到所需的口供，警察将这两名罪犯分别关押，以防止他们串供或结成攻守同盟。如果他们两人都拒不认罪，则他们会被以妨碍公务罪各判 1 年徒刑；如果两人中有一人认罪，则坦白者从轻处理，只判 3 个月监禁，而另一人则将重判 10 年徒刑;如果两人同时坦白，则他们将各判 5 年徒刑。

在此博弈中，两博弈方各自的利益不仅取决于他们自己的策略选择，而且也取决于对方的策略选择。因此，每个博弈方选择自己的策略时，即使无法知道另一方的选择，也不能忽视另一方的选择对他自己得益的影响。

面对困境，两个囚徒的最优选择应该是互相合作，保持沉默，以便能得到较轻的判罚。“兄弟阋于墙，共御外侮”，才是最理想化摆脱困境的策略。但他们不得不仔细考虑对方可能采取什么样的选择。当然，出卖“兄弟”，以换得自己的平安，应当是出于困境下囚徒本能的选择。我们设想一下甲囚徒面临的选择:甲犯并不是傻子，他马上意识到，他的同伙会向警方提供对他不利的证据，只监禁 3 个月，然后获释而去，让他独自坐牢。这种想法的诱惑实在太大了。但他也意识到,他的同伙也不是傻子,也会这样设想他。所以，甲犯唯一的理性选择，就是背叛同伙，把一切都告诉警方。如果他的同伙笨得只会保持沉默，那么他就是 3 个月监禁后获释出狱的幸运者了。如果他的同伙也根据这个逻辑向警方坦白交代，很显然，甲犯也只需服刑 5 年而不是 10 年。同样，乙犯也会这样思考、选择。结果，只能是两个囚犯同受 5 年牢狱之苦。对于甲犯来说，不管乙犯采取什么策略，他选择坦白总是比较有利的。同样，对于乙犯来说，选择坦白也是比较有利的。很显然，甲犯和乙犯各自的选择都是一种占优策略。在两个（或全部）博弈者都采取占优策略时，我们称其结果为一种占优均衡。这种均衡就是著名的“纳什均衡”。

纳什均衡是局中人个人理性选择达成一致的结果。它深刻揭示了个人理性与集体理性之间存在的内在矛盾，有着更广泛深刻的意义。纳什均衡是理性局中人之间利益冲突与妥协达到一种相对稳定的状态，而这种状态没有一个行为主体可以单方面地加以改变。但是，个人理性选择的结果，在总体上可能并不是帕雷托最优。生活中最常见的挤公共汽车，从集体理性的角度来讲，按次序上车是最有效的做法。但是，你挤我不挤，我就可能上得慢，甚至可能上不去公共汽车。所以，每个人的最优战略都是挤，纳什均衡就是大家都挤，结果上车就更慢了。事实上，每个人都采取最优策略，结果可能是最劣。其原因在于个人理性和集体理性的冲突。经济学鼻祖亚当·斯密告诉我们:通过追求自身利益，人们的行为常常会有效地促进社会利益，即“看不见的手”原理。但从囚徒困境中，我们却看到了相反的结果:每个囚徒都从自身利益出发，但最终是损人不利己。人们从利己原则出发作出的选择，却没有改善自己的境遇，反而使社会变得更糟。由此，从纳什均衡引出“看不见的手”原理的一个悖论。这无疑是纳什对亚当·斯密的颠覆，在一定程度上动摇了西方经济学的基石。

经济生活中，常常充满了“纳什均衡”。如贸易保护问题。在经济趋于一体化的今天，各国之间经济联系和依赖越来越紧密，贸易自由与贸易保护就出现了“囚徒困境”。任何国家在国际贸易中，都面临着保持贸易自由和实行贸易保护主义的两难选择。如果两个国家都能本着互惠互利原则，签订贸易协定，并严格遵守，从而降低贸易壁垒，减少贸易摩擦，那么双方都可受益，并且能增加全球贸易总收益。如果贸易双方采取不合作策略，竞相提高关税，增加贸易壁垒，实行贸易限制，最终结果却是双方都得不到好处，出现一个“纳什均衡”。

又如，经常出现的彩电大战、冰箱大战、空调大战等价格大战。每个企业在价格大战中，都不惜一切代价，采取降价策略。最终是两败俱伤，谁也没有赚到钱，形成了一个对大家都不利的“纳什均衡”。

纳什均衡深刻地揭示了博弈论与经济均衡的内在联系，抓住了博弈论的核心和关键。其后博弈论的发展，大都是建立在对纳什均衡这一核心概念的修正和完善上。

纳什均衡是完全信息静态博弈的基本均衡。它是指各博弈方同时决策，并且所有博弈方对各方得益都了解的博弈。在现实中，博弈往往是动态的，参与者的行动亦有先有后。当后一个局中人参与选择时，自然会根据前者的选择而调整自己的策略，而前者也会理性地预期到这一点。所以，在动态均衡条件下，参与者就要考虑自己的选择对别人的影响。而在纳什均衡求解中，假定别人的策略选择是既定的。在此前提下，所有参与人都同时行动，不可能知道对手的反应。这时，来分析局中人如何选择自己的最优策略，他并不考虑自己的选择对别人的影响。由于不考虑自己选择对别人的影响，纳什均衡就允许了不可置信的威胁的存在。而实际上，这些不可置信的威胁是不会起作用的。但这会导致预测博弈中参与人的行为发生困难，同时也使纳什均衡很难成为动态博弈的一个合理的解。针对纳什均衡的这一缺陷，1965 年，德国波恩大学的泽尔滕（1994 年诺贝尔经济学奖获得者）在引入动态分析并提出完全信息动态博弈的同时，创立了子博弈完美纳什均衡，第一次对纳什均衡进行了改进和完善，使其更加完美。

所谓子博弈，即动态博弈中满足一定要求的局部所构成的次级博弈。子博弈完美纳什均衡，则是完全信息动态博弈的基本均衡。这就是说，如果在一个完美信息的动态博弈中，各博弈方的策略构成一个策略组合，以满足在整个动态博弈及它的所有子博弈中都构成纳什均衡。那么，这个策略组合就称为该动态博弈的一个子博弈完美纳什均衡。因为，如果存在一个子博弈，在该子博弈上，博弈解不构成均衡，那么当该子博弈到达时，至少有一个博弈方有积极性偏离均衡，而这个解就不能生效。泽尔腾对纳什均衡的这一改进，剔除了那些没有意义的纳什均衡点，要求局中人的决策在任何时点都是最优的。其基本思想是:在扩展型博弈中的任一点，先行局中人利用其先行优势及考虑到后行局中人必然作出理性反应的事实来进行选择，以达到对其最有利的纳什均衡。由于局中人都是理性的，根据对先行动者行动的观察，后行动者能够并且必然对先行动者的策略选择作出合乎理性的反应，而先行动者也知道这一点。这就保证了将含不可置信威胁的均衡策略剔除出去，将合理的纳什均衡和不合理的纳什均衡分离开来。

例如，有两个房地产开发商 A 和 B，他们同时考虑是否在某地开发一处新楼盘。若要开发这处新楼盘，每栋楼成本则需 1 亿元。若他们各自开发一栋楼，每栋楼售价为 0.7 亿元，就各亏损 0.3 亿元；若只有一个开发商开发一栋，这栋楼售价为 1.1 亿元，则赚了 0.1 亿元。现在假设 A 先决策，B 随后决策。两个房地产商的博弈用博弈树表示：

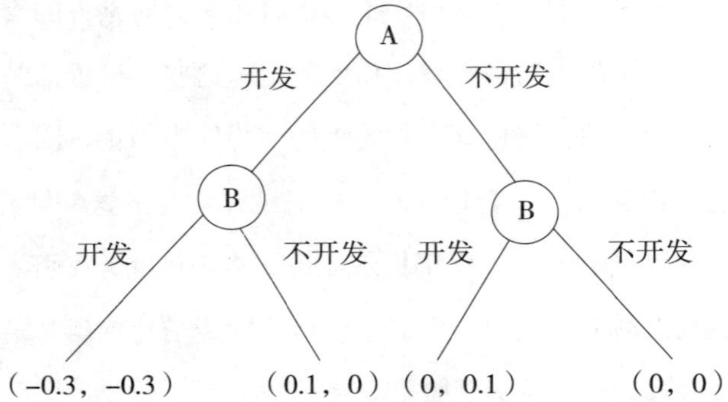

在这个动态博弈中，A 可供选择的纯策略是两个，因而 A 的行动空间也即战略空间是选择开发，或者不开发。但 B 是在知道 A 的决策后才行动的，所以要把这个信息因素考虑进去。这样，B 就有四个纯战略行动，分别为：（1）开发策略：不论 A 开发还是不开发，我开发；（2）追随策略：A 开发我开发，A 不开发我不开发；（3）对抗策略：A 开发我不开发，A 不开发我开发；（4）不开发策略：不论 A 开发还是不开发，我不开发。如果将 B 的战略选择从左到右排列可以简写成：{ 开发，开发 }，{ 开发，不开发 }，{ 不开发，开发 }，{ 不开发，不开发 }。

从以上分析可以得出，该博弈有三个纳什均衡，分别为：（不开发，{ 开发，开发 }）、（开发，{ 不开发，开发 }）和（开发，{ 不开发，不开发 }）。那么，这三个纳什均衡中哪一个是合理的，哪一个是不合理的呢？首先我们考虑战略组合（不开发，{开发，开发}）。这个战略组合之所以构成一个纳什均衡，是因为B威胁不论A开发还是不开发，自己将选择开发；A相信了B的这个威胁，不开发是A的最优选择。但是，A为什么要相信B的威胁呢？毕竟，如果A真的选择开发，B选择开发得到–0.3的支付，选择不开发得到0的支付，显然B的最优选择是不开发。如果A知道B是理性的，A将选择开发，逼使B选择不开发，自己得到0.1的盈利，而不是选择不开发，让B开发，自己只能得到0收益。用博弈论的语言来说，纳什均衡（不开发，{开发，开发}）是不可置信的，因为给定A选择开发，B不会实施这个威胁。

从纳什均衡（开发，{不开发，不开发}）来看，尽管结果（A开发，B不开发）似乎是合理的，但均衡战略本身是不合理的。如果A选择开发，B的最优选择是不开发，但是，如果A选择不开发，B的最优选择是开发而不是不开发。因此，{不开发，不开发}不是B的合理战略。或者说，不是一个可置信的战略。

最后只有（开发，{不开发，开发}）是一个合理的均衡。因为，构成这个均衡的每个参与人的均衡战略都是合理的。如果A选择开发，B的最优选择是不开发；如果A选择不开发，B的最优选择是开发。A预测到自己的选择对B选择的影响，开发是A的最优选择。均衡结果是，A选择开发，B选择不开发，A可获利0.1，B的收支为0。事实上，（开发，{不开发，开发}）是这个博弈中的唯一的子博弈完美纳什均衡。

1975年，泽尔滕在《国际博弈理论杂志》上发表了《关于扩展性博弈中均衡完美概念的再检验》一文，提出了“颤抖手完美纳什均衡”的概念，进一步改进了子博弈纳什均衡。他认为，在博弈中，每一个局中人都可能犯错误（形象地说，就是可能手会颤抖）。一个组合战略，只有当它在允许所有局中人都可能犯错误时，仍为每一个局中人的最优战略组合，这才构成一个均衡。但颤抖手完美纳什均衡，仍不能完全消除直观上看来缺乏说服力的纳什均衡所存在的问题。其原因在于，泽尔滕认为颤抖的概念在各个方向上都是一致的，这与实际不符。因为，人们总是避免在大的决策上犯错误。为此，2007年诺贝尔经济学奖获得者、著名美国经济学家罗杰·迈尔森于1978年提出了“适度均衡点”概念，进一步完善了颤抖手完美点。随后，美国经济学家克雷普斯与威尔逊于1982年又提出了“序贯均衡”概念。这一概念，虽然数学形式有些烦琐，但其思想却比较先进。不管怎样，泽尔滕提出的“子博弈完美纳什均衡”和“颤抖手完美纳什均衡”，既是对人类理性的一种新理解，也是对博弈论进一步深化的重大突破。他开创了动态博弈研究的新领域，对博弈论的后续发展有着极大的启发和指导意义。

现实中，许多博弈问题都是在不完全信息条件下进行的。不完全信息是人类的常态，完全信息只是特例。在经济决策中，存在着大量不完全信息的例子。例如，在劳动力市场上，雇主对于招聘来的新员工的能力和才干信息是不确知的。在二手车市场上，二手车的买者和卖者之间对车的信息的了解也是不一样的，等等。

历史上，“古巴导弹危机”，是一个非常著名的不完全信息条件下的博弈。1962年冷战时期，在美国、苏联与古巴之间，爆发了一场极其严重的政治、军事危机。这场危机使世界处于千钧一发之际，甚至差一点引发了核战争。事情发生是因为当时苏联领导人赫鲁晓夫决定将导弹运入古巴，美国总统肯尼迪得知后下令封锁，结果是赫鲁晓夫被迫撤回导弹。在这场典型的政治和军事博弈中，赫鲁晓夫错误地估计了对方的反应。赫鲁晓夫认为，美国可能会容忍苏联在古巴部署导弹。但事实恰好相反。美国认为，即使冒打一场新世界大战的风险，也要阻止赫鲁晓夫的行动。而美国在对赫鲁晓夫采取行动时，可供选择的策略有多种：从默许到温和制裁，直至全面对抗。但美国却选择了最强烈的对抗，并取得了效果。当然，它的反应也是基于对对手的估计。从这一事例亦可以看出信息的重要性。由于苏、美双方均采取信息封锁和虚假的意愿表示以迷惑对方，结果是双方均只有对方部分真实信息。这种不完全信息引发的博弈结局，对人类影响巨大。在人类进入核时代以来，没有任何一次危机达到如此惊心动魄的程度，而且几乎将世界引向灾难的边缘。

在纳什的影响下，1994 年获得诺贝尔经济学奖的美国加州大学伯克利分校海萨尼教授，开辟了不完全信息博弈研究的新领域。他首先引入一个虚拟的参与人——“自然”。“自然”不同于一般参与人之处，是它在所有后果之间是无差异的。“自然”首先选择参与人的“类型”，被选择参与人知道自己的真实类型，其他参与人却并不知道被选择参与人的类型，但知道各种可能类型的概率分布。这被称之为“海萨尼转换”。通过此转换，就可以把“不完全信息博弈”，转换为“完全但不完美信息博弈”。在此基础上，海萨尼定义了“贝叶斯纳什均衡”。“贝叶斯纳什均衡”是指这样一种类型依从战略组合：在给定自己类型和别人类型的概率分布情况下，每个参与人的期望效用达到最大化，即没有人积极地选择其他战略。它是纳什均衡在不完全信息博弈中的自然扩展。

由于“贝叶斯纳什均衡”仅仅局限于静态分析，其适用性相对受到一定限制。为此，美国经济学家弗得伯格和法国经济学家泰勒尔对它进行了改进，定义了不完全信息动态博弈的基本均衡概念——“完美贝叶斯纳什均衡”。不完全信息动态博弈，是指在博弈中至少有一个局中人不知道其他局中人的支付函数，局中人的行动有先后之分，后行动者能观察到先行动者的行动。不完全信息动态博弈模型，使博弈理论的研究和应用结合得更加紧密，在博弈论的发展道路上建立了一个新的里程碑。

不完全信息动态博弈分析，也是在海萨尼转换的框架下进行的。由于局中人的行动有先后顺序，后行动者能观察到先行动者的行动，先行动者也会预测到自己的行动将被后行动者所利用。因此，先行动者就会设法选择传递有利信息，避免传递不利信息。这样，博弈过程不仅是局中人选择行动的过程，而且是局中人不断修正信念的学习过程。“完美贝叶斯纳什均衡”，是不完全信息动态博弈的基本均衡概念。它要求给定有关其他局中人类型的信念，局中人的策略在每一个信息集开始的“后续博弈”上构成贝叶斯纳什均衡。并且，在所有可能情况下，局中人要根据所观察到的其他局中人行为，按照贝叶斯法则来修正自己有关后者类型的信息，进而据此选择并优化自己的行动。

在非合作博弈中，解的一般形式是纳什均衡，并且通常有多重纳什均衡。特别是在多阶段动态博弈中，多重纳什均衡更为普遍。这些纳什均衡往往有很不相同的性质。有的纳什均衡是没有效率的，或者是低效率的。因此，博弈论学者们一直致力于博弈均衡的选择问题，试图通过提出比一般纳什均衡更强、更稳定的，或者含有某些特定筛选程序的、更有效的概念和机制，来解决多重纳什均衡问题。博弈论学者们在这些方面的努力，取得了很大成功，获得了大量新的、适用于各种不同情况和局部问题的解概念和分析方法。根据博弈约束条件强弱，均衡概念由弱到强依次是:纳什均衡、子博弈完美纳什均衡、贝叶斯纳什均衡、完美贝叶斯纳什均衡、序贯均衡、颤抖手均衡、恰当均衡、稳定均衡等。每一个较强均衡概念，都是在较弱均衡概念基础上发展起来的。这一个个由弱到强的“均衡”，犹如茫茫大海上的一座座灯塔，指引着扬帆远航的人们，始终沿着正确的博弈航线，一步步靠近美好理想的彼岸。

第三节　同一个梦想

“博弈,博弈,无处不在……”(萨缪尔森语)因此可以说,博弈论并不神秘，也不是云中山、雾里花。它是离我们很近而且常见的经济理论。体育场上的竞技,经济中的竞争,甚至连司空见惯的堵车现象,也都可以用博弈论来阐释。博弈犹如棋牌游戏，既惊险刺激，又充满智慧，令人无比欢欣愉悦。博弈论告诉我们，博弈并不都是你死我活、鱼死网破的交锋;而有些策略也可使各方都会受惠,实现共赢。这就是合作博弈,或称之为“正和博弈”。“正和博弈”,就是指博弈双方的利益都有所增加，或者至少是一方的利益增加，另一方的利益不受损害，因而整体利益有所增加。这是一种最美好的博弈。

随着经济全球化的深入发展，一个统一的全球经济体系正在逐步形成。各国之间、地区之间的经济利益错综交织，你中有我，我中有你，相互依赖程度不断加深。如“东南非共同市场”，这是非洲地区成立时间最早、面积最大的地区经济合作组织。该组织目前拥有埃及、苏丹、肯尼亚等19个成员国，总面积1200万平方公里，人口约4.3亿，全市场经济生产总值超过4700亿美元，年进出口总额超过3000亿美元。在经济全球化浪潮面前，东南非共同市场各成员国普遍希望该共同市场的经济一体化进程取得更快发展。因为大家都意识到，单个非洲国家的内部市场都非常小，只有整合群体力量，才能应对经济全球化的挑战。东南非各国为共同市场规划了一个非常美好的远景目标:成为具有国际竞争力的、充分融合的区域经济共同体，实现经济繁荣，人民富裕，政治社会稳定和平，货物、服务、资本和劳动力自由流动，成员国民众享受较高的生活水平，最终成为非洲经济共同体的一部分。类似东南非共同市场这样的诸多地区经济合作组织，就是一个多国的合作博弈。

然而，在人类社会几千年的历史发展中，处理人际社会事务活动占主导地位的思维模式却是“输赢思维”，或者说是“零和博弈”思维。在这种思维模式中，参与竞争的双方，都是争取自己赢而对方输，把自己的成功建立在对方失败的基础上。他们认为:“不是东风压倒西风，就是西风压倒东风”，非白即黑，没有调和的余地。似乎总是,“你得到了，我就得不到，你失去的，必然是我得到的”。

20世纪冷战末期，通过对“核冬天”问题的研究，人们进一步认识到，在科学技术及社会生产力高度发展的今天，人类已经拥有足以毁灭自身的力量。如果继续坚持“你死我活”的思维模式，到头来只能是“落了片白茫茫大地真干净”。这正像英国著名作家狄更斯的文学名著《荒凉山庄》所描述的那样：在贾恩迪斯山庄的一宗遗产案中，双方展开了长时间的激烈争夺，互不相让，以至于最后整笔遗产正好用以支付法律诉讼费用，而争夺的双方什么也没得到。不仅如此，甚至与此案有关的人，最后都死的死，疯的疯。这就告诉我们，人类为避免自身毁灭的可能结局，必须放弃冷战思维，以对话代替对抗，以既竞争又合作的共赢思维代替“我胜你负、你死我活”的输赢思维。今天，共赢思维正在演变成社会的主流思维，共赢理念正在逐步深入人心。无论是国际间的合作，还是和谐社会的形成，无不显示着正和的博弈解。合作共赢已经成为新时代的主旋律。

2009 年 12 月 7 日至 19 日，联合国气候变化大会在丹麦首都哥本哈根召开。这里虽然正值隆冬，寒风呼啸，白雪皑皑，但并没阻挡住 130 多位国家和国际组织的领导人、192 个国家的环境部长以及其他官员参加大会的热情。大家为了同一个世界、同一个梦想而来，齐聚在向往与追求美好理想的美人鱼铜像的故乡，共同商讨《京都议定书》一期承诺到期后的后续方案，并制定未来发展中落实低碳排放的切实方案，就未来应对气候变化的全球行动签署新的协议。大会闭幕时通过了《哥本哈根协议》。这是继《京都议定书》后又一具有划时代意义的全球气候协议书，因而这次会议被喻为是“拯救人类的最后一次机会”。会议的召开，使哥本哈根成为了各国政府、各种利益集团及一些非政府组织和科研机构激烈博弈的大舞台。2012 年 12 月 8 日，在卡塔尔首都多哈举行的气候谈判大会，最终就 2013 年起执行《京都议定书》第二期承诺延长 8 年。这是合作博弈的一次新胜利。

气候变化是地球所面临的最严重挑战之一，其影响日益显现。全球气候正在变暖，海平面日益上升，海洋的酸性越来越强，风暴更加频繁猛烈，冰川和北极冰层不断消融，水源供给日趋紧张。冰雹重袭东京，空前飓风席卷夏威夷，印度罕见飘雪，洛杉矶刮起史无前例的龙卷风，图瓦卢国将彻底沉入大海，马尔代夫受海水威胁而花巨资在国外买地准备整体搬迁，等等。据联合国资料显示，2000 年至 2011 年，温室效应带来的自然灾害已导致全球 110 万人死亡，经济损失高达 1.38 万亿美元。这些变化不仅威胁着人类的生存环境，而且还威胁着人类社会的安全与稳定。各国政府、非政府组织、学者、媒体和全世界几十亿人都在高度关注全世界气候谈判大会。可以说是风云际会，博弈激烈。

气候问题是各国面临的共同问题。人类发展到今天，面临着许多类似的共同性问题，如环境保护问题、生态失衡问题乃至跨国走私、贩毒等犯罪问题。从非洲的粮食危机到美国的“桑迪”飓风，从小岛国海平面上升到亚马孙森林退化，无不令人揪心。这些问题具有全球性，一国的失误将殃及邻国乃至全球。那么，这些问题究竟又该如何解决？合作是必然选择。通过协商谈判以达到履行各自责任，实现互利互赢，促进共同发展，这已经成为各国的共识。事实证明，正义的事业是谁也阻挡不住的。它就像奔腾的江水，大江东去，毫无保留地涤荡一切污泥浊水，一路高歌，永不停息地滚滚向前。

按照博弈论，博弈可分为合作博弈和非合作博弈。存在有约束力协议的就是合作博弈，否则就是非合作博弈。哥本哈根和多哈气候大会就是一个合作博弈。合作博弈强调的是团体理性、效率、公正和公平。非合作博弈强调的是个人理性、个人最优决策。虽然，个人理性是经济研究的普遍假设。但是，个人理性并不是人类经济行为背后的唯一逻辑，现实中联合理性的集体决策行为相当普遍。人们在个体理性决策行为遇到困难时，经常会通过或明或暗的协议等协调行为来摆脱困境。非合作博弈在解释人类经济行为和社会经济规律时，无法分析现实中普遍存在的联合理性行为。因此，就必须引进能有效分析人类联合理性合作行为的理论——合作博弈理论。

合作博弈的本质特征，是允许存在自愿签订有约束力的协议。这恰恰说明了博弈方之间，既存在共同利益，又不完全一致。因为如果博弈方的利益完全对立或完全一致，就没有协调的余地，或不需要协调。这时，就可以用个人理性决策来解决问题，而不需要协议。只有在博弈方之间存在共同利益但又不完全一致的情况下，才需要利用协议协调行为，以实现更大的共同和自身利益。比如，在全球气候问题上，“我们只有一个地球，地球是我们共同的家园”，这是不同国家之间的共同利益。但是，不同国家又都有各自的核心利益，利益又不完全一致。小岛国要全球激进减排，欧盟要保证就业率，石油国家要保证自己的收入，发展中国家要保证自己的发展利益。这样就产生了利益的分割分配，以及关于利益分割分配的讨价还价。这是合作博弈问题的本质。

两人讨价还价，是合作博弈理论的基本问题，也是博弈论最早研究的问题。如：交易双方的价格谈判、劳资双方的工资争端、合作者的利润奖金分配，以及各种资源权益分割等。这些都是两个经济主体之间对特定利益的分割分配。英国著名作家萧伯纳曾说，经济学是一门最大限度地创造生活的艺术。而这种艺术创造的基础往往就是讨价还价。或者说，讨价还价本身就是创造生活的艺术。

法国启蒙思想家卢梭在他的著作《论人类不平等的起源和基础》中，描述了个体背叛对集体合作起阻碍作用的过程，被人们称为“猎鹿博弈”。故事讲的是，古代一个村庄有两个猎人。当地的猎物主要有两种：鹿和兔子。如果一个猎人单兵作战，一天最多只能打 4 只兔子。而两人一起去，就能猎获一只鹿。从维持生命的角度来讲，4 只兔子能保证一个人 4 天不挨饿，而一只鹿却能让两个人吃上 10 天。这样，两个人的行为决策就形成了两种博弈结局：分别打兔子，每人得 4；合作捕鹿，每人得 10。两种可能结局，就是两个纳什均衡：要么分别打兔子，每人吃 4 天；要么合作猎鹿，每人吃 10 天。两种结局到底会发生哪一种，我们无法用纳什均衡来确定。但比较 [10，10] 和 [4，4] 两个纳什均衡，可以看到一个明显的事实，那就是两人一起去猎鹿比各自抓兔子可以让每个人多吃 6 天。也就是说，合作猎鹿的纳什均衡比分头抓兔子的纳什均衡具有帕累托优势。与 [4，4] 相比，[10，10] 不仅有整体福利改进，而且每个人都得到福利改进。

当然，这是假设双方平均分配猎物。也就是说，两个猎人的能力和贡献都差不多，但实际上并不一定如此。如果一个猎人能力强、贡献大，他就会要求得到较多的份额。分配的结果可能是 [14，6]，或 [15，5]。但有一点是可以肯定的，那就是能力较弱的猎人所得，至少要大于他独自打猎的收益。否则，他就没有合作的动机。设想，如果合作的结果是 [17，3]，相对于分别猎兔 [4，4]，就没有帕累托优势。虽然 17 比 4 多，强者得到了很大改善，（17+3）比（4+4）也大很多，整体也得到了改善。但是 3 比 4 小，弱者没有得到改善，反而恶化。所以，若是这样的结果，弱者就会放弃合作。

纳什通过建立公理化假设，给出了两人讨价还价的合作解。一是帕累托效率。因为，无效率的结果一般不太可能发生，它给两人重新谈判留有余地，从而促使该问题的合作解满足帕累托最优。二是对称性，也称匿名性。它是指对该问题的某个协议而言，参与人双方是无差异的，即对称的。由于讨价还价博弈初始条件不同，双方必然在讨价还价能力上存在差异。但是，协议对双方却是对称的，即使交换两个人的位置也不会影响该问题的合作解。三是无关选择的独立性。这是在参与人对多次讨价还价问题可能出现的结果进行比较时，对其偏好特征的一个公理性假设。

两人讨价还价问题纳什解法的美妙之处，在于以三个简单公理为前提，不但满足了公平和效率两方面的要求，而且对双方的利益都予以重视，不鼓励一味追求自身利益而忽略对方利益。纳什的合作博弈解，为博弈分析开创了一种可以进一步扩展的新思路和美好前程。

合作博弈中，参与者数量不同对合作博弈影响很大。当合作博弈方只有两人时，博弈方的选择也只有合作，或不合作，以及采取哪种方式合作。这是一种纯粹的讨价还价。而博弈方多于两个时，情况就会发生变化，可能出现部分博弈方的联盟问题。例如：三人有机会分享 300 元，分配方案由民主表决通过（少数服从多数）。这与两人分 200 元钱虽然只是多了一个博弈方，但情况会发生重大变化。三个博弈方不可能始终停留在讨价还价上，头脑灵活的博弈方总想得到更多的利益。这时就可能出现戏剧性的一幕：博弈方 1 和博弈方 2 结成联盟，强行通过一种方案，以剥夺博弈方 3 的利益。而博弈方 3 也可以通过瓦解博弈方 1 和博弈方 2 的联盟，并与其中一方形成联盟加以对抗，等等。这些联盟行为，使三人以上合作博弈问题从讨价还价转变为联盟问题，必然对博弈结果产生很大影响。两人讨价还价博弈和多人联盟博弈，构成了合作博弈理论的两大研究对象。

联盟在数学上就是由若干个局中人组成的集合。他们彼此合作，通过共同商定的方案来瓜分合作获得的总和收益。在联盟内部，参与者的利益是共同的，联盟的利益最重要，但对外，也可能会与其他人发生冲突。合作博弈理论告诉我们，在 3 个局中人构成的合作博弈中，可能组成三种联盟：第一是空集，即没有人构成的联盟。第二是单人联盟，即一个人组成的联盟，分别是局中人 1、2 和 3。单人联盟，就是局中人不与任何其他人联盟，独来独往。第三是两个人组成的联盟，局中人 1 和 2，或者 1 和 3，或者 2 和 3。这里，两人组成的联盟和单人联盟是相对立的。

“垃圾博弈”是多人合作博弈的一个经典问题。某社区有 n 户居民，每户产 1 袋垃圾，每袋垃圾有 1 个单位的负效用。每户居民都可以选择把自己的垃圾扔到邻居的院子里，逃避自家垃圾的负效用。在这个博弈中，如果每户都把自己的垃圾留给自己，那么每户效用就是 –1。如果每户都把自己的垃圾随意扔给邻居，每户的期望效用仍然是 –1。但如果部分人家结成联盟，联盟成员保证不相互扔垃圾，那么联盟成员家庭的期望效用就会上升。最极端的情况是，n–1 户家庭结成联盟，共同约定把垃圾扔给唯一的非联盟成员家庭。这时候，联盟成员的期望效用各为 –1/（n–1），大大高于 –1。而被排除在联盟之外的家庭的期望效用则为 –（n–1）。当然，排除在联盟外的家庭必然要设法反击。他可以通过许诺接收其中任何可能收到的垃圾，并动员前述联盟中 n–2 户都把垃圾扔给联盟中的另外一户。这样，原联盟外受尽欺负的这户就只需要接收一袋而不是 n–1 袋垃圾。当然，那户被出卖、收到 n–2

袋垃圾的原联盟成员也不会善罢甘休，便想方设法通过利诱瓦解不利于自己的联盟，形成新的联盟。这是一个不断分分合合的过程。合作博弈的魅力就在于此。

事实上，合作博弈中的个人并不是善男信女。它和非合作博弈一样，获得个人收益的最大化是唯一目标。不过，在非合作博弈中，局中人实现收益的最大化是通过选择自己的策略而获得，而在合作博弈中实现收益最大化，是通过选择联盟和联盟内的讨价还价而获得。合作博弈，就是考察这些可能组成的联盟对于局中人在博弈中得到结局的影响，研究人们间形成的合作和对抗关系。每个局中人，可以自由选择加入或者不加人任何一个联盟。他加入联盟增加的收入，或者他离开联盟减少的收入，就是他向联盟讨价还价的砝码。

合作博弈中，每个参与者最终获得的收益，就是联盟价值的分配，也是这个合作博弈的解。由于价值分配的不同，局中人在选择参加联盟时，如果一种联盟分配给他的价值高于另一种联盟分配给他的价值，那么，他很显然会去参加分配给他高价值的联盟。这样，整个合作博弈中每个局中人获得的收益，就必然涉及该局中人在各种联盟中的地位，以及他对参与何种联盟的取舍。反过来，一个人在联盟中也不能一味索取过多报酬，如果他索取太多，联盟可以排除他而组成另外的联盟。

根据合作博弈理论，合作博弈解的概念有核心、沙普利值、核仁、核、谈判集以及稳定集，等等。"核心"是特征函数型博弈中一种利益分配的集合。集合中的每一个利益分配方案，都使得没有任何局中人能够通过组成联盟而提高他们自己的总和收益。因为如果若干局中人组成的联盟，能够获得比核心中的某种利益分配方案给予他们更多的总和收益，那么他们肯定不会接受这种方案，反而会组成新的联盟以获得更多的总和收益，然后在联盟内进行分配。不过，"核心"概念常常是空的。也就是说，没有任何一种利益分配方案能够为所有联盟接受。所以，无论如何也找不到满足以上所述全部条件的利益分配方案。

稳定集概念是冯·诺伊曼和摩根斯坦在《博弈论与经济行为》一书中提出的。对两种局中人的利益分配方案来说，如果存在一个联盟，该联盟中各个局中人从第一种方案得到的收益要大于从第二种方案中获得的收益，而且从第一种分配方案中得到的总和收益不超过联盟的特征函数值。那么，第一种方案优超第二种方案。这就是“优超”概念。在此基础上，可以定义一种利益分配方案的集合。这一集合，不仅外部稳定，即该集合中的元素优超所有集合之外的利益分配方案，而且内部也稳定，即集合中的元素之间互相不优超。这种同时具备外部和内部稳定性的集合就是稳定集。

然而，世界上并不存在完美的事物。核心和稳定集亦都存在一定的局限。它们有时失之广泛，有时又失之苛刻。而在有些情形中，需要一种方法能直接给出合作博弈的利益分配方案，用一种利益分配来表示这一博弈对每个局中人的价值。比如，对多方经济争端的仲裁和调解。在这种思路上也存在多种解概念，其中沙普利值最为突出，使用最广泛。如：一个包含有两个局中人的联盟博弈，其中局中人 1 不与人结盟时独自获得收益为 4，局中人 2 不与人结盟时收益为 8。两人合作时，则可以得到收益 18。那么，这两个人如何分配他们获得的收益 18 呢？当然，贡献多的分配得应该多。按照沙普利值的方法，首先，分析各个局中人的边际贡献。局中人 1 可以参与的联盟有两个：一个是空集，他加入后就成为只有他自己的集合，因此，他的边际贡献是 4（如果他不参与，空集的收益是 0）；另一个是他和局中人 2 结为联盟，他的参与使联盟的收益从 8 提高到 18，边际贡献就是 10。同样，局中人 2 可参与的联盟也有两个：一个是空集，对应的边际贡献是 8，另一个是和局中人 1 结盟，对应的边际贡献是 14。在获知每个局中人对各种联盟的边际贡献后，就可以计算沙普利值，也就是边际贡献的平均值。局中人 1 的沙普利值是（4+10）/2=7，局中人 2 的沙普利值是（8+14）/2=11。这就是每个局中人从该博弈中所得的收益，也就是合作博弈的解。

“同一个世界，同一个梦想”，这是2008年北京奥运会的主题。它表达的不仅仅是运动场上的竞技与拼搏，而是全世界各国人民共享文明、共创辉煌的崇高愿望。已经具有两千多年历史的奥林匹克运动充分证明，奥运会本身就是一场伟大而又美好的合作博弈。

第六章　寻找令人满意的目标（目标最优）

城市的十字路口，象征着目标与选择。

第一节　有限理性

曾经有经济学家做过这样一个冰淇淋实验：两杯哈根达斯冰淇淋，一杯 A 有 7 盎司，装在 5 盎司的杯子里，看上去快要溢出来了；另一杯 B 是 8 盎司，装在 10 盎司的杯子里，看上去还没有装满。人们会愿意为哪一杯冰淇淋付出更多的钱呢？

如果人们喜欢冰淇淋，那么 8 盎司明显要多于 7 盎司；如果人们喜欢杯子，那么 10 盎司显然要比 5 盎司大得多。可是，实验结果却表明，人们大多愿意为少量的冰淇淋（A 杯）付更多的钱。这一实验，恰巧契合了美国普林斯顿大学心理学教授，2002 年诺贝尔经济学奖得主丹尼尔·卡纳曼所论述的：人的理性是有限的。人们在做决策时，往往主观意愿占支配地位，并不去考虑一个物品的真实价值，而是用直觉去感觉美不美。因而，商家们便总是利用人们的心理，制造出“看上去很美”的视觉效果，以满足人们对物品的审美追求。

经济学自诞生之日起，就建立在“理性”这个核心假设上。早期的经济学家们最初受达尔文进化论的影响，基于功利主义的效用论而建立了“理性假设”。在主流经济学的大厦中，“理性假设”似乎是最不可动摇的那块基石。1978 年诺贝尔经济学奖获得者、美国卡内基—梅隆大学的赫伯特·西蒙教授认为：“理性就是根据评价行为结果的某些价值系统来选择偏好的行动方案。”简言之，理性就是在给定条件下，人们的一种理性的、冷静的或最满意的计算和选择。

一般来说，经济学理论总是首先要对经济活动中的“人”予以假定。以往关于经济活动中“人”的假定，有古典经济学追求最大利益的“经济人”，后来又有马歇尔提出的所谓追求自身最大享受或满足的“社会人”等。这种表述方式，是 19 世纪部分经济学家由生物分类用语中“homo sapiens（人类）”一词借鉴而来的。这样的“人”，就是一般所认为的具有全面信息，能够作出最优决策的"完全理性人"。这当然只是经济学家们的一种美好愿望。

"经济学家不合理地赋予经济人无所不知的理性，经济人拥有完整、一致的偏好体系，让他始终可以在各种备选方案中进行选择；他始终十分清楚到底有哪些备选方案；为了确定最优备选方案，他可以进行无限复杂的运算；概率计算对他来说既不恐怖也不神秘。在过去的几代里，这个理论已经向竞争性对策（例如博弈论），以及不确定性条件下的决策（例如理性预期）等领域扩展，目前已经达到了托马斯式（中世纪神学学说，经院哲学的基础理论）的精巧状态。他具有巨大的智力和美学魅力。"（西蒙语）

对于建立在完全理性基础上的"理性经济人"学说，给予革命性挑战的领军人物当属赫伯特·西蒙教授。西蒙对"理性经济人"学说展开了系统的批评。他认为，经济学中"经济人"的假设太理想化了。其难点在于：第一，只有在确定的情况下，它才符合通常所了解的合理性的概念；第二，在决策时，必须假定全部可供选择的措施都是"已知的"，即每一个措施的结果都是知道的，要么是确定的，要么是不确定的，或者是有风险的，且对所有结果，"经济人"都能按照自己的价值判断，并排成完整的效用序列。这看起来似乎是一个美妙的乌托邦梦想。由于这些假设所要求的极严格的条件通常都难以满足，这就无异于空中楼阁，或虚无缥缈的海市蜃楼，距现实经济生活相距甚远。因而，应当用"有限理性"代替"完全理性"。而从管理学的角度出发，亦应当用"管理人"代替"经济人"。这是西蒙经济思想的一个创新点。

其实，有限理性并不是西蒙的发明专利。它是由美国哈佛大学经济学教授、1972 年诺贝尔经济学奖获得者肯尼斯·约瑟夫·阿罗，最先引入到经济分析中来的。但直到西蒙才进行了深入详尽的理论分析和阐述，形成了系统、科学的理论。有限理性，是指在经济活动中，人的行为是有意识的、理性的，而这种理性又是有限的。由于经济环境是复杂的，在市场交易中，虽然参加的经济主体很多，但同一种交易很少重复进行。因而，人们面临的是一个复杂的，不确定的世界。而且交易越多，不确定性越大，信息也就越不完全，从而导致人们把握未来的能力有限。同时，人对环境的预测能力和认识能力也是有限的。人不是全能的上帝，不可能无所不知，无所不晓。而且宇宙世界广袤而神秘，人类对物质的认识远未达到穷尽。现实中，人总想把事情做得最好，但人的智力、经验都是有限的。人在进行决策时，虽然都会充分利用已有的知识和经验，但对其结果进行预测，仍没有完胜的把握，亦难免会出错。由此可见，有限理性是辩证的、清醒的、理智的。人们在做决策时，虽然难以达到"最优",但可做到满意。虽得不到凤凰,但可得到孔雀。因而"具有巨大的智力和美学魅力"。

西蒙是在他的代表作《管理行为》(1947 年)一书中，针对"完全理性"和"非理性"的争论，提出了"有限理性"的学说。但对"有限理性"进行深入的论述，则是在他以后对人类的认知系统逐渐深入研究的基础上，进一步加深认识并逐步完善的。这不仅反映了他认识的渐进过程，而且也显示了他追求真理的过程。西蒙感到，研究越深入，认识越深刻，前景越显现越美。他在《人类的认知——思维的信息加工理论》(1986 年)中揭示，根据美国哈佛大学心理学教授米勒 1965 年发表的著作《神奇的数字 7±2:我们信息加工能力的局限》一书中提供的案例:短时记忆的容量只有 7+2 项(西蒙认为可能是 4 项);从短时记忆向长时记忆存入一项需要 5~10 秒钟(西蒙认为可能是 8 秒钟);记忆的组织是一种表列等级结构(类似于计算机的内存有限，从内存到外存的存取需要时间，以及计算机的储存组织形式)。这些是大脑加工所有任务的基本生理约束。

一般来讲，这种生理约束，通常会使思维过程表现为一种串行处理或搜索状态(同一时间内考虑的问题是有限的),从而也限制了人们的注意广度(选择性注意)，以及获得知识和信息的速度和存量。在这种条件下，人们的基本生理约束和思维偏差，又会引起价值偏见和目标认同的差异，从而最终导致在人类决策活动中人的理性程度是有限性的。

西蒙认为，有关决策的合理性理论，必须考虑人的基本生理限制，以及由此而引起的人的认知限制、动机限制等因素的影响。因而，我们研究和探讨的，应当是有限的理性，而不是全知全能的理性。并且，在有限理性的发挥空间中，这一理性应当是过程合理性，而不是本质合理性。它一定是在考虑了人类选择机制的理性限度和适应程度后确定的程度，而不是完全理性的最优机制。

事实一再证明，决策者在决策之前，不可能获得全部备选方案的所有信息，而且也无法在短时间内搜取到有关的全部信息。对此，决策者关于各个备选方案的效用，是比较模糊和不确定的。因而，他无法作出自己效用最大化的选择，而只能在一个可调节的大致范围内，根据自己的知识、经验和有限信息来进行思维判断，并以此决定方案的选定和搜索过程的结束，从而获得问题的满意解决，以到达理想的彼岸。

有限理性学说，是西蒙选择理论的两块基石之一。其另一基石是“满意原则”。有限理性，是西蒙一切思想——从公共管理到经济学，再到人工智能的基本构建。通过这些看似简单的概念，他对这些领域中的每一个，都产生了革命性的影响。西蒙是一个犹太人的后代。与其他经济学大师相比，他看起来貌不惊人，平平淡淡，一团和气、笑容可掬，是那种典型的书院式学者。他身上没有什么别具一格的传说，也没有能引起轰动效应的绯闻或趣事。他是一个有限理性人，只是把等身的著作留给了世界。他是一位真正的经济学家。“他的研究成果涉及科学理论、应用数学、统计学、运筹学、经济学和企业管理学等方面，在所有这些领域中西蒙都发挥了重要的作用。”西蒙在获得诺贝尔经济学奖的演说中感叹道：“许多那种研究只是被要想理解，要想发现复杂性中隐藏的秩序美的简单冲动所驱使。一次又一次，我们发现通过研究过程得到的‘无用’真理，对实际人类事务有最大的重要性。”这正是西蒙创新思维的动力所在。

西蒙有限理性学说自创立以来，已有大半个世纪。在这大半个世纪里，许多经济学家、管理学家、社会学家、心理学家以及行为学家，都对此展开了讨论和争执。但至今为止，人们对什么是有限理性，尚无公认一致的认同。正如莱茵哈德·泽尔滕所说："我们对什么是有限理性这一问题，还没有找到一个准确的答案，但我们知道，有限理性是反效用最大化的。"(《有限理性》1990 年）生命力顽强的种子，总是要生根、发芽，并开花结果的。大半个世纪以来，有限理性坚强地生存下来，并越来越受到人们的重视和青睐。"这些理论对全面的经济分析不如古典利润最大化理论那么优美和适用，但是它们对一些领域中的理解和预测提供了较大的可能性。它们已被成功地用于解释和预测如此多方面的活动，如公司内部取得信息能力的分布和决策，对有限竞争做市场调整，选择投资证券和选择去外国投资。现代企业经济学和管理研究大部分根据西蒙的思想。"

其实，"有限理性" 和 "完全理性" 的交锋，最早并不是在经济学领域，而是在西方哲学领域。如德国古典主义哲学家康德，在休谟研究的基础上，对人类的理性界限给予了深入的论证。他认为，人类的理性只能达到对现象的认识，对人类的理性必须加以限制，不能滥用，因为人类的理性不可能解决各种各样的新问题。(康德，1787 年）20 世纪 30 年代以后，随着资本主义经济危机的频发，西方哲学中对理性的怀疑和有限界定的观点，才逐渐引起经济学家们的关注和重视。

从经济学史的角度看，大体上可以说，20 世纪 30 年代以前，"完全理性"统领着经济学；20世纪30年代以后，"有限理性"逐渐占了上风。在这一浪潮中，较早对"完全理性"提出批评的，是美国芝加哥大学经济学教授索尔斯坦·邦德·凡勃伦。他公开讽刺完全理性的"经济理性人"，是"快乐和痛苦的明智的计算者"。当然，在凡勃伦之前，以德国为主的经济历史学派，也曾对古典经济学中"理性经济人"产生过疑问和不满，但没有凡勃伦那样具有批判性和战斗性。

后来，英国人马丁·霍利斯与爱德华·内尔，也对"理性经济人"展开了批判和嘲弄。他们用辛辣的口吻说："理性经济人的潜在假定存在于投入和产出、刺激和反应之间。他不高不矮，不肥不瘦，不曾结婚也不是单身汉。我们不知道他是否爱狗，爱他的妻子或喜欢儿童游戏胜于诗。我们不知道他要干什么，他会不顾一切地以最大化的方式得到它。”由此可见，经济学家们早已开始摇动“完全理性”的根基。

但是，真正对建立在完全理性基础上的“理性经济人”学说给予最大打击的还是西蒙。他在一系列文章中，对“理性经济人”学说提出了系统批评。指出这种无所不能和全智全能的理性经济人，抽象得无异于“奥林匹亚山神模式”。它对于个人完全理性的假定，与现实中人类的实际理性和可能行为，几乎没有什么关系。当然，西蒙的战斗并不是孤立的。他的同盟者，生于俄国的美国经济学家哈维·莱宾斯坦，从 20 世纪 60 年代开始研究 X 效率理论，以修改传统的最大化假设。他认为在通常情况下，人们不会严格追求最大化行动，而作出的决策往往依附于习俗、惯例和道德规范。因此，他认为，合乎现实的微观经济学必须超越“经济人”,以“非最大化”作为标准的行为假设。莱宾斯坦是一位对完全理性的“理性经济人”影响广泛的批评者。

“完全理性”与“有限理性”的战斗一旦打响，双方便唇枪舌剑。理性主义经济学派的捍卫者中最早对“有限理性”发起反击的，当首推奥地利学派的宗师卡尔·门格尔。门格尔是“边际三杰”之一。他指出，古典学派并不是没有认识到人们追求自身利益之外还有其他动机。新古典经济学大师马歇尔，在对历史学派和老制度学派的批评中也指出，经济认识不能停留在单纯的描述阶段，否则就不可能成为严格意义上的经济科学。而科学的分析方法，不能离开在“理性经济人”基础上所进行的演绎推理。作为科学的经济分析方法，其逻辑前提的假定和构建是不可缺少的。当然，这些必须借助于经验观察和归纳。

随着争辩的展开，参与论战的人越来越多。有不少大师级经济学家公然站出来据理维护“理性经济人”假说。其中，1976 年诺贝尔经济学奖得主、美国芝加哥大学著名经济学家米尔顿·弗里德曼，与 1982 年诺贝尔经济学奖获得者、美国经济学家、芝加哥大学教授乔治·J. 施蒂格勒一起，带领芝加哥学派，极力稳固“理性经济人”的根基。不仅为新古典主义摇旗呐喊，而且亲自上阵论战。

1953年,弗里德曼在《实证经济学的方法论》一文中辩解道:“完全的‘现实性’是无法达到的，而一个理论是否足够现实的问题，只能看它对于所追求的目的是否产生了足够好的预测，或是否产生了好于从规范理论中得出的预测，来得到解决。”施蒂格勒也申辩说:“我们相信人是追求效用最大化的动物，至今为止我们没有看到对人们乞灵于其他行为目标的生活片段加以剖析时能得到什么新的信息。”随后，施蒂格勒等人还通过引用产权、交易费用和寻租等现象的分析方法，来处理和分析“X效率”等问题，并宣称对西蒙和莱宾斯坦等人所提出的证据与新古典理性主义分析框架并无矛盾。以施蒂格勒为代表的新古典主流经济学家，毫不动摇地坚信:理性行为假设是经济学中的标准假设。

20世纪70年代以后，经济学大举渗入其他社会科学领域。“经济学帝国主义”最有威力的武器，就是“理性经济人”的“最大化行为”。新古典经济学为了保证个人选择的理性行为,提出完备性、传递性和决定性等公理。然而，一些心理学家的实验却表明:现实中人的选择行为并不符合这些公理，而且是经常地违背这些公理，即存在“偏好颠倒”。发现这一现象最早的，是英国心理学家保罗·斯诺维克和莎拉·利希滕斯坦。他们1979年以来所进行的许多实验证明，实际选择行为甚至违背所有的理性公理。在此期间，实验心理学家的理性实验，给主流经济学家的心理造成极大的冲击。绝大多数新古典主流经济学家，都对这种实验保持沉默。但仅凭实验心理学家的实验，还不能驳倒“理性经济人”抽象的假设。另外，新制度经济学在70年代以后，也开始对主流新古典经济学中关于经济人完全理性的不切合实际的假设，予以了纠正和更深入的研究。

与此同时，经济学中的实验学派、心理学派和新制度学派，都对古典主流经济学的完全理性的“理性经济人”假说，表示出异议和攻击。但古典主流经济学家们却对此不屑一顾。他们认为，经济学建立在完全理性的“理性经济人”之上的演绎理论，是建立在人的本能基础上对经济学最一般规律的推理和演绎。简化的抽象模型，与事实不符是正常的。这就如同在理想状态下的物理学研究与现实的差异一样。因为从经济学的本质上来看，没有更好的方法可以取代建立在“理性经济人”基础上的、唯理性演绎分析方法。古典主流经济学家们还认为，关于理论模型与现实的不符，可以通过放宽模型的假设，从而使模型不断逼近现实。

进入 20 世纪 80 年代，以伦理学和社会学思想为代表的经济学家，开始对主流经济学以“理性经济人”假设为基础的纯经济学分析展开攻击。1998 年诺贝尔经济学奖获得者、英国剑桥大学经济学教授阿玛蒂亚·森，从伦理学的角度批评了主流经济学关于“经济人”的假设。他尖锐地指出:“自利理性观意味着对‘伦理相关’动机观的断然拒绝。把任何偏离自利最大化的行为都看成是非理性行为，就意味着拒绝伦理考虑在实际决策中的作用。把自利最大化行为等同于理性，进而再把实际行为等同于理性行为，这一复杂的过程似乎起了完全相反的作用。试图用理性要求来维护经济理论中的标准行为假设（即实际的自利最大化），就如同领着一队骑兵去攻击一只跛脚的驴。”森还强调，主流经济学把理性的人类行为等同于选择的内部一致性，并进而把它等同于自利最大化。但正如实际行为的最好近似，并没有证据表明自利最大化是对人类实际行为的最好近似，也没有证据表明自利最大化必然导致最优的经济条件。阿玛蒂亚·森的基本观点是，经济行为者是理性的，他们在各种约束的限制下，追求预期效用的最大化。这位享有“经济学良心”之美誉、来自发展中国家的经济学大师，凭着自己的“良心”，坚定地站在了“有限理性”一边。

20 世纪 80 年代以后，研究“理性人互动行为”的博弈论，全面进入了主流经济学的研究领域。博弈理论通过对个人理性最大化并不能导致社会福利最大化这一命题的研究，认为个人理性与社会理性往往并不一致。“囚徒困境”就说明了这个问题。另外，关于博弈理论的行为实验研究，也显示人们的行为决策往往会偏离自我的目标选择。

对此，主流经济学对博弈论中“个体理性所导致的社会非理性”的疑问给予了坚决辩驳。他们认为，博弈论本身就是建立在个体理性基础上的，而否定个体理性，博弈论本身就不能成立。个体理性与集体理性的矛盾，如果从长期重复博弈的框架和个体行为受到有关法规制约的情况来看，两者可以取得一致。

近一个多世纪来，随着经济学中的心理学派、社会学派和伦理学派对主流经济学完全理性的“理性经济人”假设的极度不满，他们与新古典主流经济学就此展开激烈的争论。双方关于“理性经济人”的认识存有较大差异。虽然，批评者的各种证据不能驳倒新古典“理性经济人”模式，但这种不断地批评还是使一些新古典经济学家开始反省，并修正某些传统认识，使“理性经济人”假说更为合理。在“经济学帝国主义”的始作俑者、1992 年诺贝尔经济学奖得主加里·贝克尔的“新经济学运动”中,“理性经济人”的涵义就发生了某些变化。虽然仍保持个体自利和理性的行为特征，但对决定个体行为的内容已增加了许多。“新经济学运动”的另一倡导者、1986 年诺贝尔经济学奖得主詹姆斯·麦吉尔·布坎南也认为，经济人假设是经济学理论知识遗产的重要部分。该理论只要有适当的法律和制度框架的约束，个人追逐自身利益的行动，可以无意识地产生有利于整个社会利益的结果。他们在一定程度上修正或改良了“理性经济人”假说。

在这场“新经济学运动”中,新主流经济学家们对“理性经济人”的认识，较之以往有了较大的变化。此时的“理性经济人”，通常被称为“新经济人”。他们对“新经济人”行为的分析，已经从单纯的经济领域扩展到非经济领域。它不仅是一个经济人，而且也是一个社会人;它不仅是一个“思想单纯的经济人”,而且还是一个机会主义者。另外,“新经济人”中,那种符合完全理性和“苛刻标准”的“理性经济人”标准已有所放松。因为，现实社会中尚存在信息不完全和交易成本。在这里,“新经济人”的行为将受到“社会文化背景”的约束。在“新经济人”框架下,“个人利益”不再仅仅是货币收入、物质利益等，而且还包括名誉、地位、审美等不能用个人最大化的“效用函数”所涵盖的目标集合。

由此可见,“有限理性”是在激烈的交锋中成长、成熟，并壮大起来的。如今，它已占领了管理学、博弈论、信息经济学、现代企业经济学、公共选择学、制度经济学、演化经济学等的主阵地，并正在向完全理性的“理性经济人”展开正面深入的进攻。对于“理性经济人”与“有限理性”谁将最终占得上风，科学的答案是:优胜劣汰。这是一个竞争法则。事物都是这样，只有竞争，才能生存;只有竞争，才能产生美、展现美。植物学家告诉我们，花的美是在上亿年的竞争中形成的，不美的都被淘汰了。正如米尔顿·弗里德曼所指出的，只要假定人们的行为多多少少是理性的就足够了，并且人们所犯的错误，可以通过经验的增加而弥补。尽管目前，行为经济学（有限理性）还扮演着正统经济学（理性经济人）的“批评者”角色，但他们正在努力推出一套建设性的、经得起实证检验的、系统完整的理论架构。有朝一日，他们有可能转变角色，成为经济学的“主力军”。

“有限理性”学说，作为一种理论，可以说现在仍处于未完成状态，这也许正是它的常态。20世纪末，全世界享有盛名的英国《经济学家》杂志，在展望21世纪经济学可能面临的挑战和产生的革命时，认为21世纪现代经济学存在三大明显的、令人为难的理论空白，提出“理性”将是新世纪现代经济学的第三大空白（第一大空白是单个厂商理论;第二大空白是增长理论）。“提到第三大空白，也许具有最深远的意义，对这项空白的填补将极大地改变经济学的特征。这就是许多理论家日益不快的概念:理性——这一经济学的基石。显然，经济主体并不总是理性行事，至少在严格的理性概念下是这样。但同样明显的是，在某种不那么严格的意义上，经济主体的行为又是有序和明智的。许多经济学家，如位于加利福尼亚大学伯克利校区的乔治·阿克洛夫（2001年诺贝尔经济学奖得主）于是开始研究‘准理性’的含义。为此，他们展开了对社会学、人类学，尤其是心理学的研究。”

“理性”成为了21世纪现代经济学的第三大空白。这不仅是经济学家们的困惑之处，而且也是经济学家们不遗余力地追寻探究之所在。理性之美有如此巨大的魅力。如果将“有限理性”比喻为鲜花，那么，它就是经济学百花园中那种生命力最顽强、香味最独特的一株鲜花。经过暴风雨的洗礼之后，它必将绽放得更加鲜艳和美丽。

第二节　歧路花园

从前，有一个叫雨果的人，住在一个有无数房间的城堡里。

城堡非常长。雨果从房间这头走到另一头，大约需要十分钟。每个房间尽头有四五扇门，门上有锁。房间只能一边打开，进房打开西边门，出去只可打开东边门。每当雨果打开门走进一间屋子，他身后的门就关上了。这样，他就不能返回，而只能通过另一边的门走到其他房间。

因为这些房间都没窗户，雨果一出生就住在那里，城堡就是他所知道的唯一世界。雨果还很年轻时他的母亲就去世了。母亲生前曾告诉他另一个“外部的”世界。那个世界有一个单独的大灯照亮着，每隔10或12个小时，那个大灯就开和关一次。虽然母亲也没有看见过外部的世界，但关于外部世界的故事却世代相传。

母亲死后，雨果独自住在与世隔绝的城堡里。这里大多数房间没有装饰，里面只有一两把椅子和一张沙发。雨果在漫步途中需要休息或睡觉时，这些简单的家具已够享受了。但有一次他走进一个房间，看到盖着白亚麻布的小桌上有充足的可口饭菜。

这种有食物的房间在城堡里并不多。连接两个房间的门是明亮的玻璃做的，雨果透过玻璃可以看到五六间屋里有没有餐桌。如果视觉范围内任何一件房里有餐桌，他从站立的地方完全可以看到。

当雨果饿了时，他就挨个在四五扇出口的门上张望，看哪件屋里有餐桌食品。如果没有，他就打开一扇门，快步走到另一间屋里，站在新的位置重新查看。通常经过 1~2 个小时的搜寻之后，他最终总能找到有餐桌的屋子，解决饥饿问题。

雨果的一生就这样一直在通往寻找食物的道路上探索着……

这是一个迷宫的故事，作者是一个名叫赫伯特 · A. 西蒙的人。西蒙自称这个迷宫是一个“没有米诺陶斯”（希腊神话中人身牛头的怪物）的迷宫，并将此比喻为“歧路花园”。

赫伯特 · A. 西蒙是美国著名的管理学家和社会科学家、现代决策理论学派奠基人，被誉为“现代管理经济学大师”。他因在“经济组织内部决策过程方面的先驱性研究”，而荣获 1978 年诺贝尔经济学奖。西蒙对经济学的最大贡献，是对传统管理理论采取批评的态度，建立了更加科学的“决策理论”，并告诉人们如何在歧路花园里作出正确的选择。因而，其功绩与伟大，可与任何经济学大师相媲美。

西蒙的决策理论，是在对传统决策理论进行批判的基础上建立起来的。西蒙之前，决策理论中占统治地位的是古典决策理论。该理论假定决策者是“理性的人”，也就是设想在日常生活中总是考虑最优、总是选择最优方案的决策者。西蒙打破了人们对古典决策理论的盲目迷信，以其现代决策理论彻底否定了关于决策者无所不知、十分理智，以及追求利润最大化的假设。西蒙认为，在复杂的客观世界中，有些问题也许根本不存在最优解，而另一些问题也许存在某种可能的最优解。但这种最优解，只有在必须了解到充分信息之后才能作出。如果不具备这个前提，它始终只是可能存在的一种最优解。

西蒙认为，决策是管理的核心内容，它贯穿于管理过程的始终。无论是计划、组织还是领导、控制，任何一项管理职能的履行和管理工作的展开，都离不开决策。决策是管理工作的基本要素，管理就是由一连串的决策组成的。西蒙有一句最具影响力的名言:“管理就是决策。”

实际上，对于决策理论的研究，在第二次世界大战前只有非常少的人在探索。他们主要是来自工程师、公共管理的研究者、商业决策专家等。但可以说，他们没有一个将自己的研究特别的与经济科学相联系。其中，关于决策理论研究的杰出先驱者，分别是英国著名数学家查尔斯·巴贝奇，美国“科学管理之父”弗雷德里克·泰勒和法国著名管理理论学家亨利·法约尔等人。在二次大战期间，决策理论被关心军事管理和逻辑的科学家、数学家以及统计学家重视起来。他们把这方面的研究称之为“运筹学”或“运筹分析”。由于运筹学研究者与经济学家相距甚远，以至于希望进入这一领域的经济学家不得不建立他们自己的“殖民地”。后来，经济学家们则把自己对决策理论的研究称之为“管理科学”。

作为管理科学的一个重要学派——决策理论学派，主要着眼于合理的决策,即研究如何从各种可能的抉择方案中,选择一种“令人满意”的决策方案。西蒙是决策学派的主要代表人物。按照他的考察，人类决策的简化模型，最初是由小白鼠在心理学实验室的迷宫中通向食物道路时的行为提供的。所以，他在 1956 年的一篇论文《理性选择和环境结构》中，围绕迷宫隐喻编织了一种形式模型，描述一个生物（或一个人）如何能在令人满意的水平上满足多种需求，并且不依赖超人的理智和计算能力来生存。其中把生活描述为通过迷宫的搜索，而这个迷宫有大量要达到的目标，且有许许多多歧路。西蒙借助迷宫隐喻，引进了决策过程的整个框架，并把做决策看作是沿迷宫岔口一步一步选择的过程。他称之为“穿越歧路花园”。

经济决策论，是在吸收古典管理理论、人际关系理论、运筹学、计算机科学等学科的精华，并在心理学、社会学、经济学等科学的基础上发展起来的。它为适应大规模联合企业要求有效管理而产生。它以其科学性和可操作性，成为在那一时期所兴起的众多管理理论中，最重要和最具影响力的管理理论。1978 年，西蒙在获得诺贝尔经济学奖的演讲中说："研究决策论可以不仅是为了建造政治经济学的基础，或者理解和解释本身有内在趣味的现象的目的，而且也是为了向企业和政府决策人员提供直接建议的目的。"西蒙一再强调，研究决策论只是为了它的内在兴趣和美丽。"或许这些智慧高山中有一些已被攀登，只是因为它们在那里，只是由于攀登它们的挑战和喜悦。"

西蒙将管理理论划分为三种模式：第一种是"机械人"模式。该模式认为组织成员只是被动接受命令并进行操作的生产工具，如古典管理理论；第二种是"动机人"模式。该模式强调管理中人的因素，并认为组织成员是为满足个人需要和动机而进行劳动的，如行为科学管理理论；第三种是"管理人"模式。该模式认为组织成员都是为了实现一定目的而合理选择决策手段的决策者，整个管理过程就是决策人进行决策的过程，如社会系统管理理论和决策理论。在西蒙看来，"管理人"模式（也可叫"决策人"模式），是一种更为现实与合理的模式。

西蒙认为，决策不仅仅是从几个备选方案中选择其中一个最优方案的简单行动，而是由几个阶段所组成的一个复杂过程。他将决策分为四个阶段：搜集情报阶段；拟定计划阶段；选定计划阶段；评价计划阶段。他说："决策制定过程的第一阶段是探查环境，寻求要求决策的条件，我将之称为'情报活动'（借用军事用语情报）；第二阶段是创造、制定和分析可能采取的行动方案，我将称之为'设计活动'；第三阶段是从可利用的方案中，选出一条特别行动方案，我将称之为'抉择活动'；第四阶段是对过去的抉择进行评价，我将称之为'审查活动'。"在这四个阶段中，每一阶段本身同样也是一个复杂的决策过程。为了保证决策的顺利进行，西蒙非常强调信息联系在决策过程中的作用，并对信息联系过程中，产生的各种困难和障碍进行了详细分析。他认为只有这样，才能顺利穿越歧路花园。

西蒙将组织内部的决策活动，分为经常性和非经常性两类。前者的决策为程序化决策，后者的决策为非程序化决策。程序化决策，是指那些带有常规性、反复性的例行决策，可以制定出一套例行程序来处理的决策。以企业存货为例，经过一段时间的摸索总结，它产生了存货的一套程序，应当存多少货，每批进货多少，此套程序已大体固定下来。这就是程序化决策。非程序化决策，则是指那些过去尚未发生过，或其确切的性质和结构尚捉摸不定、或很复杂、或其作用十分重要，而需要现裁现做，并没有固定程序可遵循的决策。如某公司在以前未经营过的国家投资、新产品的研制与发展等决策。这两类决策包含了全部决策过程。

一般来说，从企业的底层向最高层看，可以发现，愈往高层面临的决策问题愈是非程序化的，愈向底层程序化的决策愈多。最高管理层人员常常是非程序化决策，而基层管理人员通常是程序化决策。但也不排除，往往高层管理人员可能要进行程序化决策，有时下层管理人员也会参与非程序化决策。事情并非是绝对的。一切都是动态的、变化的。实际生活中，究竟要进行哪类决策，要视问题的性质和发生频率，以及确定性程度诸因素来确定。

决策理论告诉我们，程序化决策和非程序化决策并不截然分开。许多决策介于两者之间，并兼有两者因素，或侧重于前者，或侧重于后者。它们组成一个从高度程序化决策到高度非程序化决策的混合态。正像西蒙所说的那样:“它们并非真是截然不同的两种决策，而是像一个光谱一样地连续统一体。其一端为高度程序化决策，而另一端为高度非程序化决策。我们沿着这条光谱式的统一体，可以找到不同颜色梯度的各种决策，而我采用程序和非程序化两个词，也只是用来作为光谱黑色频段与白色频段的标志而已。”

西蒙的决策理论，是建立在行为科学基础之上的。他对企业组织行为和其他组织行为的研究，导致经济学中决策理论的建立。西蒙突破性地提出“有限理性”和“满意原则”，成为其决策理论的两块重要基石。1947 年，年仅 31 岁的西蒙，出版了他的“具有划时代意义”的大作《管理行为》。接着，从 1950 年到 1960 年 10 年间，他又先后出版了《公共管理》(1950 年)、

《人的模型》（1953 年）、《组织》（1958 年）、《经济学和行为科学中的决策理论》（1959 年）、《管理决策新科学》（1960 年）。在这些著作里，西蒙集中系统地阐述了他的决策理论。他不仅为现代决策理论的诞生奠定了理论基础，而且为现代管理科学研究开辟了新路径。

在现实决策世界里，决策者由于所处的环境和当时当地的条件，既不可能寻找到一切方案，又不可能比较一切方案。所以，事实上人们不具备求得“最优化”的能力和条件，只能尽力求得“令人满意”的决策。所谓“最优化”准则，往往只存在于逻辑推理之中，是一个美丽的梦想，没有任何实践价值。而实践可行的，则是“令人满意准则”。对于工商企业来说，采用“令人满意准则”，就是占领适当的市场份额，获得适度的利润和实施公平的价格。

西蒙曾举了两个形象的例子来阐述满意标准的含义和必要性。一个是有人肚子饿了，走进大片玉米地想摘玉米吃。如果他抱着必须找到最大玉米才吃的想法，那么他有可能到饿死时，也未必能找到最大的玉米。另一个是在草垛中散落着许多缝衣针，假定非要找到一根最尖锐的针，那就必须把所有的针都找出来，逐一对比后才能找到。实际上，只要能找到一根可以使用的针，就达到了满意原则，而无需找到那根最尖的针。由此可见，实际决策过程，往往不能像纯数学里的最优化问题可以得到最优解那样，而只能得到次优解或满意解。按照满意原则决策，显然比按照最优化原则决策更为科学、合理。因为它在满足要求的情况下，极大地减少了搜寻成本、比较成本、计算成本，并简化了决策程序。因此，“满意原则”应当是经济决策所遵循的基本原则，也是界定人类理性决策的标准。

人类认知能力的局限性，是西蒙决策理论的核心概念和根本前提。西蒙把人的思考过程，看作是一种信息处理过程。他认为，尽管可以利用程序使计算机也能像人一样思考和创造，但这并不能取代决策过程。管理人员还必须对可供决策的方案评价以后进行抉择。一旦选定方案，管理人员就要对其承担责任并担负一定风险。

上世纪30年代的世界经济大萧条，不仅宣告了全球经济的衰退，而且也宣告了“经济人”假说的破产。凯恩斯以“革命”的姿态对“经济人”假说进行了修正，强调国家在经济活动中的地位和作用。随着社会历史的发展，西方社会的大多数经济学家从新的历史高度的视角，看到了亚当·斯密经济人假说的缺陷和不足，纷纷对其进行补充和修正。20世纪50年代之后，人们认识到建立在“经济人”假说之上的完全理性决策理论只是一种理想模式，不可能指导实际中的决策。于是，西蒙提出了满意原则和有限理性标准，用“社会人”取代“经济人”，从而大大拓展了决策理论的研究领域，并诞生了全新的决策理论——现代决策理论。

西蒙是现代决策理论的集大成者和经济决策科学的创始者。他率先提出了决策理论，并将该理论发展成为一个系统的科学。西蒙将自己对决策科学的研究，比作是对宇宙奥秘的探索。他说:“宇宙可以是我某些最深层的愉悦的来源。在晚上的户外，或是在森林中，或是通过显微镜来注视着它，我可以发现人类的艺术家难以企及的非凡变化、模式和美。宇宙的某些美是隐藏着的，只能用我们称为‘科学’的破译密码的活动才能揭示出来。瞥见人们从未见过的新模式，将它们公之于众，会给科学家带来最为令人激动的体验。”

一般来说，决策是决策主体依据主客观条件，选择目标和优化地达到目标的途径，以指导实践的一种认识和意志活动。决策的形成过程，是由实践到认识的过程;决策的实施过程，则是由认识到实践的过程。而决策本身，则是由认识到实践的中介。决策的正确与否，即是否依据和符合于特定的客观条件和客观规律，决定着人们社会实践的现实成败。因此，从这个意义上来说，决策具有哲学认识论的意义。

决策是个古老的命题。如中国古代诸葛亮的《隆中对》和《孙子兵法》，讲的都是决策。但这些决策，往往都是经验之谈，在一定程度上已不适应现代化社会。随着社会活动的规模越来越庞大，环境、结构越来越复杂，人们需要用一种更科学的方法来进行决策。而“传统管理理论中所提倡的管理原则模糊不清，只停留于概念性描述，缺乏现实的指导性。”（西蒙语）因此，现代决策理论便应运而生。

以西蒙为代表的现代决策理论，与传统的决策理论相比，明显具有更理智、更现实、更系统、更科学的优势。因此，它不仅具有理性的美、思辨的美，而且更具有智慧的美、科学的美。这些理论之美，就是经济学家们最神往的美。正是这些美，使得经济学家们在冗长沉闷的探讨过程中，收获愉悦和欣慰，而且成为他们研究的巨大动力。

西蒙的现代决策理论，不同于传统的决策理论。其最显著的特征是：强调决策是管理的中心，决策贯穿管理的全过程；在决策准则上，用满意准则代替最优化准则；重视集体决策与组织对决策的影响；注重发展人工智能，逐步实现决策自动化。

对于西蒙荣获诺贝尔经济学奖，瑞典皇家科学院苏恩·卡尔森教授在祝贺词中说：

> 在圣埃克苏佩里的《小王子》一书中，有一篇颇有趣的故事。它讲的是小王子在他的宇宙之旅中，访问一个居住着一位睿智老人的星球的经历。这位老人是地理学家。他正在撰写一部巨著，对有关湖泊、河流、城镇、山峰和沙漠的每一事物都了如指掌。然而，当王子询问他这个星球上有什么河流、湖泊和沙漠的时候，老人却一问三不知。地理学家从事的工作过于严肃，以至他连放下手头的工作出外游览的时间都没有。
>
> 如果我们设想，小王子访问的是一个居住着一位古典经济学派或新古典经济学派的经济学家的行星，而且他问的是那里的厂商如何进行决策。那么，他所得到的答案很可能差不了多少。经济学家要完成的任务太重要了，根本没有时间管这些事。他得坐在书房中，用繁杂

的等式形成理论。为了让他们相吻合，他必须作一个简单的假设：即企业家的决策总能预见他的行为的后果，总是理智地行动，而且总是设法使自己的利润最大化。

赫伯特·西蒙正是对这种具备完美的预见力、完全的理智，而且以利润最大化为最终目标的、单一决策者的假设的合理性提出了质疑。

西蒙对简化及理解复杂决策情况的浓厚兴趣，引导他进入了一些有类似问题的研究领域，包括作为经济学的决策理论与其他理论。正如西蒙在1994年一次接受记者采访时所说："我最初的兴趣是（哪怕是当了经济学家之后也是如此）去了解人们是怎样作出决策的，经济方面的决策又是怎样作出的。我想它们是有别于教科书里说的那一套的。"西蒙的研究，"只是被要想理解、要想发现复杂性中隐藏的秩序美的简单冲动所驱使。"（西蒙语）如果那位小王子有机会遇到西蒙的话，他们一定会就现代经济决策理论，进行一番十分富有启迪心智的讨论。

第三节　最美的选择

经济学上有这样一个经典的故事，叫"麦穗理论"。它讲的是古希腊著名哲学家苏格拉底的三个弟子曾求教尊师，怎样才能找到理想的伴侣。苏格拉底没有直接回答，却让他们走进麦田，要求只许前进，且仅给一次机会选摘一支最大最美的麦穗。第一个弟子没走几步，就看见一支又大又漂亮的麦穗，高兴地摘下了。但他继续前进时，发现前面有许多比他摘的那支麦穗还大还美，只得遗憾地走完了全程。第二个弟子吸取了教训。每当他要摘取时，总是提醒自己，后面还有更好的。但他快到终点时才发现，机会全错过了。第三个弟子吸取了前两位的教训。当他走到三分之一时，即分出大、中、小三类，再走三分之一时验证是否正确，等到最后三分之一时，他选择了属于大类中的一支最美丽的麦穗。虽说，这支麦穗不一定是最大最美的那一支，但他却获得最美的选择，满意地走完了全程。

生活中充满了选择。作出选择或资源配置决策并付诸实施的过程，就是经济活动。伟大的经济学家保罗·萨缪尔森，在他那本使经济学变得“可以理解，让人享受”的经典教科书《经济学》中说:“经济学是研究社会如何进行选择，以利用具有多种用途的、稀缺的生产资源来生产各种商品和服务，并将它们在不同的人群中间进行分配的学科。”

经济学告诉我们，自然赋予人类的资源是有限的、稀缺的。这种资源“稀缺性”，决定了每一个社会和个人必须作出选择。人们的欲望有轻重缓急之分，同一种资源又可以满足不同的欲望。选择就是用有限的资源去满足人们欲望的决策。“经济学研究我们社会中的个人、厂商、政府和其他组织如何进行选择，以及这些选择如何决定社会资源的使用。”所以，经济学就是研究选择问题，或者说研究资源配置问题。从这一意义上，经济学被称为“选择的科学”。

经济学主要研究资源的稀缺性。它的目的是要解决任何一个社会和个人都面临的选择或资源配置问题。经济学的妙处在于，它可以给人们提供一套解决选择问题的工具和方法，并提出解决这个问题可供选择的思路。2001 年诺贝尔经济学奖得主、美国哥伦比亚大学经济学教授约瑟夫·E. 斯蒂格利茨，在他十分畅销的《经济学》教科书中曾指出:“为了解这些选择是如何做出的，以及这些选择如何影响社会资源的使用，我们需要考察如下五个重要概念:取舍、激励、交换、信息和分配。”

斯蒂格利茨认为，我们每个人都时刻面临选择。而选择就涉及取舍，决定在一种东西上多花费一些，留给其他东西的钱就会少一些。也就是说，“鱼和熊掌不可兼得”。如学生决定在图书馆学习而不是在宿舍学习，吃比萨饼而不吃寿司，继续上学而不是找一份正式工作，等等。社会也同样面临取舍选择:

生产计算机、进口电视机，而不是进口计算机、生产电视机，等等。选择就是若想多得到一种东西，就必须放弃另一种东西。同时，人们在选择取舍时，会对不同选项的正反两方面进行评价，系统地权衡各种备选方案的利弊得失。究竟是取是舍，最终取决于决策者选择某一方案利润（包括减少成本）的激励。

斯蒂格利茨说："即使是独自居住在荒岛上的鲁滨逊也会面对选择，并在进行选择时对激励作出反应。但对我们大多数人来说，我们经济生活与其他成千上万人的生活交织在一起。"按照市场经济规律，人与人之间的生活是离不开交换的。当交换发生时，每个人面对选择的范围就会更大，而明智的选择是需要拥有并充分利用信息的。如果不知道各项选择的信息，就很难对选项的成本和收益进行权衡。斯蒂格利茨进一步指出，我们所作出的有关选择——接受多少教育、进入何种职业、购买什么商品和服务，这些都决定财富和收入的分配。所以他说，取舍、激励、交换、信息和分配，不仅是决定选择的重要制约要素，而且也是界定对我们了解经济学至关重要的核心思想。"它们也是经济学家思考问题的指南。"

任何现实社会都绝不是那种拥有无限可能性的"乌托邦"，而是一个到处都充满着经济品的稀缺世界。要有效地使用其有限资源或稀缺资源，就必须进行有效率的选择，或最美的选择，即正视物品和资源的稀缺性及社会必须有效地加以利用。这被美国最伟大的经济学家保罗·萨缪尔森称之为"经济学的两大核心思想"。事实上，正是由于存在着稀缺性和人们追求效益的愿望，才显得选择越来越重要，也才使得经济学成为了一门重要的学科。正如保罗·萨缪尔森所说："经济学的精髓之一在于承认稀缺性是一种现实存在，并探究一个社会如何进行组织才能最有效地利用其资源。这一点，可以说是经济学伟大而独特的贡献。"

萨缪尔森告诉我们，相对于需求来讲，物品总是稀缺的。面对这一无可否认的事实，一个经济体系必须决定如何利用其有限的资源。它必须在物品的各种有可能的组合之间进行选择（生产什么），并在不同的生产技术之间进行选择（如何生产），最后还必须决定谁消费这些物品（为谁生产）。而生产什么，如何生产和为谁生产，是“三个最基本的经济问题”。他说:“在每一种情况下，你都必须考虑所作出的选择需要放弃多少其他的机会。而那些所放弃的选择就被称为你的该项决策的机会成本。”

所谓“机会成本”，是将一种资源用于某种用途，而未用于其他更有利的用途所放弃的最大预期收益。也就是说，机会成本就是为了得到某种东西所必须放弃的东西。“在存在稀缺的世界上，选择一种东西意味着需要放弃其他一些东西。一项选择的机会成本，是相应的所放弃的物品或劳务的价值。”

美国哈佛大学著名经济学教授 N. 格里高利·曼昆，举例对选择的机会成本进行了很有趣味的分析阐释:“一种东西的机会成本，是为了得到这种东西所放弃的东西。当作出任何一项决策，例如，是否上大学时，决策者应该认识到伴随每一种可能的行动而来的机会成本。实际上，决策者通常是知道这一点的。那些上大学年龄的运动员如果退学而从事职业运动就能赚几百万美元。他们深深认识到，他们上大学的机会成本较高。他们往往如此决定:不值得花费这种成本来获得上大学的收益。”曼昆将这种选择的机会成本，作为经济学的十大原理之二，写进了他的“最令人鼓舞的经济学教科书”，并单独加以论述。

不仅如此，按照经济学家的观点，当理性的厂商和个人作出选择时，是投资这一项工程还是投资另一项工程，或是购买这种产品还是购买另一种产品，他们应该考虑全部成本，即全部机会成本，而不仅仅是直接支出。如果有人问你看电影的成本是多少，你可能会说:“8 美元”，或者说上次你去看电影所花的钱。但你很可能会发现，一个完整的回答可不那么简单。首先，其成本不是 8 美元，而是如果不去看电影用 8 美元可以买到的东西。其次，你的时间是稀缺资源，在计算中应考虑在内。这些东西和时间代表你去看电影所放弃的机会，也就是经济学家们所说的看电影的机会成本。“将一种资源用于一种用途就意味着它不能用于其他用途。因此，在我们考虑将一种资源用于某种用途时，我们应该考察其可供选择的次优用途。这种次优用途就是机会成本的正式度量。”

经济学中“机会成本”的出现，对人们的思维方式进行了一次革命。因为它改变了人们选择的标准，从而也改变了人们选择的结果。人们进行选择时，都会依靠一个“天平”。思维在经过机会成本的洗礼后，“天平”两端的砝码分别是选择的收益和选择的损失，即机会成本。经济学家认为，机会成本这个砝码，有时是实在的，有时则仅仅是主观感觉上的。当机会成本是实在的，则可以用一些东西来准确衡量。比如金钱，或某一物品。但主观感觉上的机会成本，则不可能精确度量。每个人对同一选择带来的机会成本，在主观上的评价也不尽相同。所谓“萝卜白菜，各有所爱”，即如此。

从经济学理论上讲，选择是讲机会成本的，是讲求效益的。同时，选择也应该是自由的。但是，“自由选择”往往会或多或少地受到一定的限制和约束。这不仅使选择的范围大大缩小了，而且有可能改变选择的机会成本。1631年，英国剑桥有个马匹商人叫霍布森。他承诺：只要出个低价，便可以随意选购他的马。他提出的唯一附加条件是，所选购的马必须能顺利牵出他的马圈门。其实，这是一个圈套。他在马圈里开了一个小门，大马、肥马根本牵不出去，能顺利牵出圈门的都是些小马、瘦马。这种缺少选择余地的“选择”，经济学家们称之为“霍布森选择”。

实际上，现实生活中常常会遇到这种“霍布森选择”。在实施选择时，选择人经常会受到环境、条件等诸多制约因素的限制。这不仅大大减少了选择范围，而且有时甚至只有唯一的一种选择。经济学家们认为，由于选择受到种种主客观条件的限制，要想选择“最优”，既不现实，又不可能。这时，只能退而寻求“满意”。也就是说，人们在选择时，不能坚持要求最理想的、最优的，常常只能满足于“足够好的”或“令人满意的”即可。经济学上将此称为“满意原则”。所谓“满意原则”，就是在选择时寻求能使选择者感到满意的方案的原则。因为人们没有求得“最优化”的才智和条件，所以只能满足于“令人满意的”这一准则。事实充分证明,“满意原则”比“最优原则”更为现实合理，亦更能使人感到愉悦。

经济学家们经过深入研究，将不能寻求“最优”，退而求得“满意”上升到理论层面，认为这是关于“刻意理性和有限理性”的人类行为理论，也是现代经济管理决策理论的核心。很明显，这一“令人满意的行为原则”，由于放弃了对“最优”的追求，因而也被称之为“次优理论”。还是以在草垛上散针的经典例子为例:如在草垛上零星地散布着一些针。要按照“最优化”原则，就必须在草垛上找出一根最锋利的针。而要找到那根最锋利的针，就需要把散落在草垛上所有的针都找出来,经过比较才可以得到。如果按照“令人满意的行为原则”，只满足于找一根合适的针就可以。那么，人们一定会放弃寻找那根最锋利针的努力。而此时，人们所依据的就是有限理性，所做的决策就是次优选择，即找到足可以满足使用的针就可以了，无须再找下去。这就获得一个令人满意的或足够好的行动程序。

现代选择理论（经济决策理论）创始人、1978 年诺贝尔经济学奖获得者赫伯特·西蒙认为,“选择”和“决策”可以相互替换使用。他曾说，满意化原则本身包容了有限理性观点。而鉴于搜索决策选项的需要，把最优化目标替换为满意化目标，以及学习和调整机制的实施，都是对现实社会的进一步逼近和模拟。如果我们的兴趣在于描述性决策理论（或者规范性决策理论），现在完全清楚的一点是，传统和古典理念已经有了更为优越的替代品。它为我们提供了对实际中所进行的选择更为接近的近似。这个原则就是满意化原则。

长期以来,经济科学在对待选择“理性”问题上,深受严重的“精神分裂症”之苦，存在着两个极端。一个极端就是试图将所有人类的认知活动都归因于情感的支配。这种情感支配理论，最早甚至可以追溯到 19 世纪奥地利著名心理学家弗洛伊德的理论。因此，从情感的角度看，我们可以发现，穷人家孩子眼里看到的硬币，比富人家孩子看到的更大。对此，西蒙教授认为，组织成员的行为如果不是完全理智的，至少在很大程度上是符合理性的。情感的作用并不支配人的全部，哪怕对硬币再有好感，也不会把硬币看作是钻石。因此，如果我们从心理学的角度来解释人在组织中的行为，理性行为理论就必须在其中占有一席之地。

另一个极端是,经济学家的“经济人”假设,赋予了人类无所不知的理性。（见 P153 论述）西蒙认真分析了种种选择行为，指出单一个体的选择行为不可能达到完全理性的高度，因为各种环境条件的制约，且他必须考虑的备选方案数量太大，评价备选方案所需要的信息亦太多。西蒙强调指出，能够找到一种到目前为止能使我们满意的行动和选择，即找到一种满意化的行动方式，在实际决策中确实不失为一个美好的选择，并且具有巨大的智慧象征和美学魅力。

因此，西蒙认为，人类行为是理性的，但不是完全理性的，而应该是有限理性的。相对应的，当人们在做权衡取舍的时候，做的选择也很难达到最优选择，往往是达到满意即可。这是目标的次优选择。西蒙曾说:“从某种重要意义上来说，一切决策都是折中的问题。最终选择的方案，只不过是在当时的情况下可以选择的最佳行动方案而已，不可能尽善尽美地实现各种目标。具体的决策环境必然会限制备选方案的内容和数量，从而设定了实现目的的最大可能程度。”这种实现目的的最大可能程度，往往就是次优选择，即“满意原则”。

如果说,“经济人”追求的是最优，而“管理人”追求的是满意的话，那么，管理理论就是关注于寻求“满意解”的人类行为理论。因为个人获得的知识往往是不完备的，完全理性就意味着行为主体必须完全了解并预期每项决策产生的结果，而这在实际中是不可能达到的。西蒙指出，因为每个人对于自己行动所处的环境条件只有片面的、局部的了解，从而对其中蕴含的规律和规则也只能有一个粗浅的洞察。而要做到明察秋毫、全知全能，不过是一个美妙的神话而已。既然人们是在这样的基础上来推导未来的结果，那么行为主体对决策结果的了解必定是不完整的。例如:如果我们想吃面条，假如你打算把涉及面条的所有知识都掌握了再去吃它，那么，你就只能等着挨饿。因为即使是非常普通的面条，其中也蕴含着营养学、生物学、生物化学、物理学、生理学等数不清的知识，是无数学者不断探索的奥秘。哪怕是其中一个小小的生化反应，也需要学者们在实验室里反复多次试验才有可能探一究竟。所以，我们只要大致了解一点面条的基本知识后，比如知道它可以给你补充卡路里，你就可以选择吃面条了。此时，这虽然只是一个满意的选择，但却是一个最美的选择。

经济学理性理论告诉我们，即使你了解了全部相关知识，仍会被随之而来的预期难题所困扰。完全理性要求，行为主体始终具有完整一致的价值偏好体系。只有这样,真实体验才能与预期始终保持一致。然而,从经验上知道，真实体验可能比预期要合意得多，也可能正好相反。这种预期和实际差异的原因，在于我们大脑并非在某一时间就掌握了所有的结果，而是随着对结果偏好的转移，注意力从某一价值要素转向另一种价值要素。因此，就算我们相当完整地描述了抉择结果，这种预期所带来的情感波动，也几乎不如真实体验所带来的情感波动效果明显。所以，要完整地预期价值是不可能的。

仍以吃面条为例。假如你关于面条的知识已经足够多了，但是，你在吃面条的时候，首先支配你的想法是它能充饥。随着进食的增加，你的饥饿感开始消失。这时，你的价值要素就由充饥变成了口感要求。一旦口感、营养、卫生等价值需求全部满足了，你还可能因为味道好吃，不由自主地多吃一点，以满足舌尖上的美。这种好吃年复一年，终于导致你发胖。鉴于此，你就可能不再把补充营养当回事，而是把减少热量摄入放在首位。价值偏好的转移，使你在最初不可能对各种价值进行精确的排序和加权，你就只好大约“摸”着吃吧。生活中，我们常常是按照这种“差不多”的逻辑来进行优先选择的。

人类社会有着与自然界完全不同的性质和高得多的复杂度。人类不可能在理论上完全把握人类行为和经济过程的具体细节。按照完全理性的要求，行为主体要在所有可行的备选方案中作出选择。但令人遗憾的是，每种备选方案都有各自独特的结果，而人们却并不具备有关每个备选方案所导致后果的所有认知。所以，许多可能方案甚至根本无法进入行为主体的评价范围。因此，无论在任何时候，行为主体都只能在非常有限的几个可能方案中选取备选方案。经济学家用找对象作了这样的比喻：假如要在茫茫人海中找到合适的对象，表面看起来有无数方案可供选择，实际上你很难找到最称心如意的。当你迫不及待选定一个时，你总会在后来发现还有更好的；但当你蹉跎岁月一无所获时，你又会发现当初错过了那个最合适的。因此，你只有容忍选择中的可行性局限，你才能真正享受生活之美。所谓知足者常乐是也。

从有限理性出发，西蒙提出了满意型决策的概念。从逻辑上讲，完全理性会导致人们寻求最优型决策，有限理性则导致人们寻求满意型决策。西蒙说，“经济人”追求最优，“管理人”追求满意。他认为，“经济人”与“管理人”是一对“近亲”。以往人们研究决策，总是立足于最优型决策。这在理论上和逻辑上或许是成立的。然而在现实中，或者是受人类行为非理性方面的限制，或者是最优选择的信息条件不可能得到满足，或者是在无限接近最优的过程中极大地增加决策成本而得不偿失，最优决策往往是难以实现的。因而，西蒙提出用次优代替最优，用满意型决策代替最优型决策。西蒙论述的满意，即是指决策只需要满足两个条件即可：一是有相应的最低满意标准；二是策略选择能够超过最低满意标准。经济学家们将此比作大海捞针。最优型决策就是要求在海底所有的针中间捞出最尖最好的那枚针，而满意型决策则只要求在有限的几枚针中捞出尖得足以使用的那枚针即可。在这里，即使还有更好的针，但对决策者来说已经毫无意义了。

西蒙说：“尽管‘经济人’追求最优，也就是从所有备选方案中选择最好的那种，他的‘近亲’‘管理人’却追求满意，也就是寻找一种令人满意或足够好即可的行动方案。‘市场份额’、‘合理利润’和‘公平价格’，都是满意准则。这些准则多数经济学家都不熟悉，商人却耳熟能详。”满意准则虽然是一个次优选择，但它不仅更符合客观实际，避免了得不到最优所带来的烦恼，而且是折中的、适当的、匀称的、有效的、令人愉悦的。按照科学的审美标准，"甚至在今天，要想解释人们依据什么把一个对象看成是美的，普遍的做法仍是，把这个对象或者它的组成部分看成令人赏心悦目的、恰如其分的、适当的，或者匀称的。"从这个意义上来说，次优选择就是最美的选择。

第七章　分配的对称性
（经济公平）

美国“占领华尔街”集会，象征着人们对经济公平的追求。

第一节 公平的魅力

公平，既像人类久远的文明一样，是个古老的话题，又像一位深沉的哲人，充满着令人着迷的魅力。据最新研究表明，人类的不公平现象，可以追溯到7000年前的新石器时代早期。公元前30世纪的古埃及，人们把管理稼穑的俄赛里斯神称为公平神。公平神以是否勤于稼穑判断人们生前的罪恶，并将公平以劳动为内在依据，上升为评判社会生活和人类德行的最高标准。可以说，这是有据可查最早出现的公平问题。时空转移，又过了若干世纪。到了公元前3世纪，古希腊伟大哲学家亚里士多德在其名著《尼各马可伦理学》中阐述道：正义是一种德性……分配的正义，是指根据每个人的功绩、价值来分配财富、官职、荣誉；而矫正的正义或称平均的正义，则是指对任何人都一样看待，仅计算双方利益与损害的平等。亚里士多德相信平等就是正义，也可以把分配正义和矫正正义理解为“比值相等”和“数量相等”。

从古希腊的伟大哲人苏格拉底、柏拉图、亚里士多德等，到现当代的罗尔斯和诺齐克，思想家们对公平问题给予了极大关注，并进行了不懈的探索。他们不仅为人类争得平等幸福，而且也为他们自己寻找到一架心灵善与美的天平。然而，长久以来，关于公平的理解和解释，却“仁者见仁，智者见智”，众说纷纭，莫衷一是。正如美国法理学家博登海默所说：“正义有一张普罗透斯（普罗透斯是希腊神话中的一个早期海神，荷马所称的“海洋老人”之一，据称他有预知未来的能力，但他经常变化外形使人无法将其捕捉）似的脸，可随心所欲地呈现出极不相同的模样。当我们仔细辨认它并试图解开隐藏于其后的秘密时，往往会陷入迷惑。”探索公平的理论内核和价值承载，从来都是绵长复杂的。这既让众多思想家们眉头深锁，又令其在理论与现实交相辉映的进程中展露出智慧与德性的美学。

关于公平的论述，最早在哲学、法学、伦理学等领域风行开来。其研究著述可谓汗牛充栋，目不暇接。尤为引人注目的，是美国哈佛大学教授、哲学家约翰·罗尔斯。他的鸿篇巨作《正义论》，自1971年问世后引起了广泛关注，被视为第二次世界大战后西方政治哲学、法学和道德哲学中最重要的著作之一。他在《正义论》中写道：公平的基本准则（一般观念）应是，“所有社会的善——自由和机会、收入和财富及自尊的基础——都应被平等分配，除非对一些或所有社会基本善的一种不平等有利于最不利者”。特别是，罗尔斯关于公平“无知之幕”的思考和阐释，引发了热烈的讨论和争辩。如此这般不同凡响，并非学者们的理论偏好，也非源自人们的主观情感，而是当代社会现实存在着大量非正义现象。这些非正义现象，并没有因经济的繁荣迎刃而解，反而愈加突出，成为社会冲突层出不穷的一个重要根源。正是基于这种对不平等、冲突与贫困问题的关注，围绕公平问题的研究，才成为了社会科学长期占据的领地。

公平问题最终进入经济学家的视野，融入经济学的大家庭，是近两个多世纪以来的事情。而在此之前，公平思想在浩渺的经济学云图中却稍显暗淡。经济学家们偶尔发出的公平论调也往往如惊鸿一瞥。直到 20 世纪初，随着福利经济学的发展，“公平”思想才在经济理论中确立了地位，并使规范经济学具有了社会价值判断的伦理色彩。难道只是到了近代经济学家们的良心发现，才去为公平问题摇旗呐喊吗？答案并非如此。这是因为经济学家们长期对公平问题进行了误读。在他们看来，经济社会的评价标准仅仅是资源的配置效率。“效率即为一切”的经济思想，压制了对于分配结果公平性的关注。从经济学意义上说，公平应是分配活动中的一种基本评价标准。简单地说，经济学家们所关注的公平，就是“纯技术性”地处理利益的方式。在这方面，自由主义经济学家们无疑贡献了他们对于平等思想的宝贵认知。

古典自由主义经济学鼻祖亚当·斯密，极力推崇自由市场中有只“看不见的手”。其所倡导的平等观，核心在于论证市场中价格信号的自然调节机制，如何激励自利动机下的大众良性运作，并同时增进公共利益。但仅从他对经济福祉（well-being）如何产生的解释来看，亚当·斯密对于分配正义似乎不太关心。他在《道德情操论》一书中说，正义，在多数场合只不过是一种消极的美德，它只阻止我们伤害我们的邻居。但从亚当·斯密的总体经济思想把握，实际上，斯密的理想社会总是润溽着阻止不公正和欺骗行为的美德、互惠和民法。他所说的“经济人”是合作的、公平的、不伤害他人的。亚当·斯密写作经济独立的宣言——《国富论》，主要目标就是粉碎支配着当时商业利益集团和政府势力的重商主义观点，用财富和经济增长的实际来源取代它们，引导英国和世界各国向普通人命运“最大程度的改善”前进。为普通人的幸福生活而奋斗，这正是亚当·斯密天赋自然的公平思想，也是他的崇高美德。

亚当·斯密在《国富论》中有一段对“公平”的论述，可以帮助我们理解他的公平思想有极大的意义。他说：“当绝大部分的社会成员处于贫穷和困苦时，没有哪一个社会能够确实兴旺发达和美好。此外，只有那些为整个社会提供食物、衣物和住所的人也能从自己劳动所得中获得属于他们自己的那一份，并使他们自己可以维持下去的食物、衣物和住所时，才算得上公平。”

继承了亚当·斯密衣钵的新自由主义精神领袖，出身奥地利而执教于英、美等国大学，1974年诺贝尔经济学奖得主弗里德利希·冯·哈耶克，高举现代自由主义旗帜，其一生都在极力捍卫自由市场机制。他不仅在理论观念上，而且在实际行动上也拓展了人类自由的边界。他认为，分配正义是社会主义的核心价值。社会主义者之所以主张实行计划经济，其主要目的就在于实现财富的公平分配。哈耶克在坚决主张个人自由的同时，同样坚决地反对社会平等，反对分配正义和福利国家。他称分配正义就像“一块道德的石头”，这种说法毫无意义。

哈耶克在他的《通往奴役之路》和《自由秩序原理》等多部著作中，都强调这样一个道理：在自生自发的市场秩序之中，根本就不存在切实可行的，并可以作为市场秩序中分配物质利益之基础的品行标准、应得者标准或需求标准。而且，也更不可能存在任何可供人们用来协调这些不尽相同利益和主张的原则。如果向市场过程提出分配正义之类的道德要求，则会与现代高度分工市场化的开放大社会背道而驰。在《个人主义与经济秩序》一书中，他还旗帜鲜明地指出，平等地待人和试图使他们平等，这两者之间的差别总是存在的。前者是一个自由社会的前提条件，而后者则像托克维尔所描述的那样，意味着“一种新的奴役方式”。

同时，哈耶克也认为，有一种平等有助于实现自由，那就是法律平等（法律平等是以道德平等为基础的）。以哈耶克为首的自由主义经济学家们认为，公平观的实质，是分配起点的“权利主义”和分配结果的“虚无主义”。分配起点的“权利主义”，是指公平的分配不是以社会经济活动的结果为标准，而是以获得某种东西的权利（获取、转让和矫正）为标准。其目的在于保障人们的自由和权利（生存权利、劳动权利、财产权利等），而不是满足人们的某种偏好或提高人们的福利。只要分配过程能充分尊重市场经济中的个人经济自由，保证人们的基本权利不受侵犯，不管分配结果是什么，这种分配方式就是公平的。分配结果的“虚无主义”公平观，则是指在社会产品分配领域，分配结果公平本身就不应该成为研究对象，因为任何旨在促进分配公平的做法都是不道德的，也是注定要失败的。任何超出法律平等范围的社会公平目标，都是将公平凌驾于自由之上。这样，不仅会导致经济衰退，而且会导致社会混乱。事实上，自由所要求的法律面前人人平等，会导向物质的不平等。根据这一形式主义标准，只要能充分尊重市场经济中的个人经济自由，保证人们的基本权利不受侵犯，不管结果是什么，都是公平的。

美国哈佛大学教授罗伯特·诺齐克，比哈耶克走得更远。他在 1974 年出版的名著《无政府、国家与乌托邦》一书中，展现出了一种极端形式的自由意志主义。他在书中批驳了约翰·罗尔斯在 1971 年出版的《正义论》。诺齐克从洛克的自然权利理论出发，反复地强调某些个人权利的神圣不可侵犯。他针对财产所有权提出“资格理论”：如果我们假定每个人对于他们目前拥有的财物具备持有的资格，那么任何源自人们自由交易而来的配置都是正义的分配。因此，政府在违反当事人意愿的情况下，对于这些交易进行强制性征税就是不正义的。但他又说，当收入分配是以不公正手段达到的时候，例如，当一个人偷了另一个人的东西时，政府有权力也有义务解决这个问题。但是，只要决定收入分配的过程是公正的，所引起的分配无论如何不平等都是公正的。诺齐克始终强调:“一个社会即使强调公正，也未必一定要实行某种分配模式。分配的正义在于，它产生于公平获得的财产与服务的公平的自愿交换过程。不管结果如何，都是公正的，但结果不必符合某种分配模式。”

在自由主义圈子中，最经常与哈耶克相提并论的名字恐怕就是米尔顿·弗里德曼了。弗里德曼是20世纪最具影响力的经济学家，自由经济理论的一代宗师，现代货币主义理论的伟大创始人，1976年诺贝尔经济学奖获得者。虽然，他比哈耶克获得诺贝尔经济学奖晚了两年，但哈耶克却说，就他们在自由至上主义或自由市场运动中的公众影响而言，弗里德曼看来已经取代了他的位置。弗里德曼和哈耶克有一个共同致力的目标，即更自由的市场和更少的政府干预。在这方面，他们的一般哲学立场是相似的。但弗里德曼强调的是自由选择，重视结果不平等的积极效应。他认为，追求效率所实现的不同结构本身就是公平的。他强调程序的正义，认为再分配是对个人自由的剥夺。他极力推崇自由选择就是美德，认为如果不是自由选择的，不是自愿而是强制的，任何行为都不是美德，更谈不上公平正义。

虽然，自由主义经济学家们对公平问题各执一词。“横看成岭侧成峰，远近高低各不同。”但它却告诉我们，公平问题“是一个迷人而重要的研究题目”。(曼昆语)伟大的无产阶级革命导师卡尔·马克思曾说:“劳动力的买和卖是在流通领域或商品交换领域的界限以内进行的，这个领域确实是天赋人权的真正乐园。那里占统治地位的只是自由、平等、所有权和边沁。”马克思在这里所说的边沁，就是功利主义的始作俑者、英国著名哲学家、经济学家杰里米·边沁。边泌的杰作《功利主义原理》，是一篇精美的散文，以美丽的语言说出了美丽的思想。他的代表性观点就是“最大幸福原则”，即“最大多数人的最大幸福”。

边沁在他最著名的著作《道德与立法原理导论》(1789年)中，详细阐述了他的功利主义哲学思想。他的功利原则就是“善”与“恶”。“善”，即最大地增加幸福总量，并且引起最少的痛楚；“恶”，则反之。他以功利原则的价值判断为基石，认为快乐就是好的，痛苦就是坏的。因为人的行为都趋乐避苦，所以，任何正确的行动和政治方针都必须做到产生最大多数人的最大幸福，并且将痛苦缩减到最小，甚至在必要情况下可以牺牲少部分人的利益。他说：“自然将人类置于两种力量的统治之下，即痛苦与快乐。……而人的唯一目标就是要追寻快乐而避免痛苦。”边沁还创造性地提出一种可以测量快乐和痛苦的单位程序，即“幸福计算”（felicific calculus）。运用这种计算，根据受某一行为影响的那些人的痛苦和快乐，人们就可以计算出该行为所造成的后果。“把经济学简化成为快乐的微积分的数学运用，是边沁天才的想法。”（约翰·梅纳德·凯恩斯语）就边沁功利主义原则的方法论而言，经济理性的方法注重从稳定的、高度简化的人性中推出有关社会中人的法则：每个人快乐和痛苦都被认为是可以测量的。这些个人幸福，又可以加总为社会总和。而所有的个人幸福都是相等的，“每人一份，不多不少”。最后，这种社会总和被代以或被等同于共同福利或社会福利。由此，产生了功利主义的规范原则：即“最大多数人的最大幸福”。功利主义不能保证每个人都能得到想得到的东西，但尊重他们对于幸福的追求。在这里，衡量人的价值标准不是血统、身份、财富、荣誉，而是其得到快乐的多少。在一切人都趋乐避苦这一点上，所有人都是等价的。在追求幸福方面，没有高低贵贱之分。功利原理蕴涵着：追求幸福，人人平等。这就是功利主义的公平观。

边沁的功利主义思想，为20世纪初福利经济学的形成奠定了坚实的思想基础。福利经济学的诞生，以及对于公平、贫困等问题的热切关注，确立了公平在经济理论中的地位。“福利经济学之父”、英国剑桥大学经济学教授庇古，依据边沁所提出的“最大多数人的最大幸福”这一功利原则，主张在追求经济幸福的同时，必须顾及非经济的幸福可能遭到的阻碍。他特意将经济的福利和非经济的福利加以区分，把研究的重心放在经济的福利受到各种经济要素影响的问题上，并认为唯有经济的福利——这种可用货币计算的客观测定尺度，才能成为科学的对象。

按照庇古的观点，福利乃指幸福而言，福利经济便是经济的幸福之说。对此，庇古提出了国民福利的三个条件，也是他福利经济学的三大命题：国民所得的提高；国民所得的公平分配；国民所得甚少变动并很稳定。庇古的福利经济学便是围绕上述三大命题而加以探究的。在理论上，福利经济学把某些道德判断或价值判断引入经济学，从而确立了“公平”在经济理论中的地位，并使规范经济学具有了社会价值判断的伦理色彩之美。福利经济学还特别强调了对贫穷和不平等问题的关注，积极建议政府应从增进全社会福利的角度出发，对社会财富进行再分配，以有利于缩小贫富差距。

当代美国经济学泰斗、1970年诺贝尔经济学奖得主保罗·萨缪尔森曾告诉我们说：“经济学不能回答多少贫困是可接受的或多少才是公平的，但它能有助于设计增加穷人收入的更有效率的方案。”为了考察收入分配结果的公平程度，经济学家们通常采用收入按“个人”或“规模”分配的计量方法和功能性分配方案，即按“要素份额”的分配方法。奥地利著名统计学家M.洛伦茨（Max Otto Lorenz）提出衡量社会收入分配公平程度的统计分析工具，即以他自己的名字命名的“洛伦茨曲线”。这是一条表示社会收入或财产分配不平等程度的曲线。如图：

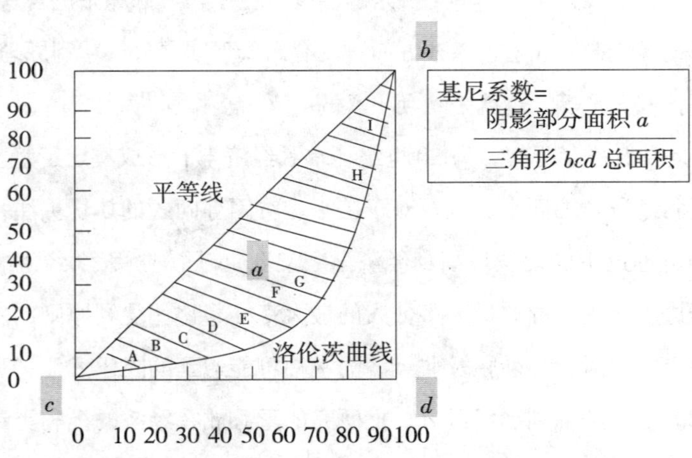

洛伦茨曲线与基尼系数

在图中，收入接受者的人数按收入从低到高累计百分比在横轴上反映。例如，图中 20 这一点，是指最下层的 20% 人口；纵轴则描绘的是每个百分比人口所得到的收入占总收入的份额，它也是累计的份额。这样，纵横两轴长度相等。所有数字围成一个正方形，从该正方形的左下角（原点）到右上角划一条对角线，对角线上的每一点表示得到收入的百分比恰好等于收入接受者的百分比。例如，对角线上中间的一点，代表所分配的 50% 的收入正好归于 50% 的人口。换言之，图的对角线表示收入的规模分配是“完全平等”的。洛伦茨曲线是从一个简明的图形中，表明了在某一特定年份收入接受者的百分比和他们事实上得到的收入占总收入的百分比之间的实际数量关系。图中 A 点表明最下层 10% 的人口只能得到 1.8% 的总收入；B 点则表明最下层 20% 人口仅得到 5% 的总收入。对其他 8 个累计的部分，以此类推。一条看似简单的曲线，却能够精确地反映收入在不同人群中的分布情况。这便是经济学理论的无穷魅力和作为科学的简洁之美。正如著名物理学家、诺贝尔物理学奖获得者杨振宁所说：“如果你能将许多复杂的现象简化概括为一些方程式的话，那的确是一种美。诗歌是什么？诗歌是一种高度浓缩的思想，是思想的精粹。寥寥数行，就道出了自己内心的声音，袒露出自己的思想。科学研究的成果，也是一首很美丽的诗歌。”

洛伦茨曲线偏离对角线（完全平等）越远，就代表不平等程度越严重。如果洛伦茨曲线的底部横轴与右边的纵轴相交，那就会是完全不平等这种极端情形。因为任何国家的收入分配，都不会是完全平等或完全不平等的。所以，不同国家的洛伦茨曲线分别位于图中对角线右边的某处。不平等程度越严重，洛伦茨曲线将更“弯曲”和更接近底部横轴。通过计算对角线和洛伦茨曲线间的“面积”，然后除以该曲线所落在半个方形的总面积之比率，我们可以获得对一国相对收入不平等程度的一个非常方便的、快速的和粗略的计算。图中阴影部分的面积 a 与三角形 bcd 总面积之比率，称作“基尼集中比”，或更简单地称之为“基尼系数”。这个系数是由意大利统计学家 C. 基尼于 1912 年依据“洛伦茨曲线”提出的，因而便以他的名字命名。

基尼系数是计量总的不平等的方法。它能够在 0（完全平等）到 1（完全不平等）之间任意变化。对具有高度不平等的收入分配国家来说，基尼系数普遍位于 0.5~0.7 之间，而对于具有相对平等的收入分配国家来说，基尼系数一般位于 0.2~0.35 之间。基尼系数越小，表示收入的不平等程度越小。在今天，基尼系数已为政府再分配政策的实施、社会保障制度等的构建提供了重要依据。

个人或家庭收入分配的统计分析，并未考虑人们得到收入的方式。为了弥补这一缺陷，围绕收入的功能性分配，一个新的经济学理论应运而生。这一新理论证明，所有的生产要素——无论是劳动力、土地，还是资本，都可以获得与其在产值中的分配完全等同的回报。这种关于收入分配新分析的理论，被称为“边际生产率理论”。该理论是由美国哥伦比亚大学杰出经济学家约翰·贝茨·克拉克，在其《财富的分配：工资、利息和利润理论》（1899 年）一书中首次提出的。边际生产率理论，以最终或边际单位为依据。其基础结论非常简单：完全公正在收入分配中优先存在，工人将获得与其生产的最终单位产值等同的工资。

现以只生产某个单一产品的工厂为例：工厂支付给工人的工资与竞争性劳动市场上形成的工资相同。如果每个工人的额外产出可以以高出工资的价格售出，也就是说，只要额外的收益高于额外的成本，能够获得利润，那么管理者将增加劳动力。反之，如果增加的产出不能产生足够的额外收益用于支付工资，管理者就会停止雇佣工人。工人们获得与其对社会的贡献相对等的收入，不多也不少。如果工人的产值多，工资自然就多；如果工人偷懒或者能力不够，收入自然就低。在这里，支付给每个工人的工资等同于其边际产值的程度，决定了工厂对劳动力的需要。如果雇主试图支付低于此边际价值的工资，工人就会到更具竞争力的公司工作。这不仅强调了收入分配的公平，而且也是“一个美妙绝伦的理论”（〔美〕丹尼尔·R. 富斯菲尔德语）。

经济学家们对公平问题的长期研究，甚至争论，有何高见呢？“作为一门科学，经济学并不能答好这类伦理的和规范性的问题。”（萨缪尔森语）但他们似乎达成了一个共识：这就是按贡献分配利益。他们认为，按贡献分配利益，是实现公平的根本性原则和标准。在市场经济中，各种要素所得到的收入，由其在创造社会财富的生产过程中所作出的贡献决定的。这就是市场经济中按贡献分配的原则。所谓贡献原则，就是按贡献分配权利，使每个成员按其贡献的大小，各自得到最大的富裕和福利。贡献原则是被各种公平普遍接受的原则。贡献在先，索取在后，贡献是索取的源泉。每个人只有先为社会贡献利益，然后社会才有利益分配给每个人。社会分配给每个人的利益，无非是每个人贡献利益的交换而已。因此，社会分配给每个人多少利益，也就只应该根据每个人贡献了多少利益而论。“一人享有之利益应当与其他人从其活动中获致的利益相符合。”（哈耶克语）贡献是一切索取的源泉和依据，索取应该与贡献成正比：贡献越少，索取应该越少；贡献越多，索取亦应该越多。但索取至多等于而不应该多于贡献。索取等于贡献为公平，索取多于贡献为不公平，这便是公平的贡献原则。在这里，经济学家们为我们开具了一副公平的良方，描绘出了一个美好的愿景。

然而，经济学大师保罗·萨缪尔森却对此并不乐观。他告诫我们说：“市场并不必然能够带来公平的收入分配。市场经济可能会产生令人难以接受的收入水平和消费水平的巨大差异。”长期以来，公平问题引起经济学家们的特别关注和重视，而且众说纷纭。“乱花渐欲迷人眼”（白居易诗），通往公平之路究竟在何方？荷兰著名经济计量学家、首届诺贝尔经济学奖得主杨·丁伯根作了这样的设想：“创立一个更好的世界，也就是承认社会有责任保证个人与集体需要的满足和建立某些国际、国内体制。在这种体制下，机会及获得这些机会的手段的分配要比现在更为公平。”

无产阶级革命创始人马克思和恩格斯，以历史唯物主义为基础，对公平问题给出了自己的解答。他们认为，任何社会的公平都不是抽象的、绝对的和永恒不变的，而是具体的、相对的和历史的，不同的社会存在着不同的公平观念。他们在《论住宅问题》第三篇中，对公平问题作了一大段阐述：

> 公平则始终只是现存经济关系的或者反映其保守方面、或者反映其革命方面的观念化的神圣化的表现。希腊人和罗马人的公平认为奴隶制度是公平的；1789 年资产阶级的公平要求废除封建制度，因为据说它不公平。在普鲁士的容克看来，甚至可怜的行政区域条例也是对永恒公平的破坏。所以，关于永恒公平的观念不仅因时因地而变，甚至也因人而异。这种东西正如米尔柏格正确说过的那样，“一个人有一个人的理解”。在日常生活中，需要加以判断的各种情况很简单。公正、不公正、公平、法理感这一类说法甚至应用于社会事物也不致引起什么误会，可是在经济关系方面的科学研究中，如我们所看到的，这些说法却会造成一种不可救药的混乱，就好像在现代化学中试图保留燃素说的术语会引起混乱一样。

马克思和恩格斯根据现代生产力的社会性质，提出了最终目标：建立没有私有制、没有阶级、没有压迫和剥削，社会产品按需分配，人人都得到全面发展，人与自然、人与人之间达到真正和谐统一的共产主义社会。他们认为，这样的社会才是公平美好的社会。革命导师们所设想的共产主义社会，不仅是人类的最高理想，也是和谐美的最高体现。

第二节　钟摆的韵律

美国著名宏观经济专家、耶鲁大学经济学教授，曾担任美国总统经济顾问委员会主席的阿瑟·奥肯，长期致力于宏观经济理论及经济预测的研究，并且从事于政策的制定及分析。其代表作《平等与效率——重大的抉择》（1975年），分析了平等与效率的替代关系，论证了国内生产总值增长率与失业率之间的关系。人们称之为“奥肯定律”。此定律提出了“如何解决市场经济中不平等”的问题。他的“平等与效率”论著，不仅是这一问题最权威的理论著作，而且对西方经济学理论的发展起到了重要作用。

一次，阿瑟·奥肯在以“平等与效率”为题的演讲中，讲了一个非常著名的“漏桶原理”的故事。他说，假定有这样一个社会，富人和穷人分灶吃饭。富人那儿人少粥多，许多粥吃不完，白白地浪费掉了。而穷人那儿人多粥少，根本吃不饱，已经有不少人因挨饿得了水肿。于是政府决定，从富人的锅里打一桶粥，送给穷人吃，以减少不平等现象。奥肯接着说，政府的这种愿望是好的，但不幸的是，它使用的那个桶，下面有个洞，是个漏桶。这样,等到把粥送到穷人那里,路上就漏掉了许多。这就是“漏桶原理”的故事。奥肯用故事借以说明，政府如果用税收的办法，从富人那里转移一部分收入给穷人，穷人实际得到的，比富人失去的要少些。比如，富人的收入减少了1000元，穷人或许只能得到600元，其余的400元就不翼而飞了。为什么会出现这种“奥肯现象”呢？因为追求平等损害了效率，从而减少了国民收入。蛋糕不仅要做大,而且分配要平等。对此,奥肯有一句名言:“当我们拿起刀来，试图将国民收入这块蛋糕在穷人和富人之间作平均分配时，整个蛋糕却忽然变小了。”

奥肯在这里所说的蛋糕变小，实际上就是效率的损失。他认为其中的原因主要有两个:一个是税收削弱了富人投资的积极性。奥肯在他那本著名的《平等与效率——重大的抉择》一书中，曾这样写道:“如果税收对于储蓄和投资具有重大的和有支配的影响，那么在总量数字方面的证据将是引人注目的而且是明显的。1929年，尽管美国经济处于萧条时期，但由于当时的税率很低，投资还是占了国民收人的16%;在此之后，联邦税的税率上升了好几个百分点，到了1983年，尽管当时的经济处于复苏时期，但投资率仍没有超过

14%。”另一个是税收影响了劳动的积极性。不仅影响了富人，而且也影响了穷人。比如一个失业工人，由于得到了一份月薪并不算高的工作，而失去了政府所有的补贴，他自然也就对找工作不热心了。这样，由于在收入分配的过程中，可供分配的国民收入总量减少了，结果就必然像政府发生桶“泄漏”一样，使得富人失去得多，而穷人得到的少。

按照奥肯的“漏桶原理”,平等和效率是“鱼和熊掌不可兼得”。他说:“对效率的追求不可避免地产生出各种不平等，因此，在平等与效率之间，社会面临着一种选择。”其实，公平与效率是人类社会生活中的一对基本矛盾，并且始终是经济学论争的主题。人们之所以把这一矛盾的难题解析称作经济学说史上的“哥德巴赫猜想”，其缘由在于社会经济资源的配置效率是人类经济活动追求的目标，而经济主体在社会生产中的起点、机会、过程和结果的公平，也是人类经济活动所追求的目标。这两大目标间的内在关联和制度安排，就成为了各派经济学解答不尽的两难选择和争论不休的关键所在。所以，奥肯认为，平等与效率的选择之所以困难，是因为二者存在着矛盾。要么为了平等而不得不牺牲一些效率;要么为了效率而牺牲一点平等，但二者之间的矛盾并不是绝对的不可转化。平等与效率在有些情况下可以同时满足。但即便如此，也不能掩盖其矛盾的现实性和尖锐性。

面对两难选择，美国哈佛大学教授约翰·罗尔斯在他的《正义论》(1971年)一书中，提出了这样一个新奇假想的试验:将一群人带到一个远离现代文明的荒岛上，让他们在“原始状态”下开始新的生活。每个人对自己的未来一无所知，不知道自己将来是贫困还是富有，是成功抑或命运不佳。置于这种条件下，再让他们协商建立一个他们心目中“公正”的社会。协商的结果如何呢？罗尔斯的答案是，只能是追求经济平等，而不是允许贫富分化。因为每个人都不知道自己将来的收入会处于金字塔的什么位置。如果支持效率，他们就得承受忍饥挨饿的风险。罗尔斯由此得出结论说，在平等和效率之间，应该让平等优先。在这里，罗尔斯的天平倾斜到了公平一边。他说，正义是社会体制的第一美德。他所讲的“正义即公平的相对稳定性”。罗尔斯的公平观涉及“无知之幕”，也就是在判断公平时，应该取消个人所有的个性特征。因此，一个不特定的人可能处于各种社会境况，而判断一个社会总的公平程度，则应该以该社会中最弱势人的境况为标准。当然，“罗尔斯主义”并不排斥市场激励，因为通过激励，某些有天赋的人可能创造出更多的财富，并通过再分配改善最弱势者的境况。这可能比平均分配会使最弱势者得到更多。不过，罗尔斯的这种假设，可以说只能是一个美好的“乌托邦”。

事实上，经济学家们对罗尔斯这个假想试验，在现实中是否具有真实意义，提出了许多质疑。他们认为，罗尔斯的极端平等立场，在他的假想实验中，并不一定得到所期望的必然结果。现实生活中，如果有些人天赋很高，他们却被迫获得与白痴一样的收入，那么这种收入的平等，恰恰是一种不平等的表现。自由经济理论的一代宗师、货币主义理论的伟大创始人、1976 年诺贝尔经济学奖得主米尔顿 · 弗里德曼则强调指出，一味追求平等将会损害神圣的自由。他说，以公平来取代自由这一现代倾向，反映了我们已经多么远地偏离了合众国缔造者们的初衷。由于公平缺乏一个客观标准，完全取决于仲裁者的主观看法。因此，当公平取代自由的时候，我们所有自由的权利就都处于危险之中了。

以弗里德曼为代表的西方新自由主义，自上世纪 70 年代取代凯恩斯主义以来，一直被视为“医治经济社会痼疾的灵丹妙药”。而这种对“自由和效率”的无上推崇，在经济学领域却拥趸者众。新自由主义最坚定的捍卫者和旗手、1974 年诺贝尔经济学奖得主弗里德里希 · 冯 · 哈耶克也认为，如果我们希望获得符合某种既定标准的财富分配，如果我们刻意地想要决定谁将得到什么，那我们就必须计划整个经济制度。如此一来，为了实现某些人的公平理想，我们就必须付出应有的代价。他还争辩说，社会正义的要求，实际上就是物质平等或结果平等的要求，以及希望自己现有的社会地位或既得利益不因别人的竞争而下降的要求，而这种平等与法治及其保护的自由是不相容的。因此，这种“旨在实现公平分配的重大理想的政策，必定会导致法治的破坏”。

从理论上讲，分配公平就是要把公平作为分配的标准。而公平却不像计量秤，能准确衡量重量。因而，它是难以作为衡量分配标准的。1937 年还在攻读博士学位时尚年青的保罗 · A. 萨缪尔森，就明确提出了著名的“分离原理”。他主张经济学可以将分配问题搁置一边，而仅仅关注资源配置的效率问题。他把经济产出比喻为馅饼，进而分析道:“为了把经济这块馅饼分得更加平均，我们究竟需要牺牲这块馅饼的多大一部分？”他说，我们即便是在饿着肚子的情况下，是考虑率先制定了平等分配规则之后再去创造效率呢？还是先制造馅饼，在平等分配之前请人看管，谨防不懂规则的人们哄抢？萨缪尔森提出:我们不妨先做大馅饼，再张口咬出平等。萨缪尔森解决不公平的方法既不是行慈善，也不是忽视提高效率。相反，他的方法是最大限度地、和谐地使本质上不同的目标得以满足。他在平等与效率问题上，无疑强调的是效率优先，即先做大蛋糕，再谈如何公平切分。

新自由主义者们极力主张的“自由化”，并不是一般意义上公平规则下的自由，而是“生产资料私有者”最大限度地追求利润最大化的自由，是垄断资本控制社会的自由。以号称世界上最自由的美国为例。据美国政策研究 2011 年度报告，占美国人口 1‰最富有的 30 万人的财富，与占人口 50% 的 1.5 亿最贫穷人的财富相当。根据资料，在新自由主义盛行的 1973 年到 2000 年间，最富有国家与最贫穷国家的人均收入差距，从 44:1 扩大到 227:1。在这种自由主义主导下，公平从何谈起？事实充分说明，自由是有条件的，也是相对的。只有在公平规则下，在平等地占有物质条件的基础上，才可以实现每个人应有的“自由的权利”。如果脱离这些条件，片面强调自由，不仅不能实现社会全体成员的公平自由，而且实现的只能是少数强者不平等的自由。人们热情期望的是，公平规则下的自由。这才是最美好的。

与罗尔斯强调公平和新自由主义提倡效率不同，阿瑟 · 奥肯采取了一个比较折中的立场。他坚持效率公平统一论，提出“在一个有效率的经济体中增进平等”。阿瑟·奥肯认为，效率与公平的关系在不同领域应有不同界定。其在社会和政治权利领域，原则上应把平等置于优先位置，经济效率次之。因为在社会和政治权利领域中，人的自由、平等是基本权利，必然处于优先地位。而在经济领域，效率首先重要。但是，效率与公平的关系，也不仅仅是一个简单的谁先谁后的问题。在奥肯看来，效率诚可贵，平等价也高。因此，二者均不能偏废，只能寻找一种折中，既促进平等，又尽量减少对效率的损害。奥肯既反对单纯追求平等，又反对效率绝对优先。他提出的最佳策略，是在有效率的经济体制中真正增进平等。比如：缩小补贴范围，降低补贴标准，控制收入分配对穷人劳动积极性的影响；调低所得税税率，提高消费税税率，减小收入转移对富人的损害；等等。蛋糕要做大，切分要平等。这就是奥肯所具有的理想主义色彩。

经济学关于效率问题的研究，主要着眼于资源如何配置更有效率的研究。而是否有效率，在可比较的范围内，一般以是否有帕累托改进的余地来判断。如果存在一种改进方法，没有人因此改变而受损，却有人因此改变而受益，则说明目前的效率不是最优。如果任何改进都不可能使一些人的境况变好而又不使另一些人的境况变糟，那么，这种状态说明在效率上已经达到了帕累托最优或者帕累托有效。

然而，在效率问题研究如火如荼之时，却有相当长的一段时间，公平问题并没有进入经济学的研究视野。这种在公平问题上无为而治的状况，终于在20世纪20年代被打破。英国著名经济学家、“福利经济学之父”阿瑟·塞西尔·庇古，在1920年出版了西方福利经济学的第一部代表作——《福利经济学》。庇古把平等和效率第一次同时纳入经济分析的视野，针对现实庞大的社会财富和贫穷阶层的严重贫困化状况，系统地表达了对经济平等的热情关注。他认为，争取效率就是要合理配置资源，增加国民收入；而争取平等则是将富人的一部分收入转移给穷人，实现收入的均等化。只有二者兼顾，才能增进整个社会的福利。庇古描述的这种富足而又和谐的社会，无疑是一种社会美。因为，只有和谐社会，才是真正公平和高效率的社会。但问题是，平等和效率在现实中往往是难以实现的。“政治哲学家和普通市民都把平等看作是效率和自由的受害人。”（〔美〕罗纳德·德沃金语）市场经济的魅力在于竞争，只有竞争才是有效率的。但是，追求效率的竞争往往会丧失部分公平性。

长期以来，西方福利经济学一直坚持福利主义的观点。认为判断社会福利的高低，只要判断社会成员效用水平的高低即可。其结果，造成福利经济学只重效率，而很少关注公平问题。20 世纪 70 年代后，福利经济学兴起了非福利主义的研究浪潮。福利主义的主导地位被动摇，非福利主义渐渐取而代之。非福利主义的研究，包括对传统“理性经济人”假设提出质疑，以及对自由、个人权利、个人生活水平等问题所作的进一步研究等。非福利主义取代福利主义，本质上是福利经济学对效率与公平关系重新进行思考的结果。这标志着福利经济学进入了一个全新的发展时期，必将对如何正确处理效率与公平的关系产生重大影响。

美国伟大的经济学家、“最后一位经济学通才”、1970 年诺贝尔经济学奖得主保罗·萨缪尔森，提出了效率与公平的重大权衡。他说，“如果经济要有效率地运行，经济结果存在某些差别是必然的。对不同种类的工作如果在报酬上没有某种差别，则如何能保证人们像做令人愉快的工作那样去做令人不愉快的工作呢？又如何能保证人们像愿意在漂亮的公园里工作那样乐意在危险的海上石油钻台上工作呢？一味地坚持结果的公平会严重阻碍经济机制发挥作用。”他认为，“效率与公平两者很难取舍”。我们无法按市场效率生产出馅饼之后，又完全公平地分享它。经济学的无穷魅力正在这里，它让不少经济学家们为此付出了长期的艰辛努力和高超的智慧。

不仅如此，从实证研究领域来看，经济学家们通过实验手段，研究不同行为主体对公平与效率的偏好，亦显示出两难的困境，并无一个更好的解。加里·E. 博尔顿和阿克塞尔·奥肯菲尔斯（2002 年）进行了投票试验：给定两种不同的分配政策，一种可以促进效率，而另一种可以促进公平。公众对这两种分配政策投票的结果显示，促进公平的分配政策比促进效率的分配政策更有吸引力。与此相反，亚历山大·杰迪高斯和弗里德·波利（2001 年）通过构建二元选择的独裁博弈模型，认为多数参与者都选择了效率导向的收入分配方式。同样，德克·恩格尔曼和马丁·史特博（2004 年）也得出了在一次分配试验中，对效率和最大最小偏好比不平等更厌恶的结论。对于政府的偏好，费瑞·坎迪尔（2005 年）则明确指出，在市场经济全球化的压力下，政府十分重视经济竞争力（即效率），而忽视了其在社会公平方面的责任。

经济学研究往往是在两难之间走钢丝。此耶？彼耶？是耶？非耶？十分为难;而研究的结果往往也是两难:此耶？彼耶？是耶？非耶？继续为难。自从无妒忌的公平分配概念提出之后，经济学家们又开始沿着这一路径对公平与效率之间的关系进行新的探索。美国微观经济学家和信息经济学家哈尔·R.范里安（1974 年）认为，在个体之间相互妒忌且信息充分的古典交换经济中，公平而有效率的分配方式是存在的。或者说，在古典交换经济中，公平与效率之间不存在冲突。然而，在缔结合约时，如果交易双方处于信息不对称状态，则公平与效率之间就不可能相容。作为一种次优选择，人们必然会在二者之间进行权衡。日本经济学家蓼沼宏一（2002 年，2005 年）多次指出，在社会偏好的构建过程中，帕累托效率标准常常与公平标准发生冲突:假如存在两种分配方式 x 和 y，当考虑到公平问题时，某种本来比分配方式 y 要好的帕累托最优分配方式 x，可能会次于分配方式 y。他说，为了给分配划分出等级，我们需要事先假定某个标准处于优先地位。如果我们既想找出一种最优的分配方式，即公平的分配方式，又想提出一种“效率第一，公平第二”的循环式的社会偏好关系，那么，沿着偏好束的来源采取一条单调的路径从逻辑上是不可避免的。

经济发展的长期实践表明，公平与效率并不是对峙的。它可以归结为“两个片面都具有充足理由，相持不下又相辅相成的悖论”（〔德〕黑格尔）。英国著名经济学家约翰·梅纳德·凯恩斯，在 1936 年出版的“天才著作”《就业、利息和货币通论》中指出，现存经济社会的显著特点是，不能提供充分就业，财富与所得之分配有欠公平合理。所以说，我们赖以生存的经济社会的突出问题，是不能提供充分就业和武断而又不公平地分配财富和收入。有鉴于此，近年来欧美一些经济学家正在热衷于寻求所谓的“第三条道路”，试图在效率与公平之间寻求均衡。当然，从审美角度看，追求均衡就是追求美，因为均衡是形式美的法则之一。

保罗·萨缪尔森在他“流动的百科全书”《经济学》中，为了更有力地阐释效率与公平的关系，特地引用了阿瑟·奥肯（1975年）的一段话:“公平和效率（的冲突）是最需要加以慎重权衡的社会经济问题，它在很多的社会政策领域一直困扰着我们。”他认为,“奥肯提出了一个基本的两难问题。”按照奥肯的观点，这就意味着，公平与效率存在替代关系。为了效率就要牺牲某些公平，而为了公平也要牺牲某些效率。这二者关系的权衡，有些类似钟摆的摆动。但“事实如何呢？尽管对再分配的代价做了大量研究，但真相仍显得捉摸不定”。萨缪尔森接着说:“国家需要仔细设计其政策，以避免不可接受的不平等或重大的效率损失等极端状况。”

被称为“有经济学良心”的“穷人经济学家”、印度籍著名经济学家阿马蒂亚·森把哲学思辨及其观点融入“公平与效率”的研究，用他那仁者之胸怀与智者之头脑，对这一命题进行了辩证分析。他亦“因为在福利经济学的基础研究方面的重大贡献，以及对贫困和不平等问题的突破性创见”，而荣获1998年诺贝尔经济学奖。他认为，不平等被理解为平等的折光，是由低水平平等通往高层次平等路径上的所谓平等光线的折射。有时候平等的折光——在某方面的不平等是为了综和考虑（如效率），而现在的综和考虑是为了未来更平等。即，局部不平等为了全局更平等，暂时不平等为了长远更平等。公平与效率是沿着一条由“低水平的平等——低水平平等的扬弃——不平等（平等的折光）——效率——不平等的扬弃——高层次的平等”所组成的通往智慧的道路前进的。按照阿马蒂亚·森的观点，在这里，效率只是闪耀着平等光辉的辩证法的一部分。

在此问题上，俄裔美国著名经济学家、“国民收入核算之父”西蒙·库兹涅茨（1971年诺贝尔经济奖获得者），在1955年发表的《经济增长与分配不平等》一文中，提出了分配差距的倒U型曲线假说。他在研究人均财富差异（公平问题）与人均财富增长（发展问题）之间关系时，首次提出了公平与发展遵循倒U型曲线规律：即在从前工业文明向工业文明极为快速转变的经济增长早期，不平等扩大；一个时期变得稳定；后期不平等缩小。也就是说，随着社会经济的发展，基尼系数依次经历由小变大、稳定和由大变小，表明资本主义社会经济依次经历贫富差距拉大、稳定和缩小三个阶段。这就是著名的“库兹涅茨假说”。当然，这一假说的科学性究竟有多大，很值得继续探讨。但它至少构成了对阿马蒂亚·森平等辩证法的现实解读。

按照西方经济学原理，如果将帕累托标准看作是效率问题，那么关于分配的价值判断就属于公平问题。公平与效率，不仅对西方经济学家们是个重要的研究课题，而且引起了他们长期的争论。西方经济学对如何处理公平与效率，形成了效率优先派、公平优先派、公平与效率交替派等，但主张效率优先的观点依然占据主流。在中国，经济学家们关于公平与效率问题的讨论，自上世纪90年代以来，伴随着改革开放的深入，一直没有停息，且精彩纷呈。在公平与效率的天平上，一方重点是放在效率上；另一方是添加了公平的分量。争论的焦点是：效率优先论；效率与公平并重论；公平与效率统一论；公平优先论；等等。这些争辩目前依然在继续，并且还将可能继续争论下去。兼顾效率与公平是任何社会的美好目标，为了协调这对看似不能调和的矛盾，无数经济学家奉献了他们的聪明才智。

时光的钟摆依然在嘀嗒、嘀嗒地走个不停。公平与效率的争论，可能还要继续下去。看来，真正实现公平与效率的均衡和谐发展，还有相当长的一段路要走。在经济学上，希望可以称为“预期”，它是决定人们行为的重要因素。在“公平与效率”的预期上，正如美国麻省理工学院经济学教授保罗·L.乔斯克告诉我们的:“理论和经验研究都应大胆前行，因为只要我们不懈追求，必定会发现彩虹另一端的金矿。”

第三节　君子成人之美

“凡有的，还要加给他，叫他多余;没有的，连他原先所有的，也要夺过来。”——这是《圣经·马太福音》第25章里记下的耶稣对金钱的比喻说法。出自“温良的人将承继大地”的先知耶稣之口的这句话，意思是对金钱加以适当的投资，能创造更多的财富。在社会学领域里，这种现象或者说原理，被称作“马太效应”。而提倡“复杂经济学”的美国圣菲研究所经济学家W·布莱恩·亚瑟，最先主张将此原理运用到经济学中，叫作“收益递增原理”。也可以将此原理解释为:先行的事物会更先一步发展起来，而后进的事物则会更落后。用一句话来说，就是“富人更富，穷人更穷”。

美国第一位获得诺贝尔经济学奖桂冠的当代经济学泰斗保罗·萨缪尔森，在他那部不朽的《经济学》教科书中说:“富人的猫所喝的牛奶，也许正是穷人孩子维持健康所必需的东西。之所以发生这种情况，是因为市场不灵吗？不，根本不是。因为市场机制正在做它应做的工作，即把物品交给那些有货币选票的人。即使是最有效率的市场体系，也可能产生极大的不公平。”

事实正是如此。在现实社会中，一方面是众多的人尚在贫困线上挣扎，过着衣不遮体、食不果腹的日子;另一方面是极少数人锦衣玉食、挥金如土，开着宝马车去高尔夫俱乐部。中国唐代伟大的现实主义诗人杜甫怎么也不会想到，社会发展到一千多年后的今天，仍然会有“朱门酒肉臭，路有冻死骨”的贫富悬殊现象。以美国为例，从1975~2001年的25年中，低收入家庭收入占总收入的份额，由1975年的5.4%下降到2001年的3.5%。最富有人口的收入份额却迅速上升，最富有的5%家庭的收入占总收入的份额，从1975

年的 16%，上升到 2001 年的 22.4%。贫富之间的差距进一步扩大，不公平趋势越演越烈。

对此，"经济学家们花费了大量的时间，分析不同的收入再分配方案（如税收和食品券）是否会导致社会浪费（如人们的劳动时间减少，或购买毒品而不是食品）。他们还研究了究竟是发放现金还是发放食品，能够更有效地减少贫困"。

救助贫困是经济学的重大任务之一。它能有助于设计增加穷人收入的更有效率的方案。虽然，经济学目前在这个问题上做得还不十分完美，但它就像阿卡狄亚的原始居民逐日一样，当他们追到似乎是太阳栖息的山顶时，却发现太阳依旧遥不可及。经济学家们是一群追赶太阳的人们。他们明知太阳不可能被追到，却筚路蓝缕，艰苦备尝，仍然坚持去追赶。他们每前进一步，就是向更高理想目标的一次攀登。他们心中的追求与脚下不停的步伐，向人们诠释着经济学的良知和美德。正如英国剑桥大学经济学终身教授奥斯汀·罗宾逊爵士所说："我的经济学关心的是改进世界的状态，要让它成为对富人和穷人都是一个更好的地方。"

中国古代春秋时期的伟大思想家孔子，有一句著名的格言："君子成人之美，不成人之恶。"用现代的话来说，就是"君子要成全别人的好事，不要促成别人的坏事"。要做好事，而且好事要做好。这并不是一个轻松的命题。为此，经济学家门费劲了心机，并奉献了无穷的智慧。一些认为市场决定收入，是对贡献合乎道德及理想奖励的经济学家，开始反对再分配这种收入转换器。他们担心，这种金钱从富人流向穷人的转换会扭曲工作、投资的经济刺激。美国密执安大学经济学教授莫里斯·伯恩斯坦对这种刺激论进行了驳斥。他在《比较经济体制》中例举了这样一个案例：在鲁滨逊经济中，付出了努力的个人必然得到由此形成的产品，但其他社会还能提供不同种类的刺激。譬如，有些原始社会坚持不工作者和社会其余成员分开吃饭；还有一些原始社会则举行仪式，那些好吃懒做的人在仪式上要受到同辈亲戚的公开蔑视。他强调指出，当先进的资本主义经济主要用货币来提供它对生产努力的刺激时，这只是利用货币制度的革新而恢复了鲁滨逊的做法。

另一些反对再分配的声音，主要来自于对“漏桶效应”关注的经济学家们。他们设想在再分配之桶上有一个漏洞，且设想富人所交的税只有一部分（或者是一半）实际到了穷人手里。那么，以公平名义所进行的再分配，就是以损失经济效率为代价。所以，漏桶里漏出的非效率在现实中除了对富人和穷人经济刺激的相反作用，还囿于税收和转移计划的行政管理成本。这些经济学家们认为，任何平等化的成功都是昙花一现，经济蛋糕的缩小甚至对穷人也是有害的。漏桶漏出的正是灌溉下一棵庄稼所需要的水。

对此，保罗·萨缪尔森强调指出，社会发展过程中，一部分人的财富可以增加，但其他人的财富不能减少。他在分析了不同收入再分配方案的成本与收益，如税收和食品券；分析了再分配方案是否会导致社会浪费，比如人们的劳动时间减少，人们会选择购买毒品而不是食品；分析了怎样的再分配方案才能更有效地减少贫困，是发放现金还是发放食品等以后；提出了一个两全其美的妙招：“一国如果有精心设计的税制和转移支付项目，那么它就会拥有一块不断增长的劳动生产率的蛋糕，并能在它的国民中进行更为公平的分配。”所以他说，只有“政府能减少不公平而又不会损害效率”。因为，政府可以按照选民的要求减少分配的不平等；政府还可以通过税收和支出项目等手段，向某些团体进行有倾斜的收入再分配，从而增进平等；继而，政府又可以通过财政政策和货币政策的调整，保证宏观经济的稳定和增长，并在鼓励经济增长的同时减少失业，降低通货膨胀。这样，既可减少不平等，又可增加效率，达到双赢。

美国芝加哥学派早期的精神领袖弗兰克·奈特，被 1982 年诺贝尔经济学奖得主乔治·斯蒂格勒称之为“一位伟大的哲学家和理论家，与马克思不相伯仲”。他对贫富进行了较深入的研究，认为一个人是穷人还是富人，主要取决于“出身、运气和努力”。他的得意门生，1986 年诺贝尔经济学奖获得者詹姆斯·麦基尔·布坎南在芝加哥大学受教于奈特，深受其自由经济思想的影响。布坎南后来对奈特的论述做了进一步的扩展。除了上述三个变量外，他另加上了一个“选择”,即个人对包括职业在内的生活道路的选择。尽管“努力”而来的权利最符合“公平”的价值，但在四种要素中也仅占最微不足道的份额。由此，这些经济学家们理当怀疑自由竞争市场制度的公平性。他们认为，在自由竞争的市场经济环境中，人与人之间的竞争也存在着社会资源、家庭背景、人际关系等先天性的不公平。在竞争条件下，收入不平等日益累积。真正的起点公平，应该是不让人们“带着出身进行市场比赛”。因为，当这样的参赛者以平等条件与相对较少有利条件而又必须参加这场比赛的人比赛时，寻常的公平概念就被破坏了。所以，只有社会政策使得“公平的权利分配优先于竞争”，这才是“起点平等”的真正实现途径。政府的公共政策，应主要遏制那些掌握了大量资源的人群，加强扶持社会中的弱者。给贫穷的人雪中送炭，而不是给富有的人锦上添花。

经济学的灵魂是自由和公平。但经济学也强调自身利益。从某种意义上来说，经济学就是研究人如何实现自己最大利益的学问。亚当·斯密在他的“圣经”般的著作《国富论》中，就是从利己的本性出发，论述了利己主义的利益观。他说:“他追求自己的利益，往往使他能比在真正出于本意的情况下更有效地促进社会的利益。”人们出于自身利益的考虑,就会赞成收入再分配。因为，人总可能因某些自身无力控制的灾祸而变穷。收入分配政策就像保险一样，在你日子好过时，你以税款的形式向现在的穷人支付“保险费”;如果你有不测,“保险单”就会给你补偿，你将得到救助。这就像大家在幸运的时候去帮助那些不幸的人，而自己在不幸的时候又可得到别人的帮助。它相当于每个人为自己不幸的生活增加了一份保险，岂不对人人都有利吗？不仅如此，在这里，政府的再分配政策，还为人们提供了一个“安全网”。

经济学告诉我们，自利模型虽然能够解释某些经济再分配活动，却不能解释其中所有的经济活动。于是，经济学家们再次把目光投向利他主义。相对于一般的自利行为，有时候人们会作出一些对别人有利，而对自己不利的行为。比如冒着生命危险搭救落水的人；牺牲休息时间照顾孤寡老人；向灾区群众捐献自己的积蓄；等等。我们通常把这种情况称为利他主义或无私行为。在现实生活中，帮助穷人和弱者是社会中最常见的利他行为。

用经济学的视角看，利他主义并不具有绝对的道德价值。虽然，经济生活中存在着“无条件的利他主义”，但大量存在且表现丰富的却是“相对的利他主义”。1976年诺贝尔经济学奖得主、货币主义理论伟大创始人、美国经济学家米尔顿·弗里德曼曾说，不读《国富论》，不知道应该怎样叫“利己”，读了《道德情操论》，方知道“利他”才是问心无愧的“利己”。经济学家们一致认为，“过度的”利他主义是无效率的，采取市场交换形式的利他主义也是无效率的。这可以用有名的“你先走问题”来说明：两人同时走一道门，由于过分彬彬有礼，每个人都坚持让对方先走。结果，无人走过这道门。

中国清代著名小说家李汝珍，晚年竭尽二十余年心血，创作了一部百回本长篇小说《镜花缘》。书中有一回讲述一个叫唐敖的人，由于官场受挫，便辞官跟他的妻弟林之洋到海外去旅行。他们途中经历了许多国家，见识了各国的奇风异俗，对人生和社会产生了新的感悟。

书中讲述道，一天，唐敖等人来到一个叫“君子国”的地方。在集市上，他们看到了一次奇怪的买卖：一个人要向一个摊主买东西，他认为摊主的东西价廉物美，太便宜了，要求出双倍的价格购买这个东西。可摊主不愿意，认为自己开的价格已经太高了，可还要加价购买，这无论如何不能接受。接下来，买者要加倍给钱，摊主却怎么也不答应。于是，两个人争执起来，各不相让。最后，买者愤愤不平地按摊主开的价给了钱，但只拿走了一半的东西。摊主急了，硬是拦住买者不让走。

在日常生活中，我们买东西时，总是希望价钱越低越好，而卖主总是希望价钱越高越好。但上面故事里的人恰好相反，买东西的人要抬价，卖主却要压价，真是名副其实的“君子国”。如果人人都有这种经济学的良知，并具有利他之善举，世界就会变成美好的人间。但《镜花缘》中君子国的故事也表明:如果两个人都是“过度的”利他主义者，而双方都只愿意向对方转移资源却不愿从对方接受资源，其结果是谁的要求都不能实现。这种冲突最终往往只能由一个利己主义者的出现来解决。此类情形从另一方面也说明:没有利己主义，利他主义就无“用武之地”。

此举同时告诉我们，利他主义是公共物品中的一个重要因素，利他主义行为常常有助于促进社会福利。经济学家用经验证据解释:出于利他主义或无偏袒动机的再分配，有一个稳定的数量从富人流向穷人;但出于自私动机驱策的再分配，在数量上并不稳定，且没有明显的直接影响。一个富人之所以赞成对穷人的转移支付，或者是因为一种伦理行为，他假设自己成为富人或穷人的概率相等;或者是因为他实际上相信自己也面临着成为穷人的正概率;也许还可能，他出于伦理的——利他主义——动机，对穷人的福利给予积极的考虑。

助人、行善、为公众服务等利他行为，历来被视为高尚的美德。按照美国伟大的社会心理学家马斯洛的理论，它是人的高层次需求。这说明人的一切行为，都是为了满足自己的某种需要。从这个角度理解，所有的人都是追求自利的。利他行为只是一种特殊的自利行为。而自利行为，也是经济学研究的起点。因为,经济学研究的人是“经济人”。“经济人”通常会实施理性行为，并为追求自己的利益而采取最有效的手段。他们不是被情感和企图所驱使，他们是纯粹为了增加自己财富的利己之人。所以，从这一意义上来说，经济学就是研究人如何实现自己最大利益的一门学问。当然,经济学家们也发现，人的行为是十分复杂的。现实中的“经济人”，并非都是那种被理想化被单纯化而存在的。对这种行为，2002 年诺贝尔经济学奖得主、拥有美国和以色列双重国籍的著名行为经济学家丹尼尔·卡纳曼，把心理学成果与经济学研究有效结合，作出全新的理论解释:那就是人在决策过程中，不仅存在直觉偏差，而且存在框架依赖偏差，经常会在不同的时候对同一问题作出相互矛盾的不同选择。

根据卡纳曼的行为经济学理论，传统经济理论所假定的人完全是追求一己之私利。事实并非如此。如公平意识，就会在很多情形下影响人的行为。近十多年来，随着实验经济学的兴起，一些经济学家尝试把公平偏好纳入经济学的分析框架。由于实验室中可控制的环境能将人类行为的各种动机隔离开来，因此，使用实验室实验可作为证明公平意识存在及其重要性的有说服力的证据。其代表性的实验有最后通牒实验。最后通牒实验，是让两个实验对象分一笔总量固定的货币。其中一人提出方案，被称为提议者，另一人对此方案进行表决，称为回应者。分配时，提议者首先提议将该笔固定金额货币的一个份额 $S \in [0, 1]$ 分给回应者，然后回应者进行表决。他有权接受也可以拒绝 S。如果回应者接受提议者提出的分配方案，则双方就按此分配方案进行分配，提议者得到 $1-S$ 的份额，回应者得到 S 的份额；如果回应者拒绝这种分配方案，则双方什么也得不到。

从经济学的博弈理论来解释，最后通牒实验中两人博弈的均衡解应该是，提议者将最小可能的一个正的份额分配给表决者，回应者亦同意这种分配方案。但是，实际上却很少能够观察到这种均衡的存在。经济学家们在不同国家、使用不同金额的赌注和运用不同实验程序，进行了大量的最后通牒实验，结果都拒绝了标准自利模型的预测。在实验中，大部分提议者都会提议40%~50% 的份额，更少的份额很有可能会被拒绝。回应者一般会拒绝低于总额 30% 的份额。现实中，这种调整力量虽然具有不稳定的特点，但却是可以捕捉的。如果通过慈善捐赠手段，形成财富由富裕阶层向贫穷阶层的部分转移，这便是对分配结果的一种调整。

然而，这种调整本身会受到社会经济发展状况的制约。经济学家研究表明，利他主义水平和经济发展的关系一般呈现出 U 型曲线。这是因为利他主义属于正常商品。当 U 型曲线处于初始阶段，在一个没有发展、交通不便的乡土社会，人们有充裕时间（时间机会成本很低）。同时，利他主义也有助于方便社区成员的生活和生存。因此，不但民风淳朴，而且还可以经常看到邻里乡亲之间互帮互助，其乐融融。真如世间桃源，“黄发垂髫，并怡然自乐”。这表明，在不发达而且流动小的静态社会中，这种正常商品属于必需品，而且价格低廉。因此，人们愿意付出更多的利他主义行为，消费这种商品。

当U型曲线处于底部时，表明社会处在发展的初、中期。这时将会有更多的机会，也激发了更多的个人欲望，因而时间的机会成本提高。同时，流动性增加，交往不再是一生的，对陌生人的善举不会有日后的回报。因此，助人为乐显得昂贵和没有收获。这显得利他主义这种商品的价格变得昂贵起来。而且，随着经济的发展，社会公共产品逐渐丰富，个人收入不断提高，个人生存面临的威胁会越来越少。同时，市场经济体系的逐步建立与完善，使得更多的个人需要可以通过参与市场交换来解决。换言之，物物交换演变成以货币为媒介的实时交换。不借助于利他主义的互助，人们也能很好地生存和发展。因此，利他主义也不再是必需品，而是奢侈品了。而且，随着保险业务的推广和保险品种的增多，互惠利他主义作为一种非正式的保险，逐渐让位于正式保险。这样，人们对利他主义的需要，便集中在市场不能解决的地方，如对危急情况的救助等。

如果社会发展到高级阶段，经济发展逐渐趋于成熟时，人们将会有更多的收入，除了购买普通的消费品外，还须满足“施善”的心理需要。同时，这时人们也能支付得起“帮助他人”的时间与财物开销，如捐款、花时间做义工，等等。这正是马斯洛所强调的人的高层次需求。由于人们具有受人尊重和自我实现的需要，而利他行为又可以满足此类需要。因此，人们就会产生不同程度的利他主义行为。此时，利他主义又会转而增加，处于U型曲线的回升阶段。在财富与权力之外，利他主义可能成为人们获得希望“受人尊重”程度的最为有效的行为。

“现代经济学之父”亚当·斯密告诫我们说：“当绝大部分的社会成员处于贫穷和困苦时，没有哪一个社会能够确实兴旺发达和美好。”当今世界，随着财富的迅速增长和物质的不断丰富，贫富差距不仅没有缩小，反而有扩大的趋势。到目前为止，全球贫困人口仍维持在近20亿的水平，贫穷问题依然困扰着全人类。以世界上最富有的美国为例："近20年来，家庭结构的变化及低技能、低教育水平劳工工资下降的现实，已经逆转了传统的潮流。伴随对市场的重新强调而来的，是更多的无家可归者、更多的贫困儿童以及许多城市中心地带的贫困化。"

消除贫困已成为世界性难题。多少年来，不论是发达国家还是发展中国家的经济学家们，都在孜孜不倦地探索减贫之路。这是经济学家的道德和良知之美。获得1978年诺贝尔经济学奖的美国著名经济决策管理大师赫伯特·西蒙曾说："对于大萧条培育出的经济学家来说，消灭贫困一直是他们的目标，而同情穷人和不幸的人则是令人钦佩的个人品德。"被凯恩斯称为"伟大经济学家中第一人"的西方最著名的经济学家、新古典经济学派创始人阿尔弗雷德·马歇尔，最初"打算献身物理学的研究"，后来转向他称之为"精神上的父母"的哲学领域。但经过一次旅行，他穿过一条条街道，参观了许多城市最贫穷的地方，听到穷人的呼唤，于是决定尽其所能学习研究经济学。

以"穷人经济学家"自居的美国芝加哥大学著名经济学家、人力资本研究的开山鼻祖西奥多·M.舒尔茨，一生致力于农业经济学的研究和农村落后状况的改变，以及农民的脱贫致富。他当之无愧地获得了1979年诺贝尔经济学奖。他在获奖的演讲词中说："世界上大多数人是穷的，所以如果我们懂得穷人的经济学，我们会懂得许多真正重要的经济学。世界上大多数穷人靠农业谋生，所以如果我们懂得农业经济学，我们会懂得许多穷人的经济学。"西奥多·M.舒尔茨坚信："一切力量都不能阻止穷人对改善经济的向往并为此进行斗争。"

1998年，享有"经济学良心"之美誉的印度著名经济学家阿马蒂亚·森，因为在经济伦理学领域，对于贫困、饥饿、公平和福利投注了深切的关注和深入的研究而斩获诺贝尔经济学奖。森来自发展中国家，曾为联合国开发计划署撰写过人类发展报告，并当过联合国前秘书长加利的经济顾问。他把经济学拉到社会生活，尤其是贫困生活的真实层面上，使经济学具有了伦理学、哲学意义上的关怀精神，从而让人文关怀在经济研究中大放异彩。

阿马蒂亚·森沿着美国政治哲学家罗尔斯的公正理论思路，将其正义论具体化，提出能力平等论。他认为，贫困被视为是对基本能力的剥夺，是能力实现过程的中断，而不仅仅是收入低下。他在《作为能力剥夺的贫困》一书的开篇说："贫困必须被视为是一种对基本能力的剥夺，而不仅仅是收入低下。"他的这一思想，已被联合国机构接受，并发展为人类贫困指数概念。森相信人所具有的自主权、自助力，而不仅仅将贫困者视为扶助的对象和被动的接受者。他的分配正义论自成一家之言。他说："合适的空间既不是效用（如福利主义者所声称的），也不是基本物品（如罗尔斯所要求的），而应该是一个人选择有理由珍视的生活的实质自由——即可行能力。"森提出了很多重要的可行能力，比如营养良好、不患病、长寿、读写能力、参加社区活动、体面大方地出现在公众场合、找到值得做的工作、保持温暖、接受、访问朋友等。他认为，"从动机的角度看，解决与人际相异性相联系的不平等的平等主义政策，要胜过试图解决由于个体之间的努力和勤奋程度差异造成的不平等的政策。"

20 世纪 70 年代后，阿马蒂亚·森开始了重点对饥荒问题的研究。他特别考察了近代以来几次大的饥荒，提出了一个振聋发聩的观点：饥荒可能不完全是由于食品短缺造成的，而更可能是由于权利分配不均造成的。他于 1981 年出版了《贫困与饥荒》一书，系统地阐述了他的权力假说。森的研究不仅偏重平等问题，而且从伦理学上考察经济现象。森认为公共政策（不论是经济上或其他方面）不应当只考虑人们的福利（即使假定不影响动物的福利），也应该考虑非福利因素，如平等、正义、人权、道德原则等。森从社会选择理论研究开始，到福利经济学，进而拓展到贫困和饥荒问题。"在这些困难的领域内，他所作出的卓越成就，无论在怎样的专家看来，都是令人惊叹的。

他所完成的事业是不寻常的。”这是英国牛津大学经济学教授苏蒂尔·阿南德由衷地赞美。

如果说阿马蒂亚·森心系苍生，着重从经济理论上探讨解决贫困问题的话。那么，2006年诺贝尔和平奖得主、孟加拉国经济学家穆罕默德·尤努斯，却探索了一条实实在在的减贫之路。他从20世纪70年代开始，就解决贫困问题作出尝试——面对穷人的无抵押小额贷款模式。此前，尤努斯是孟加拉国吉大港大学经济系主任。他开始这种尝试的起因是在走访乡村中一些最贫困的家庭时所感受到的震惊。一个名叫苏菲亚·贝格姆的生有3个孩子的年轻农妇,每天从高利贷主手中获得5塔卡(相当于22美分)的贷款用于买竹子，编制好竹凳再交给高利贷主还贷。这种编竹凳的劳作，每天只能获得50派沙（相当于2美分）的收入。微薄的收入使她和她的孩子陷入一种难以摆脱的贫困循环。村里有着类似困境的村民还有42位。在把这些村民们的资金需求汇总后，尤努斯震惊地发现:这个数目一共只需27美金。尤努斯当即从他的口袋里掏出27美金借给了这些穷人。在他看来，漠视贫困、漠视真实世界中人的痛苦与愿望，是经济学的失败。而不能用经济学知识去缓解并消除贫困，是所有经济学学者的耻辱。他说:“我所教授的经济理论对周遭生活没有任何的反映，我怎么能以经济学的名义继续给我的学生讲述虚幻的故事呢？我想从学术生活中逃离。我需要从这些理论，从我的课本中逃离，去发现有关穷人生存的那种实实在在的经济学。”从那以后，尤努斯开始筹建自己的银行，取名为“乡村银行”（音译为格莱珉银行）。它主要为穷人提供小额贷款，帮助穷人脱贫。这犹如赤贫沙漠上的一汪清泉、一片绿洲，不仅能给人以巨大惊喜，而且带给人无限的希望和力量。

尤努斯怀着一颗仁慈之心，时刻惦念着穷人，处处想着穷人如何有饭吃，有衣穿。他走出书斋，深入村寨，走到瘦骨嶙峋、饥肠辘辘的穷人中间，走到一贫如洗的村妇中间，了解他们的苦况，倾听他们的心声，思考着并想千方设百计地帮助他们走出困境，摆脱死亡的阴影。从1974年到2006年的32

年间，孟加拉已有670万穷人（其中94%是妇女），从尤努斯的乡村银行得到小额贷款。他们中50%的穷人已经脱贫。2006年，孟加拉国80%的贫困家庭，从乡村银行得到了小额贷款。到2010年，孟加拉100%的贫困家庭，成为小额贷款的受益者。尤努斯在世界上最贫穷的国家里，成功地使几千万穷人实实在在地脱贫。他不仅冲破了传统经济理论的束缚，而且开辟了一条坚实的减贫之路，被誉为“穷人的福星”。

1994年，尤努斯在美国爱荷华州首府得梅因接受世界粮食奖发表致词时，深有感触地说:“高深的经济理论，不涉及贫困和饥饿问题。在经济学家看来，经济突飞猛进，自然而然可以解决这个问题。所以他们把才华和智慧全用于研究促进发展和繁荣。有些人视而不见贫困和饥饿引发的危机。”其实,尤努斯在这里只说对了部分。经济学家们并没对贫困和饥饿视而不见。相反，贫困和饥饿，一直是经济学家们研究的重要课题。这便是“穷人经济学”。

中国著名经济学家、世界银行高级副行长兼首席经济学家林毅夫教授，就是一位研究穷人经济学的痴心探索者。他曾说:“如果了解中国的现代史，了解中国的社会、经济结构，就会发现，农村是中国现代化过程中最关键的问题。穷人绝大部分在农村，解决了农村的问题，就解决了中国的贫困。解决了中国的贫困问题，也就解决了世界贫困的一大半。”

中国是世界上人口最多的发展中国家，发展基础差，底子薄，不平衡现象突出。特别是农村贫困人口多，解决贫困问题的难度也较大。中国扶贫开发，从解决温饱到促进发展，走了一条具有中国特色的扶贫开发道路。2002年到2010年，中国农村贫困人口数量从8645万下降到2688万，贫困发生率从9.2%下降到2.8%。提前实现了联合国千年发展目标中贫困人口减半的目标，为全球减贫事业作出了重大贡献，谱写了一曲扶贫开发壮丽辉煌的交响乐章。

目前，全世界有一半人平均每天的收入只有2美元，大约10亿人平均每天的收入少于1美元。解贫救困任重而道远。立志在全世界消除贫困，是我们的伟大梦想。我们已经创立了一个没有奴隶制的世界，一个没有天花的世界，一个没有种族隔离的世界。创立一个没有贫困的世界，不仅可能，而且将会比所有这些成就都更加光荣、更加辉煌、更加美好。

第八章　法院看得见的手
（制度正义）

海牙和平宫，象征着和平与正义。

第一节 正义的光辉

现代经济学鼻祖亚当·斯密，在其具有里程碑性质的著作《国富论》问世之前，曾出版了另一部经典名著《道德情操论》。他在该书的最后一页，充满激情地先期预告了《国富论》的重大主题："我打算在另一本书里论述法律和政治的一般原则，论述这种原则在不同的时代和社会时期所经历的种种变化。我将不仅从正义的角度，而且还将从国民收入和军备以及其他法律目标的角度论述这一问题。"

毫无疑问，亚当·斯密在《国富论》中兑现了自己所许下的诺言。他在书中阐述道，正义是支撑社会这个大厦的主要支柱，如果这根柱子松动的话，那么"人类社会这个雄伟而巨大的建筑必然会在顷刻之间土崩瓦解"。因而，制定和维护正义的法律，乃是统治者的第一要务。在正义的法律框架下，社会财富自然而然地会流向社会各个阶层，这恐怕不需要统治者多虑。但如果缺乏正义，"自然"秩序就会被打破，社会的稳定将岌岌可危。在《国富论》中，亚当·斯密还宣称，经济学乃是"政治家或立法家的科学"，并再三强调，利己心的发动，"必须受到正义的约束"。

正如一位著名的经济学家所言，"《国富论》的整个讨论皆以执行正义的制度为前提，即使在书中的某些场合并未实际说明这样的制度，亦当如此。"（温奇）事实充分证明，亚当·斯密这些伟大思想的灿烂阳光，散射出无限美的正义的光辉，耀眼般地照亮了制度经济学前进和发展的道路。

《国富论》出版 123 年后，即 1899 年，美国 42 岁的著名经济学家索尔斯坦·凡勃伦，出版了他的第一部重要经济学著作:《有闲阶级论——制度的经济学研究》。这本书不仅奠定了凡勃伦在经济学史上的地位，而且更被看作是制度学派的理论基础。

凡勃伦这位不羁的经济学家，显然在很大程度上接受了达尔文的进化论思想。他在对人性的深入探讨中，创造性地开辟了制度经济学。凡勃伦通过研究制度的起源，观察社会上的经济现象，尤其是上层阶层的有闲特权与消费特征,来探讨制度与经济现象之间的奥妙关系。他提出,经济学研究的对象，主要是人类经济生活借以实现的各种制度，其中最主要的制度是满足社会物质生活的生产技术制度和私有财产制度。他认为，如果没有法律来保护我们的财产，没有知识产权来保护我们的发明，以及没有公司来为我们安排，社会将不会有保障地实现市场的所有好处。尽管凡勃伦关于制度经济学的很多思想还非常原始，也不尽完善，但这却是人类第一次系统的思考这么“深奥”的问题。因而，凡勃伦本人被公认为制度经济学的奠基人。

早期制度学派是19世纪末、20世纪初发源于美国，后来又得到广泛的传播。它在西方经济学界曾被认为是异端思想。“制度主义”一词，是美国著名经济学家，制度主义主要发起人之一的沃尔顿·汉密尔顿首次提出来的。可以这么说，制度是一个完整的谱线，从完善的私有产权到完善的公有产权，从简单的数字价格到庞大无比的法律体系，皆是制度。制度经济学就是把制度作为研究对象的一门经济学分支。其目的,是探寻制度本质,规范经济行为，彰显制度正义。它非常形象化、感性化而又理性化地显示了经济学的正义之美。正如亚当·斯密所说:“正义就包含了所有尽善尽美的美德。”

凡勃伦的智慧，给其许多杰出门徒带来了思想火花和灵感。美国著名经济学家约翰·康芒斯是与凡勃伦同时代的人。他不仅继承了凡勃伦的思想，而且创造性地发展了早期制度经济学。他是早期制度学派的重要代表人物，与凡勃伦、米歇尔一同被称为旧制度经济学的三大巨擘。但对于制度的解释，康芒斯与凡勃伦的侧重点却有所不同。在凡勃伦看来，制度是习惯适应的产物。康芒斯则着重强调法律制度对经济的意义，提出了“法制居先于经济”的重要论断。他认为法律制度不仅是先于经济制度而存在，而且对于经济制度的演变起着决定性的作用。资本主义的发展正是由于建立了新的法律制度。

康芒斯认为，经济关系的本质是交易，整个社会是由无数种交易所组成的一种有机组织。他将“交易”分成三种基本类型:买卖交易，即平等的人与人之间的交换关系;管理交易，即上下级之间命令和服从的关系;限额交易，主要指政府对个人的关系。由于参加交易的任何一方都有自己的利益，交易过程中亦往往会有双方的利益冲突。因此，只有依靠法律制度才能协调解决这些冲突。在他看来，经济范畴应归结为这些范畴的法律关系。因而，他从法律角度考察所有权，宣称所有权是制度经济学的基础。所以，康芒斯特别重视法律制度的作用。他把法律制度融合到经济学中，将经济与法律结合起来进行研究。他坚信，经济生活是受习俗和法律，以及通过产权概念联结的一系列相互交叉的制度所支配的。他认为法律制度是决定社会经济发展的主要力量，强调依靠法律来管理经济。

康芒斯的制度经济学思想，集中反映在他1934年出版的经济学制度学派的经典著作《制度经济学》中。在该书中，康芒斯解释:“制度”就是所谓集体行动控制个体行动，而集体行动牵扯的范围很广，种类也五花八门。其中包括“无组织的习俗”，也包括家庭、股份公司、同业协会、法院、工会、银行等。当然，最主要的则是法制。法制决定论是康芒斯制度经济学的核心理论。他强调制度经济学是把制度作为经济现象产生、存在和发展的重要因素之一，而传统经济学只研究经济现象不考虑制度因素，这是二者的区别所在。

康芒斯提出，现代资本主义制度本质上是一种法律制度，资本主义是法制促成的结果。他把资本主义的产生，归功于法律制度，认为法律制度推动了资本主义的发展。尽管现代资本主义暴露出许多缺陷和弊端，但它们都可以通过法律的调节而加以克服。他举例说，美国1848年从纽约州开始制定的一般公司法，弥补了早期资本主义时期的缺陷，1890年的《谢尔曼反托拉斯法》，则限制了垄断资本主义的弊端。所以，他提出要用“法院看得见的手”，代替亚当·斯密的“看不见的手”，来对现代资本主义经济进行调节。他说:“不是有一只看不见的手在引导个人的利己心走向公共的福利，而是那看得见的普通法庭的手在采取当时和当地的良好习俗，使一些桀骜不驯的个人必须遵守，符合休谟所谓‘公共效用’。”

制度，如正义之剑，是人类追求社会秩序的结果，也是人们力图为自己的生活构建一个稳定空间的体现。用法律和制度规制经济，就会使经济产生有序之美。在法律出现以前的社会，人们依靠风俗习惯、道德、意识形态等构建社会的必要秩序。法律制度的出现，使得人们尽可能地把原来属于非正式制度的社会规范转化为正式的法律规范，从而拥有了更大的强制力。法律和经济，这两条看似无法相交的直线，在康芒斯等经济学家的勇于创新和艰苦努力下，完美地结合在一起。这两者的结合，不仅是制度学派对现代经济学理论的一个重要贡献，以及对新古典经济分析的有用补充，而且还使经济学在“正义”的基础上发散着美感，增强了亲和力和向心力，并由此进入到美学境界。

尽管制度学派在美国，在经济学界曾产生过重要影响，但却并没有像凡勃伦所预计的那样，以期替代新古典经济学的主流地位。随着1936年凯恩斯的经典名著《就业、利息和货币通论》的出版，凯恩斯主义迅速占据了经济学的主要阵地，制度学派逐步被边缘化，其影响也渐次衰落。但制度学派并没有从此销声匿迹。“野火烧不尽，春风吹又生。”进入20世纪60年代，随着资本主义经济“滞胀”等问题的日益凸显，以及凯恩斯主义的衰落，制度学派东山再起。美国著名经济学家加尔布雷思等人，继承和发展了凡勃伦、康芒斯等制度学派的精神遗产，将制度经济学推进到一个新的阶段，并建立了新制度学派。

加尔布雷思是新制度学派的领军人物。他一生亲眼目睹了旧制度学派的鼎盛和衰落，见证了新制度学派的蓬勃兴起。他对正统经济学展开了批判，提出了权力转移论等新理论。他的这些新理论，比较鲜明地代表了新制度学派的思想，为新制度学派的发展作出了巨大贡献。

加尔布雷思认为，人们为了追求经济增长，常常要搞技术发明。这些技术不但会给环境带来污染，给消费者带来累赘，而且还会带来严重的社会问题，比如武器的改进会带来战争的恶化。人们之所以会狂热地追求增长，造成这么多危害，关键在于人们的信念未解放出来，陷于了求精密化而不切实际的困境。只有把歪曲的信念纠正过来，才会将增长和幸福结合起来，消除各种危害，使人们的生活更祥和美好。这个信念解放的目标，就是恢复"公共目标"。他指出，在现代资本主义社会，为什么会遇到失业、通货膨胀、贫富不均、经济畸形化、环境污染、城市腐败、道德败坏、生活质量下降等一系列麻烦？关键在于"公共目标"被忽视。

要想达到"公共目标"，就不得不对当前的社会结构进行改革。加尔布雷思提出，现代社会存在着两个互相对立而又互相联系的经济系统，一个是计划系统，另一个是市场系统。计划系统是由若干个大公司组成的有组织的计划经济系统；市场系统是由很多分散的小企业与个体生产者组成的、受市场支配的市场经济系统。计划系统有权力控制价格，支配消费者，实行"计划生产"与"计划消费"；市场系统无权控制价格，无法支配消费者，听命于市场波动对其命运的控制。计划系统能支配环境；市场系统则受环境的支配。这两个系统是相互对立的，又是相互需要的。这就是他的"二元体系"学说。该学说也是其制度经济学体系中最基本的理论。

加尔布雷思进一步指出，虽然计划系统在大企业、工矿与交通运输业以及其他重工业部门中占统治地位，但在农业、服务行业、中小企业中仍然是市场系统占主导地位。他认为，市场系统资金力量薄弱，技术更新缓慢，信用条件较差，控制价格无力，往往屈从于计划系统的支配。而在两者的相互交换中，又常常处于不利地位。因此，这种局面必须加以改变。只有这样，才能使社会经济重新回到人类崇高美好的目标上来。

加尔布雷思认为，要改变这两个系统的局面，就要进行"结构改革"，即改革两个系统之间的关系。其重点是实现权力均等化。实现权力均等化，就是要求双方在交换关系中，都对价格有同等的控制权。需要采取的措施是：政府一方面对大企业进行管理，另一方面利用财政金融手段协助中小企业。这样一来，使它们不至于遭受因为价格波动而带来的危害。加尔布雷思把他为现代资本主义社会结构改革所开列的清单，称作为“新社会主义”。

“公共目标”、“二元体系”、“新社会主义”，是加尔布雷思新制度经济学的三大主题。这些思想集中反映在他的《丰裕社会》、《新工业国》、《经济学与公共目标》三部曲中。他的主导思想是强调关心公共目标。也就是说，国家及公共经济应当以对人的关心作为活动的目标，即关心如何提高社会福利水平、改善生活质量，使人们过上更加美好的生活。正如19世纪英国著名经济学家约翰·斯图亚特·穆勒所说：“凡是能促进最大多数人的最大幸福的行动就是正义的行动。”

从凡勃伦到康芒斯，再到加尔布雷思，制度经济学一路艰难地前行。他们虽然开创性地提出了问题，并对问题进行了完整、细致，甚至有些华丽的描述，但并没有深入地回答问题。后来，以美国著名经济学家、1991年诺贝尔经济学奖获得者罗纳德·哈里·科斯为代表的当代新制度经济学，完成了用主流经济学方法分析各种制度的经济学理论体系，在很大程度上拓宽了制度经济学的研究范围和研究深度。科斯在制度分析中，引入了边际分析方法，建立起边际交易成本概念，为制度经济学的研究发展开辟了一片新的天地。

1960年，科斯在《法律与经济学》杂志上发表了一篇石破天惊的长文《社会成本问题》。美国著名经济学家、诺贝尔经济学奖得主乔治·施蒂格勒把该论文的核心思想加以公式化，并命名为“科斯定理”。该论文自发表以来，就被人们争论不休，有的赞成，有的反对，有的甚至企图予以修正。对此，科斯不无遗憾地说：“在我看来，大多数这些批评不是不重要的和有缺陷的，就是离题的。甚至那些赞同我的观点的人也常常误解了我的论点。”28年后，科斯本人不得不出面澄清他的观点。为此，科斯还撰写了《社会成本问题注释》一文，对他在《社会成本问题》中提出的理论和方法做了更为详尽、准确的表述。1991年,当81岁高龄的科斯颤颤巍巍地走上诺贝尔经济学奖领奖台时,瑞典皇家科学院宣布说,科斯在“理解经济的制度结构”方面,已经取得了“突破性”成就。可以说,科斯发现并定义了制度经济学系统中一组新的“基本粒子”。

科斯在这里从一个全新的角度考察了外部效应问题。外部效应问题是英国著名经济学家庇古首次引入新古典理论的。庇古认为,当私人净收益和社会净收益发生偏离时,市场将失灵。因此,庇古呼吁国家通过干预来纠正外部效应所造成的市场失灵。具体办法是:对造成损害(如污染)的一方征税,使外部效应“内在化”。科斯则提出了与庇古完全不同的观点。他分析认为,假定交易费用为零,初始产权界定清晰,那么,不论制造损害的一方是否有权利这样做,最终资源配置的效率状态不受影响。

科斯认为,产权(“财产权利”一词的缩写)从最根本的意义上说,是指由社会规定的一组权利。这些权利的所有者能够在法律的保护下,支配使用其财产,并获得相应收益,免遭他人干涉、侵犯,从而使财产所有者有动力去运用这些财产从事经济活动,增进自己的福利。而从法律的角度看,一组完备的产权包括:使用权,在法律允许的范围内自由使用资源的权利;收益权,在不损害他人条件下可以享受从占有资源中获得各种收益;让渡权,即可以将占有权出售或转让给别人。科斯通过研究产权界定和交易费用对经济活动的影响,来寻求这种与最高经济效率相适应的产权界定和制度。这便是人们所熟知的“科斯定理”。

科斯指出,诸如灯塔制度、电信产品生产和消费出现的纠纷、农夫和养牛者的利益纠纷、环境污染等现实矛盾纠纷,实质上反映的是产权的界定和变迁。而产权结构的选择或解决纠纷的制度安排,又取决于利益关系人之间相互协调和影响的边际交易成本。他举例说,假定有法律诉讼和私下协商两种解决纠纷的制度安排,如果两者的边际交易成本不相等时,当事人自然会倾向于选择成本较低的制度安排。这就可以解释为什么在不同状态下,当事人会选择相应的纠纷解决机制的原因。如果两者的边际交易成本相等，则会出现制度均衡。这也就可以解释为什么在现实社会中，存在着多样化的制度安排的原因。如果交易成本很小或者不存在，那么各种制度将是多余的。由此科斯认为，在现实经济中，制度的显著重要性和制度安排的多元化，恰恰反映了边际交易成本的现实性。

科斯提出的“交易费用”和“产权”理论，深刻阐述了制度结构的生成、转换及其对经济效率的影响。它解释了许多正统经济学无法解决的难题，并尝试建立了一个能使人们对生产的制度结构的决定因素进行分析的理论。科斯在这里力图阐述的是产权的制度安排、交易费用的高低与资源配置效率高低之间的内在联系，进而得出选择合理制度结构的标准。这就是，一种制度安排之所以被选择，其标准在于该制度安排能够降低交易费用，或者节约交易费用，提高资源配置效率。科斯致力于制度经济学的这一崇高理想，无疑是非常美好的。

然而，给予经济制度最充分、最深刻解释的，当属于新制度经济学的重要代表人物、美国著名经济学家、1993 年获得诺贝尔经济学奖的道格拉斯·C. 诺斯。他用历史学家的眼光，透过制度经济学的重重迷雾，独辟蹊径，从制度的变迁来说明经济增长的原因。他说：“制度是一个社会的游戏规则，更规范地说，它们是决定人们的相互关系而人为设定的一些制约。制度构造了人们在政治、社会或经济方面发生交换的激励结构，制度变迁决定了社会演进的方式。因此，它是理解历史变迁的关键。”诺斯从制度的角度，回答了为什么有的国家经济可以持续几个世纪的快速增长，而有的国家经济却停滞不前或每况愈下。他的目的是探讨西方世界经济增长的原因、经济增长与制度变迁的内在联系、产权制度与经济发展的互动趋势和经济发展对制度的内在要求，为实现经济活动中的利益互惠一致，达到经济行为主体的福利最大化，创造更多的社会财富，促进社会的共同繁荣和人类的美好幸福开辟一条新“路径”。尽管这是一段漫长而充满艰辛的旅程，但诺斯却为此矢志不渝。

诺斯的制度经济学理论，着力探寻的是用制度经济学的方法来解释历史上的经济增长。他重新论证了包括产权制度在内的制度的作用，并将新古典经济学中所没有涉及的内容——制度，作为内生变量应用到经济研究中去。特别是，他将产权制度、国家、意识形态、伦理道德等，作为经济演进和经济发展的变量，极大地发展和丰富了制度变迁理论。

产权理论、国家理论和意识形态理论，是诺斯制度变迁理论的三大基石。诺斯通过对西方市场经济演变史的审视与分析，升华出制度变迁理论的思想，并以三大理论基石来构建他的分析框架。产权理论强调的是有效率的产权对经济增长的重要作用；国家理论则是指由于产权制度和产权结构决定者是国家，因此，国家必须对最终体现产权制度效率的经济增长、停滞和衰退负责；意识形态理论着重解释了意识形态是经济增长的一个变量，人们应该建立一种有利于经济增长的意识形态。1981 年，诺斯出版了《经济史的结构与变迁》一书。他对原有的理论框架做了进一步的修改、补充和完善，把产权理论、国家理论和意识形态理论结合起来，形成了完整的制度创新与制度变迁理论。

诺斯认为："制度就是人为设计的各种约束，它建构了人类的交往行为。制度是由正式约束（如规则、法律、宪法）、非正式约束（如行为规范、习俗、自愿遵守的行为准则），以及它们的实施特点构成的。它们共同决定了社会的尤其是经济的激励结构。"诺斯特别比较了 16 世纪到 17 世纪期间英格兰和西班牙的制度，进而指出，英格兰有比较稳定的财产权，而西班牙国王可以根据自己的意愿没收财产；英格兰有《大宪章》限制国王的权力，而西班牙的议会却很少发挥作用。制度的差异，使英格兰迅速发展成为领导世界的霸主，而西班牙原本发达的资本市场却陷入相对的停滞。

50 多年来，诺斯一直在探索一个奥秘：那就是为什么一些国家会越来越富强，而另一些国家却始终无法摆脱贫穷？他通过长期坚持不懈的研究，得出一个结论，这就是制度。他在接受一位中国记者采访时说:“归根到底，穷国最缺乏的是社会激励机制与创新制度。正是由于机制本身的先天不足，造成社会经济缺乏动力，致使社会生产效率低下。制度经济学就是研究建立新制度，从而获得生产力、生产效率的提高，是对经济机制、经济结构的重组。”

然而，事实告诉我们，诺斯关于制度变迁的理论和思想智慧，最初却缘于马克思。他曾说:“对经济绩效最终源泉圣杯的找寻，把我带上了一条从马克思到认知科学的漫长而缥缈之路。”但是，当诺斯在被马克思带进制度分析的茂密森林之后，他却开拓出一条花儿盛开的蹊径。

诺斯与马克思的两种制度理论，都关注制度的长期历史演化及其规律，都就制度的内涵，制度的生成与演化、发展规律，推动制度变迁的动力机制，制度的遗传与选择机制，以及影响制度演化的一般变量，如国家、产权、意识形态因素的作用等主题，阐述了自己的观点，而且提出了两种不同的制度演化分析模型。

马克思对“制度”的分析,既是广泛丰富的,又是系统辨证的。在他看来，制度有经济基础和上层建筑之分。经济制度属于经济基础;政治、法律制度属于上层建筑。在社会经济制度体系中，生产资料所有制是基础，分配制度由所有制决定，政治、法律制度是为经济制度服务的。无论是经济制度，或者是政治、法律制度，就其本质而言，都是在社会分工协作体中不同集团、阶层、阶级之间利益关系的体现。因此，马克思强调对制度的研究，首先要分析作为整个社会制度经济基础的生产力以及与之相适应的生产关系，然后才能对竖立在这个基础之上的道德和法律等上层建筑的性质作出合理的说明。

虽然，马克思与诺斯及其以前的制度经济学派，在制度变迁分析工具、理论基础及思想来源上，都有着根本区别，但他们都极富洞察力地关注着社会法律、伦理和制度，为彰显经济社会的制度正义而创造性地劳动着。因而，他们的学说最富正义感和生命力，处处闪现出正义的光辉。在经济学的百花园里，制度经济学是一朵鲜艳夺目、异彩纷呈的奇葩，它带给人们的是一种美的享受和愉悦。

第二节 幻术家的魔棍

三个和尚没水吃的故事，在中国已经妇孺皆知。故事讲的是:一个和尚挑水吃，两个和尚抬水吃，三个和尚没水吃。为什么会出现三个和尚没水吃呢?这里有多种原由，但从经济学上来解释，主要还是缺乏制度约束。理论上讲，就是搭便车的激励使公共品的生产出现低效率。如果建立一种良好的行之有效的制度，三个和尚就会有水吃。

终于，三个和尚面临无水吃的困境和在重复博弈过程中，最终发现了合作会带来利益互惠。他们用协商建立一个轮值制度的办法来解决吃水问题。如若遇到其他不确定因素，如天气突变或疾病侵袭等，还有相应配套的制度加以补充。此外，三个和尚的消费控制，以及生产水与消费水过程中的监督机制等问题，也要进行制度安排。由此看来，只要具备了完善的、有约束力的制度，三个和尚不仅可以有水吃，而且可以吃得更有效率、更美满。

同样，美国著名经济学家、2005年诺贝尔经济学奖获得者托马斯·谢林，也讲了这样一个故事:一个炙热的星期天下午，刚从鳕鱼角度完周末乘车返城的人们，将本来不宽的回城公路堵得水泄不通。原因是有个床垫从一辆车上掉下来，堵住了道路，从而使所有车辆都动弹不得。事情并不复杂，此时，如果有一个好心人下车，将床垫搬走，车辆便可通行，所有返城的人都会受益。问题是，没有人这样做。人们宁愿在交通堵塞中观望等待，白白浪费时间，也没有人肯下车搬走床垫，为大家扫清障碍。

谢林说，假设此时有一辆直升机盘旋在公路上空，并提议在100个乘客中，推举一位公认的好心人来搬走床垫。同时，大家按规定从车窗扔出一枚硬币，作为对好心人的补偿。这就给予潜在路障清除的好心人以特定财产权，从而使他本人和其他乘客都从中获益。由此可知，进行社会管理也需要与此类似的制度安排。制度安排不仅决定了我们确定集体决策的过程，而且也架起了个人利益和集体利益的桥梁。

制度是规范和约束人们行为的准则。一套好的制度、正义的制度，“它们仿佛有幻术家的魔棍，能化丑为美。这是一种点金术，一剂仙方”。（法国著名雕塑家罗丹语）

中国30年经济的腾飞，制度成为不可或缺的重要因素。而改革开放的大幕，就是从农村家庭联产承包责任制开始，经由长满老茧的农民大手拉开的。1978年12月的一天深夜，安徽省凤阳县梨园公社小岗生产队，20名农民代表聚集在村民严立华家中，代表全生产队20户农民，神态极为严肃地立下了一纸契约：

> 我们分田到户，每户户主签字盖章。如此后能干，每户保证完成每户全年上交和公粮，不再向国家伸手要钱要粮。如不成，我们干部坐牢杀头也甘心。大家社员也保证把我们的小孩养活到18岁。

这是一份按有血红指印、惊天动地的契约，一个近乎原始的伟大制度。它犹如美国历史上著名的《“五月花号”公约》，不仅是一份政治性极强的契约文件，而且是一个用公平正义实行自我管理的伟大制度。

安徽省凤阳县小岗村，是个非常贫穷的村庄，十年就有九年荒，人们一年中往往有半年或三个月到外面行乞。“说凤阳，道凤阳，凤阳本是好地方。自从出了朱（元璋）皇帝，十年倒有九年荒。大户人家卖牛羊，小户人家卖儿郎，奴家没有儿郎卖，身背花鼓走四方。”这是广泛流传于海内外的一首凤阳花鼓词，也是旧中国凤阳人民水深火热般生活的真实写照。虽然在新中国成立后，凤阳人不再以靠卖儿郎求生，但仍常常遭遇“身背花鼓走四方”的境况。从 1956 年到 1978 年的 23 年中，小岗村从未向国家贡献过一斤粮食，而且基本上是“吃粮靠返销，生产靠贷款，生活靠救济”。实行家庭联产承包责任制后的第一年，小岗村就获得了粮食大丰收。全年粮食总产量达 13.3 万斤，是上年的 4 倍。小岗人第一次卖给国家粮食 12497 公斤，超过政府计划的 7 倍；卖给国家油料 12466 公斤，超过政府规定任务的 80 倍。另外，全村农副产品收入 47000 元，平均每人 400 多元。在当时，这对以乞讨为生的小岗人来说，无疑像一座光芒四射的金山。

家庭联产承包责任制，一“包”就灵。制度的“魔力”，使广大农民的生产积极性像泉水般地涌流出来，农村发生了翻天覆地的变化。大包干制度，结束了凤阳人民 600 年来的乞讨历史。

小岗村的家庭联产承包责任制，像一股强劲的东风，迅速吹遍整个中国大地。从 1981 年到 1984 年，短短 3 年时间，全国农村 99% 都实行了家庭联产承包责任制。这种制度的推进，使 1978 年到 1984 年的 7 年间，中国农业增长速度由原来的 2.9% 提高到 7.7%，翻了一番还要多。粮食产量的增长速度也比以前快了一倍。7 年间，以总增长为基数 100 进行计算，各种投入要素的增加（如土地、化肥、机械化、劳动人口等）对产出增长的贡献是 46，家庭联产承包责任制对产出增长的贡献是 47，还有 7 为其他因素。7 年内中国农业增长了 42%，而家庭联产承包责任制贡献了大约 20%。

获得 1993 年诺贝尔经济学奖的“新制度经济学创始人”、美国著名经济学家道格拉斯·C. 诺斯，曾多次来中国访问。他对中国从“文革”到家庭联产承包责任制，到乡镇企业，再到国企改革，都非常关注，如数家珍。他认为中国经济之所以能持续快速发展，得益于建立了一套合适的制度。香港著名经济学家张五常也说:“中国的经济制度是个奇迹，既精彩又重要。”

事实充分证明，中国在从传统的计划经济向社会主义市场经济转轨的过程中，制度创新发挥了重要作用。“从科学的角度衡量，我们不能排除还有其他更有效率的合约安排，只是人类没有尝试过。从这个世纪转换的时候看，

以一个天然资源相对贫乏的国家而言，我认为中国的经济制度是人类历史上对经济增长最有效的制度。”（张五常语）

中国经济从1979年起，就驶上了坚持市场取向改革的快车道，大胆突破了传统计划经济体制框框的束缚，一批又一批物质产品和服务，从指令性计划分配转入市场调节，多项生产要素也逐步进入市场，国民经济的市场化程度不断提高，社会主义市场经济体系日臻完善，创造了30年来经济持续快速增长的世界经济神话。然而，在市场经济转轨的大潮中，犹如万里黄河，波涛滚滚，也裹挟着泥沙俱下。一些经济活动中的丑陋行为，如部门、行业垄断，地区封锁，假冒伪劣产品泛滥，诚信严重缺失等，也乘机在市场经济运行中滋生。例如：政府职能部门运用手中权力，实行强制交易，迫使消费者按照其审定的价格购买指定的产品和服务。国有企业或其他依法具有独立地位的经营者，实施强制交易或限制竞争。企业间采取限价、价格同盟、反竞争购并等，企图垄断市场。改革初期，在卖方市场条件下，一些地方设卡放哨，不许紧缺物资如粮食、生猪、棉花、煤炭等销往外地。而在20世纪90年代中期形成买方市场格局后，一些地方又不许外地产品（从啤酒、药品到汽车）进入本地市场，或者对销售本地产品给予种种优惠，保护本地落后生产。由于地方封锁，部分商品不能公平地参与市场竞争。市场扭曲也使市场价格扭曲，市场调节价格的机制就无法正常运转。更有甚者，有的行业公开地或变相地实行各种形式的价格同盟，一些有竞争力的企业不能按正常价格销售产品，妨碍价格竞争，保护落后的生产和企业，严重干扰甚至破坏了市场秩序。

制度，不仅是建设现代市场体系的必要条件，也是规范市场经济秩序的治本之策。在中国社会主义市场经济发展中，已逐步建立完善了一套具有中国特色的维护市场秩序的法律、法规等规章制度。如保护和鼓励竞争的制度有：《反不正当竞争法》、《价格法》、《反倾销和反补贴条例》、《价格违法行为行政处罚规定》、《关于制止低价倾销行为的规定》、《反垄断法》等。市场准入、市场管理方面的制度有：《期货市场管理暂行条例》、《商品市场登记管理办法》、《批发市场管理办法》、《拍卖市场管理办法》、《连锁店经营管理规范意见》等。这些制度创新，不仅可以起到扭丑为美，化腐朽为神奇的作用，而且让社会主义市场经济的天空更加阳光明媚。

经济学告诉我们，市场经济的诞生、成长与发展，从来都是和资本主义私有制经济融合在一起的。经济学史也告诉我们，无论是西方经济学，抑或传统的马克思主义政治经济学，二者虽然立场不同、立论各异，但有一点是相同的。那就是：都否认市场经济跟社会主义公有制相结合的可能性，而且都把这一点奉为“信条”。在改革开放的伟大实践中，中国于20世纪90年代初提出了建设社会主义市场经济的大胆设想，在一定程度上打破了来自传统马克思主义与西方经济学两方面的思想枷锁——市场经济与社会主义公有制不相容的“教条”。

因此，中国这种前所未见的经济制度，是在中国社会主义市场经济这一特殊环境和条件下生成的。它不同于西方资本主义自由市场的经济制度。“橘生淮南则为橘，生于淮北则为枳，叶徒相似，其实味不同。所以然者何？水土异也。”（《晏子春秋·内篇杂下之六》）

然而，与中国社会主义市场经济制度只经过短短几十年的探索相比，西方发达国家的市场经济由商品市场、货币市场、债券市场、证券市场、期货市场，再到金融衍生品市场，经历了几百年历史。他们的每个市场、每种机制、每套制度，都相对比较成熟。同时，相伴诞生的研究和解释自由市场经济制度的制度经济学理论，也发展比较迅速。可以说，这些实践和理论，既是西方发达市场经济理论的结晶，又是世界人类璀璨文化成果的一部分。

17世纪初，在欧洲西北部，有一个和英国隔海相望的国家。其面积只相当于今天的两个半北京，它的名字叫荷兰。这个风车吱吱嘎嘎旋转、郁金香芬芳艳丽的“海平面下的王国”，凭借一系列现代金融和商业制度的创立，缔造了一个称霸全球的商业帝国，被马克思称为当时的“海上第一强国”。他们成立了世界上最早的联合股份公司，用以聚集资本，几乎垄断了当时全球贸易的一半。1609年，世界历史上第一个股票交易所诞生在荷兰的阿姆斯特丹，这要比美国纽约的证券交易早了200年。同时，他们还率先创办了现代银行，在资本市场的运营中发明并创立了我们沿用至今的信用制度体系。一个新生的资本市场在荷兰诞生了，它身披新世纪的霞光登上了世界历史的舞台。

继荷兰之后，英国通过推行自由贸易，建立起全球市场，并逐步确立了自由市场经济模式。而当这种模式的弊端终于引发社会危机的时候，美国在20世纪30年代继往开来，开创了运用政府干预手段实施宏观调控市场经济的新模式。从此，看得见的手与看不见的手交相作用，驾驭着自由市场经济这艘航船乘风破浪前行。

荷兰、英国和美国，可以说是近500年来真正意义上拥有过世界霸权的三个国家。正是这三个国家，不仅对资本主义自由市场经济进行了接力棒式的创新和发展，而且还为市场经济的发展提供了一套相适应的、比较成熟的、亦比较完善的制度保障。

300年前，当18世纪来临的时候，在中国北京，清朝康熙皇帝正在用他的文治武功，开辟一个新王朝的辉煌。此时，从北京往西大约8000公里，欧亚大陆的西部终端，跨过一道海峡，有一个在海洋中安详“漂荡”的美丽小岛，名叫“大不列颠及北爱尔兰联合王国”，我们通常称之为“英国”。它是世界上第一个迈进现代社会的国家，曾号称“日不落帝国”。

在英国向现代社会迈进的历史征程中，创立了一项具有重要开启意义的制度——《大宪章》，从而使这个岛国孕育了超凡的能量，既改变了自己，也影响了世界。

1215年6月15日，在英国泰晤士河边兰尼米德草地，一座具有希腊风格的圆顶纪念亭旁，面临绝路的国王约翰，不得不同意与25位贵族代表，在这个亭子周围举行谈判。刀光剑影下，贵族代表与国王进行了整整4天的交锋和博弈，最后终于达成了协约《大宪章》。

《大宪章》是英国历史上一项具有里程碑意义的重大制度。它总共有63

款条文，只有短短几千字，却第一次把国王和贵族之间一直以来既约定俗成但又模糊不清的权力关系，转化为明确的法律文字。从此以后，英国国王的权力不再是至高无上的，他只能在法律的限制之下行使权力。长久以来，《大宪章》积累起来的深厚的传统力量，将契约和法制的基本精神，深深注入英国人的思想根基中。

《大宪章》的奇迹，加速了英国工业化发展，使其成为世界上第一个工业化国家，并开创了影响深远的自由主义经济模式。这不仅创造了一个对资本主义生长极为有利的自由环境，而且也形成了一个非常有利于资本主义生长的制度框架。如 1624 年，英国颁布施行的《独占法》，就是人类历史上第一部真正意义上的专利法。这项专利和发明制度，使得人们能够从自己的发明成果中得到巨大的经济回报，激励人们以更大的热忱投入到发明创造中去。1795 年，英国创建了“斯宾汉姆兰制度”，这是历史上最早的养老金制度。当时人们就确立了根据收入情况进行差别化分配的制度，这一传统思想一直延续到今天。

英国历史学家查理·巴特森在其所著的《犯人船》中记载了这样一段历史：1790~1792 年间，英国政府将流放澳洲的犯人，交给往来于澳洲和英国的商船完成运转。运送中，经常发生船主或水手虐待犯人，造成大批流放人员死于途中的惨剧。后来，英国政府对运送犯人制度稍加修改，流放人员仍由来往于澳洲和英国之间的商船运送，只是在运送犯人费用的支付上，由开始支付改为将犯人运送到澳洲后按人头支付。这点小的更改，几乎杜绝了犯人死于途中的惨状。一项制度的小小改变，竟可以挽救无数人的生命。在这里，制度给人的是一种神圣和震撼。

英国从一个岛国变成欧洲强国，进而最终成为世界霸主，凭借的正是它所创造出来的一种新的制度文明。这一系列领先的制度，不仅引领着人类进步的潮流，而且吸引着世界各国争相效仿。正如著名新制度经济学家、1993 年诺贝尔经济学奖获得者诺斯在《西方世界的兴起》中所盛赞的那样：到

1700年,英国的制度框架为经济增长提供了一个适宜的环境。也许最重要的是,国会至上和习惯法中所包含的所有权将政治权力置于急于利用新经济机会的那些人手里，并且为司法制度保护和鼓励生产性的经济活动提供了重要框架。

“1620年9月，一群不堪忍受迫害、要求信仰自由的英国清教徒，乘坐一艘叫‘五月花号’的帆船，离开英国普利茅斯港，扬帆远航，向大西洋彼岸的新大陆驶去。这些因各种原因在旧世界无法实现自己梦想的人们，决心漂洋过海，去建立一个自由的宗教圣地。

“波涛汹涌的茫茫大海上,‘五月花号’在孤独地漂泊。11月21日，经过66天与风暴、饥饿、疾病和绝望搏斗之后，102名清教徒终于看到北美大陆的海岸线。

“上岸之前，船上41名成年男子在甲板上签署了一份契约，立誓创立一个民众自治团体，并制定和实施有益于团体利益的公正法律、法规、条例和宪章。这就是美国历史上著名的《‘五月花号’公约》。

“航船到达马萨诸塞州普利茅斯港，清教徒们依照承诺，建立了普利茅斯殖民地，组成了自治团体。《‘五月花号’公约》成为美国历史上第一份政治性契约，也是美国历史上第一个用公平法律实行自我管理的制度。”

“五月花号”的这次航行，催生了美国，改变了世界。从此，新大陆渐渐地热闹起来。在北美阿巴拉契亚山脉东侧的大西洋沿岸，相继出现了属于大英帝国的13个殖民地。1776年7月4日，13个英属殖民地联合签署了《独立宣言》，宣布脱离大英帝国的统治，组成了美利坚合众国。这一天被确立为美国的独立日。美国虽然宣布独立了，但在法律、法规、制度上，初期基本上仍然沿用英国的。

如美国的铁路制度，规定两条铁轨之间的标准轨距是4英尺8.5英寸，就是源自英国的铁路标准。不仅如此，英国人还是美国铁路修建的指挥者。而英国的铁路标准，则是按照电车车轨制定的。有趣的是，原来最先制造电车的人是制造马车的，他把马车的轨距直接采用作为电车的轨距。当然，如果追根溯源,真正的发明者应该是古罗马军队。当时,古罗马军队设计战车时,选择了两匹战马的屁股宽度为标准，因为据说这更有利于战车的驰骋，因而马屁股决定了铁轨的宽度。在经济学中,这被称为“锁眼现象“。但无论如何,这一铁路制度，至今仍在造福于人类。

随着美国的发展，这个飘扬着星条旗的国家，不仅有了联邦宪法，而且有了统一的政府、统一的市场、统一的货币、统一的税收。在经济运行上，则直接采用了英国的自由主义经济模式。为了改变当时美国经济明显落后于欧洲的状况，美国联邦政府还从英国等欧洲国家搬来了金融和财政制度。在此基础上，美国开始着手建立适合自己国情的法律、制度体系。英伦三岛上几百年斗争才换来的制度成果，被移植到美国后，既卸载了传统的负担，又开拓了宽广的腹地，可谓“青出于蓝胜于蓝”。

1802 年，美国不仅修改完善了脱胎于英国的专利制度，而且还成立了国家专利局。联邦政府通过大力实施专利制度，既保护了发明人的权益，又保护和激发了整个社会的创造热情。仅 1865 年至 1900 年，美国被正式批准登记的发明专利就达 64 万多种。而爱迪生一人就有 1000 多项发明。依靠强大的科技实力，美国很快就在世界第二次工业革命中独占鳌头。如今在美国商务部的大门口，仍刻着林肯总统的一句话:“专利制度就是将利益的燃料添加到天才之火上。”

美国西部大开发,有很多重要因素,但关键的、起决定作用的是《宅地法》的颁布实施。1862 年 5 月,美国总统林肯签署了著名的《宅地法》。法案规定:美国成年公民每人只需交纳 10 美元的登记费,就可在西部获得 160 英亩土地,而且连续耕种 5 年后，即可拥有这片土地的产权。这项制度的推行，点燃了美国人到西部去创造未来的巨大热情。此后，成千上万的美国人以及来自各地的移民，开始大规模进入这片区域，开辟这里的土地。这一在美国历史上被称作西进运动的事件，不仅使美国的发展从东部沿海的狭长地带向更广阔的西部腹地延伸，而且使美国经济在 19 世纪后半期开始进入了一个广泛和迅速发展的新时期。

美国的自由市场经济，如同没有笼头的野马一样狂奔了一个世纪之后，灾难开始出现了。自由竞争的结果是形成垄断。它在聚拢大量经济资源的同时，也造成了丑恶现象滋生和尖锐的社会问题。这既损害了工人的利益和社会公平，也阻碍了中小企业的自由发展。一大批中小企业由于无法在垄断企业的阴影下生存，纷纷破产倒闭，城市贫困人口大量增加。在此情景下，美国出台了世界上第一部反垄断法——《谢尔曼反托拉斯法》，开始向垄断资本宣战。1911年，美国最高法院判定标准石油公司垄断违法，妨碍了自由竞争，打乱了市场秩序，下令解散了标准石油公司。这个曾经辉煌一时的石油帝国被迫拆分成若干个小公司。

19世纪末，美国在独立100多年后，已经形成了一套比较完整成熟的制度体系。美国经济在这套制度体系保障下，实现了跳跃式发展。在以电气化为标志的第二次工业革命中，这个新兴的后起之秀国家，以重大科技发明为基础，迅速赶上并超过了过去两个世纪里一直走在前面的欧洲强国，登上了霸主地位。这正如中国著名经济学家林毅夫所说："在经济发展的过程中，制度会随着经济形势的变化而不断进行调整和完善，完善的制度可以有效地推动经济增长，这也是制度变迁最重要的意义所在。"

"过去经济学家之所以不能够充分解释经济增长，关键是第四个因素——制度——一直受到忽视。"（尼古拉斯·阿尔迪托·巴莱塔语）然而，19世纪末、20世纪初，随着美国经济的快速发展和制度的不断完善，一部分美国经济学家开始关注经济制度，并且把经济制度作为自己的研究对象，由此诞生了一个新的经济学派——制度经济学派。

在美国诞生的制度经济学派，一开始并未被西方经济学界所接纳，反而认为是异端思想，处处受到冷落。因为强调经济问题是制度问题，应从制度的创新和变革中来讨论经济，这在当时无异于在空阔原野上没有回声的呐喊。但无论如何，将制度因素引入经济分析中，是制度学派对现代经济理论的一个卓越贡献，而且是对新古典经济分析的有用补充。它给几乎是铁板一块的主流经济学拓展了一条新思路。

尽管从凡勃伦、康芒斯、米歇尔等第一代制度经济学家开始，就对法律和经济这样紧贴经济的深刻问题展开了探讨，但一直被排除在主流经济学之外。虽然后来被标榜为“青年一代”的制度经济学家们，如贝利、米恩斯、白恩汉、艾利斯等人，作出了积极的理论贡献，但仍未迎来制度经济学繁荣的春天。直到加尔布雷思创立了新制度经济学派，才使制度经济学出现新的转机。

但真正唱响制度经济学主旋律，并将制度经济学推进到一个新的发展阶段，而且跻身于主流经济学之列的，应当归功于两位诺贝尔经济学奖得主。他们是1991年诺贝尔经济学奖获得者科斯和1993年诺贝尔经济学奖获得者诺斯。两位制度经济学的继往开来者，利用新古典经济学的分析模式，探究和估价资源配置所依赖的制度条件，从提高经济效率和降低交易成本出发，探讨“产权”的形成和演化，形成了系统的“产权理论”。这一理论体系主要包括:交易费用理论、产权理论、制度变迁理论和经济增长理论等。他们把制度分析方法引入到经济史学的研究之中，以制度创新和制度变迁来解释历史上的经济增长，提出制度创新与制度变迁是经济增长的决定因素。也就是说，制度是造成经济增长的源泉所在。按照张五常的观点，产权制度作为一种界定和约束人们权力的制度，是一种基本的经济制度。如果“给一个人一块暗淡的石头，他会将其变为一个花园……产权制度的魔力能点石成金”。(〔美〕格里高利·克拉克语）这正是制度经济学的神奇魅力和无比的美妙之所在。

第三节　断臂维纳斯

1886年5月8日，美国佐治亚州首府亚特兰大市马里塔街107号，药剂师约翰·S.彭伯顿在自己家后院，用一口铜锅提炼出一种新饮料的原浆。这种原浆与苏打水掺兑后，清爽宜人，香醇可口，甜丝丝的，又略带苦味，喝入口中，在舌头上嘶嘶作响，吞下喉咙，凉爽清香，使人精神为之一振。这种新的饮料，就是可口可乐。一百多年来，可口可乐以其不可抗拒的魅力，征服了全世界数以亿计的消费者。

可口可乐的发明，为其带来了巨额利润，其产品家喻户晓。而以可口可乐命名的公司，已经发展成为世界上最大的公司之一。然而，可口可乐的神秘配方，却至今不受美国法律的保护。这是为什么呢？因为这个配方从未申请过专利，而是作为商业秘密被公司保护起来。其机密程度从某种意义上来说，甚至超过了美国五角大楼的国防文件。多年来，可口可乐配方一直笼罩着一层神秘的色彩，只有极少数人被允许参与其配置过程，而在这些人中，大多数人也只是把称号的成分，例如第4号、第5号等成分，掺兑到一起而已。他们也不知道这些成分究竟是什么，其中最机密的成分是7X。

美国的专利制度是在英国的专利制度基础上发展、完善起来的。早在1802年，美国就成立了国家专利局。在可口可乐发明前后的1865年至1900年，美国正式批准登记的发明专利就达64万多种。但可口可乐公司却始终认为，申请专利，就意味着披露新产品和新工艺的细节，而这些信息，可能是竞争对手最为关注的情报。因此，可口可乐公司宁愿选择用商业秘密的方式保护配方，也不愿申请专利。这个严加保密的配方，多年来给可口可乐增添了许多罗曼蒂克式的色彩。竞争对手不惜耗费巨资来模仿它，人们绞尽脑汁猜测它的各种成分。据说，可口可乐的原始配方，自1925年以来，一直保存在亚特兰大市太阳信托银行一个“并不显眼”的保险柜里。2011年12月8日，可口可乐公司宣布，可口可乐秘密配方将迁往同城的可口可乐世界博物馆保管。这是它86年来首次搬家。作为一件收藏品，它可能只值几千美元而已。但对可口可乐公司来说，它却是一个价值数十亿，甚至数百亿美元的聚宝盆，也可以说是一个无价之宝。

严格来说，可口可乐未申请专利保护，是要冒极大风险的。如果有人碰巧也作出了类似发明，并抢先注册了专利，那么，可口可乐公司就要面临侵权的危险。但无论如何，这已经说明，可口可乐公司敢于向专利制度叫板，并且向看似完美的专利制度发起了挑战。

专利制度于 1624 年在英国诞生以来，经过欧洲、美国几百年的发展、完善，似乎十全十美了。美国第一位获得诺贝尔经济学奖的经济学大师萨缪尔森曾说："专利是赋予发明者本人在一定时期内独自（或垄断）使用某种产品或工艺的特权。" 但专利制度也存在缺陷。因为该制度规定，申请专利必须将技术信息公开，这样就很容易泄密。别人只要在申请专利的技术上稍作改革，就可以在不侵犯专利权的情况下盗走产品的核心机密。而且美国专利制度还规定："作者和发明者享有对其作品和发明权的专有权"，通常为 17 年。也就是说，专利申请产品受专利保护的时间只有 17 年。所以，可口可乐公司选择了不申请专利，以便更好地保护自己的秘密配方。

事物总是充满着辩证法，再好的制度也有缺陷。作为一项制度，它既能保护一部分人的利益，同时也会侵害另一部分人的利益。经济学家告诉我们，制度总是一种不完全的契约，它只能在权衡中作出选择，只能保护一部分人的利益。专利制度是如此，其他制度也是如此。比如：关税制度保护了幼稚产业的利益，却"侵害"了本国消费者的利益；养老金制度保护了老年人的利益，但对年轻人并非有利；失业保险制度保护了失业者的利益，在一定程度上却减弱了对就业者的激励作用等。

揭开制度的谜局，呈现出许多很有兴味的话题。有的制度开始提出的时候，人们都持赞成的态度，之后便慢慢地去完善它，比如专利制度等。也有的制度，开始提出的时候，就遭到了强烈的反对，但人们却又在反对声中不断地适应它。比如，谢尔曼反垄断法和克莱顿反垄断法，这两项制度自始至终都受到经济学家们的猛烈抨击，但至今仍在运行。

还有些制度，一个时期对经济发展起到了积极作用而被肯定，而在另一个时期就可能成为制约经济发展的桎梏而被否定。美国管制制度的兴废就属此例。19 世纪后半叶，美国铁路在长途运输业中占据着主导地位。但当时的铁路运输却处于一种混乱状态，价格波动频繁，常常爆发残酷的价格战。消费者们无法承受价格波动的困扰，纷纷向政府提出了价格管制的要求。于是，1887 年，美国建立了世界上第一个国家管制机构——美国州际商业委员会，并出台了价格管制制度。其目的，是控制铁路货运费率和旅客车费。

最初 20 年中，美国管制制度取得了积极的成效。铁路秩序好转，铁路公司获得了稳定的效益。然而，随着卡车和客运汽车业的迅速发展，铁路运营商们为了确保自己的利益，反复游说政府将卡车运输业也纳入管制。这样，美国州际商业委员会就控制了铁路运输和卡车运输的定价权。

开始，卡车运输对铁路运输并不构成威胁，因为当时的公路状况不佳，卡车装载的货物有限。后来，随着美国高速公路的快速发展，卡车运输成本大幅下降，卡车运输很快构成了对铁路运输的直接竞争。铁路运营商们感觉到，卡车运输越来越成为心头之患。

在铁路运营商们的强烈要求下，1958 年，美国管制制度做了修改。规定允许铁路运营商们降低一部分运费，并还规定可退出不能获利的线路。1970 年，美国最大的铁路公司——宾州中央铁路公司宣告破产，这迫使美国州际商业委员会进一步放松了对铁路运输的管制。

随着美国经济的向好发展，有美国经济学家放言，管制制度扭曲了市场价格，带来了社会福利的损失，甚至提出了“要像戒毒一样戒除政府管制”。美国民众也对管制所强加的经济负担表示出强烈不满。从 20 世纪 70 年代中期开始，美国全社会引发了一场强有力的、专在废除管制制度的政治运动。最终，1996 年，管制制度在运行了 109 年以后，被美国政府废止了，并解散了州际商业委员会。从此，美国的管制制度正式退出历史舞台，宣告寿终正寝。

制度经济学告诉我们，历史进程中往往会出现这种情况，无效的制度将会被无情地抛弃，只有有效的制度才能存活下来。优胜劣汰，适者生存，这是自然规律，也是制度变迁的规律。“沉舟侧畔千帆过，病树前头万木春。”正因为有制度淘汰的优劣比较，才彰显出正义、进步制度的辉煌和美丽。

毫无疑问，一个好的制度，正义进步的制度，应当也必然会给市场经济带来良好秩序，给国家带来财富增长，给社会带来安定和谐，给人们带来美好幸福的生活。但正如人没有十全十美，任何人都有弱点一样，一项制度也不可能十全十美，再好的制度也会有缺陷。这正像古希腊爱琴海米罗岛上的断臂女神维纳斯，虽然缺失了双臂，但她丰腴饱满的身段，端庄典雅的面庞，高贵无华的气质，温良平和的心态，历经几千年而芳泽永驻，整个表情与身姿都焕发出勃勃的生命之力，呈现出令人目迷心醉的无言大美。毕竟，有缺点的战士终究还是战士，它胜过完美的苍蝇。（鲁迅语）

可以这么说，正义进步的制度就像断臂美神维纳斯，总有一种令人震撼的“残缺之美”。在北欧最著名的斯堪的纳维亚半岛东部，有一个由2.4万个大小礁石岛组成的岛国——瑞典。它是个最具典型的福利制度国家，其福利制度已经形成了独具魅力的“瑞典模式”。

瑞典的福利保障制度，起源于20世纪30年代，至今已有80多个春秋。在长达半个多世纪的发展里程中，它建立起了一整套“从摇篮到墓地”的社会福利制度，覆盖了全国45万平方公里，惠及近900万人口，成为世界上最为完美的福利国家。正像大多数欧洲国家一样，瑞典的社会保障制度，最早萌发于15、16世纪的“济贫法”。当时主要是为救济赤贫，维护社会秩序。

后经长期演变，不断完善，从局部走向全面，形成了完善的“社会保险箱”式的福利保障制度。其主要内容包括：医疗保险（现金补贴和实物补贴）；工伤保险（终生年金和实物补贴）；养老保险（基本养老金、附加养老金、部分养老金）；儿童供养津贴；失业保险；工资保险金；劳动力市场资助等。这些保障构成了一个较为完整的社会福利保障体系。正如美国著名经济学家曼库尔·奥尔森在《北欧之灯为什么明亮》一书中所说：“特别当你选择经济和社会政策时，瑞典独特的制度安排无疑将引起人们强烈的兴趣。”

瑞典福利制度体系的构建，不仅保障了瑞典经济和社会的稳定，促进了国家经济的持续发展，而且极大地增进了瑞典人民的安全感，不断提高了人们的生活质量。“福利”往往与“快乐”和“幸福”相连。如在闲暇上，瑞典劳动者每周工作 40 小时，工作紧张度不高，上下午工作期间各有一个小时休息，职工每年享受两个月的假期，加上各种节日，一年有近 100 天的休息日。在物质富裕上，按人口统计，瑞典居民拥有汽车、汽艇、家用电器等方面都列世界前茅。在住房上，瑞典人居条件非常好，并且几乎 100% 的人都拥有夏季别墅。完善的医疗制度，保证了瑞典居民的健康，婴儿死亡率是世界上最低的，仅为 7‰，与此同时，人们的寿命不断延长，是世界上最长寿的国家。瑞典的人均受教育程度也很高，现在已普及大学教育。在如今这个“乱哄哄你方唱罢我登场”的世界上，岛国瑞典仿佛是一个“世外桃源”。

但是，随着瑞典经济社会的向前发展，其高福利制度的缺陷却越来越凸显。长期以来以社会均等为目标建立起来的福利制度，特别是在第二次世界大战以后，福利设施和福利保障体系的加速建设，到 20 世纪 70 年代，其福利设施和福利保障制度体系已经达到巨大规模，成为了世界上最著名的福利国家。

而这种高福利制度，导致的必然结果是“高福利”和“高税收”。在此因素影响下，瑞典的经济发展形成了这样的格局：从宏观上看，公共支出膨胀，随之而来的是财政出现庞大赤字，通货膨胀越来越严重，储蓄下降，投资不足，资金外流，经济结构调整不力，形成结构性“疲软”，国际竞争乏力，经济进入低增长和高通货膨胀的恶性循环。从微观上看，经济活力严重下降，过度的公共产品导致了很多“市场空白”，经济资源得不到有效配置，而高福利和高税收又使劳动者的劳动积极性下降，懒人增多，资本所有者的投资积极性不高，人们已经习惯性地在福利制度上“搭便车”。更为严重的是，人们越来越难以在经济发展上找到共识，利益均衡条件恶化，社会福利制度出现严重危机。

1986年诺贝尔经济学奖得主布坎南先生，曾激烈批驳凯恩斯财政扩张的国家干预政策。他说，财政扩张会带来公共福利支出，而公共福利支出又会给人们带来好处。因此，人们会用手中的选票来维护这种公共福利支出的政府政策选择，而政府为了自身的利益，也只能满足这种选民的选择。扩张性的政策，只有通过财政赤字才能维持。这就造成了“赤字中的民主”，结果是后人要为前人的福利付债。

瑞典福利制度的建立和发展，固然为其人民带来了无所不包的好处，但其规模超出了经济基础所能承受的范围，从而受到了经济规律的惩罚。瑞典在战后几乎无节制地推进高福利政策，不断完善高福利制度体系，使得国家入不敷出，赤字庞大，国际竞争乏力，国内经济活力不足，经济陷入危机，被人们称为患了“瑞典病”，即高福利病。

“瑞典模式”可以说是整个欧盟社会保障制度的一个缩影。欧盟的社会保障制度，是由英国经济学家威廉·贝弗里奇1942年发表的《社会保障及有关各种服务》的报告而源起的。当初这一报告，犹如万里长空射出的一道夺目阳光，照亮了整个欧洲社会。从起源到今天，已经走过了70多年的艰难历程。二战后到上世纪50年代中期，实行的是低标准的社会福利制度；50年代中期到70年代，进一步发展为具有较高水平的社会福利制度；70年代以后，这一制度更加完善，形成了高福利制度。社会保障制度，已是欧洲一体化的重要内容，并且是欧洲建立统一劳动力市场和实现劳动力跨国自由流动的重要条件。它惠及了7亿多的欧洲人，成为他们生活中须臾不可离开的奶酪。

欧盟各国现存的社会保障制度，涵盖了社会生活的方方面面，而且各有差异，各具特色，并相互影响借鉴，逐渐发展融合，形成了两大制度模式：一是由英国首创的“福利国家模式”，以及由此派生出的以瑞典为代表的“斯堪的纳维亚模式”。这一模式，强调的是提供完整的社会保障措施，而大量的社会保障经费是在国家财政一般预算中予以安排（往往占社保基金总收入的40%以上）。二是在德国形成的“社会保险模式”。该模式理论上奉行“国家干预主义”，主张“人人为大家，大家为人人”的互助互帮原则，以保障社会上多数人不陷入贫困，并有效维持经济发展的微观动力、社会制度的稳定和劳动者基本生活的保障。

随着欧盟经济社会发展和一体化进程加快，特别是人口老龄化加剧，加之近年来金融和经济危机的爆发，以及伴随而来的债务危机，充分暴露出欧盟高福利制度之痛。在此情况下，过于奢侈的养老保障制度更使欧盟的公共财政不堪重负，面临着入不敷出的“财务可持续性挑战”。

欧盟人口老龄化的严峻挑战和经济危机引发的债务危机的冲击，迫使欧盟必须对现行养老保障制度进行调整和改革。欧盟委员会于2010年7月7日，发布了绿皮书，为推动欧盟养老体系改革征求公众意见。各国也纷纷出台财政紧缩措施，并将提高退休年龄作为一项重要内容。欧盟现在平均退休年龄为60岁左右。调整改革后，希腊计划将退休年龄提高到65岁，德国计划提高到67岁，法国计划提高到62岁。但是，提高退休年龄的举措，在这些国家却遭到民众的强烈反对，并引发了大规模抗议。法国民众已连续多次举行全国性罢工游行，强烈抗议退休制度改革。但法国国民议会（议会下院）不顾民众的强烈抗议，仍然在2010年10月27日，最终通过了退休制度改革法案。决定将退休年龄从目前的60岁推延到62岁，可领取全额养老金退休年龄从65岁提高到67岁，缴纳退休金年限从41年上调到41.5年。目前法国的困境，也是欧盟所面临的共同困境。

高福利是把双刃剑。欧盟社会保障制度的改革，正暴露了这一福利制度存在的缺陷。但同时，也将会使这一制度朝着更加完善、更加美好的理想愿景前进一步。事实充分说明，任何一项制度，它同生物进化过程十分相似，总是通过自然选择而生存发展的。古罗马帝国著名“帝王哲学家”马可·奥勒留·安东尼，在其传世之作《沉思录》一书中说：“当面包在烘烤时表面出现了某些裂痕，这些如此裂开的部分有某种不含面包师目的的形式，但在某种意义上仍然是美的，以一种特殊的方式刺激着食欲。再如无花果，当它们熟透时也会裂开口；成熟的橄榄恰在它们接近腐烂时给果实增加了一种特殊的美。谷穗的低垂，狮子的睫毛，从野猪嘴里流出的泡沫，以及很多别的东西，一个人如果孤立地考察它们，虽然会觉得它们是不够美的，但由于它们是自然形成的事物的结果，所以它们还是有助于装饰它们，使心灵愉悦。"

这就是说，一个好的制度、成功的制度，一定会使世界变得更加美好，而不是相反。1970 年，国际社会科学理事会在日本东京召开了一个研讨会，主题是"环境破坏的经济学"。会议形成了《社会科学家面临的挑战》的决议，即"东京决议"。该决议敦促在"法律中纳入这一原则，即每个人都有权获得这样一种环境，其中没有损害人类健康、福利和天赐之物包括其美丽的因素，这应当成为今人留给下一代的遗产"。

正如诺贝尔经济学奖得主萨缪尔森所说："清新的空气、纯净的水、未遭污染的土地，谁都承认这些是我们所追求的目标。"在全球气候变暖，人类面临可持续发展危机，世界经济向低碳化方向发展的今天，日本的环境保护、节约能源、降低碳排放，一直走在世界的前列，其中制度因素是一个重要原因。早在 1979 年，日本就制定了"节能法"。按照该法律的规定，能源管理师成为国家强制执行的一种制度。

日本是推行能源管理师制度最早的发达国家之一。该制度规定，日本通商产业省（现在的经济产业省），负责按照"节能法"出台政令和措施，并组织实施国家考试。考试设有热能管理师专业、电气管理师专业等。考试通过取得资格者，统称为"能源管理师"（能源管理士），并在通产省备案。这一制度被称为"注册能源管理师制度"。日本每年有 4000 多人通过考试，取得能源管理师资格。到 2005 年，日本能源管理师已达 62970 人。

日本政府规定：对重点用能企业，主要包括制造业、矿业、供电业、供气业和供热业等五个重点行业，年消耗燃料 3000 千升或 1200 万千瓦以上电力的企业，必须从具备资格的能源管理师中选任一至四名能源管理员。除五个重点行业外，另如写字楼、公寓、宾馆、学校、医院、游乐园、机关大楼等，以及年消费原油 1500 千升以上的单位，也必须聘任能源管理员。而有的能源管理员，可以不具备能源管理师资格，但必须经过特定的培训机构培训合格。

能源管理师制度，是日本节能法制中的重要部分，也是日本节能行政中的重要一环。能源管理师，既是先进节能理念和政策的宣传者、落实者和执行者，又是全民节能意识的教育者和普及者。这一制度及其他相关制度，对于节约能源消耗，减少企业成本，降低碳排放，保护环境，维系人类可持续发展，造福子孙后代，都可带来直接的推动作用和正面效益。

之所以日本能源管理水平高超，管理深入、细致、高效，能源管理师制度发挥了重要作用。有效数据显示，如果日本单位 GDP 能耗为 1，那么欧盟是 1.8，美国是 2，中国则高达 8.6。虽然日本能源管理师制度的贡献功不可没，但这一制度的设计也美中不足。其能源管理师资格的取得，无论是培训，抑或考试，都由财团法人日本节能中心统一主持和管理。出于商业和成本核算考虑，在能源管理师培训时间上比较短，致使接受培训的人员并不能充分掌握相关的知识、技能和管理方法。这在一定程度上导致同为能源管理师，则在业务水平上存在一定差异，甚至良莠不齐。但终究是瑕不掩瑜。这一节能减排的美好制度，已经或正在被世界各国所借鉴和仿效。

法国伟大的作家维克多·雨果曾说："万物中的一切并非都是合乎人情的美……丑就在美的旁边，畸形靠着优美，丑怪藏在崇高的背后，美与恶并存，光明与黑暗相共。"美丽的花儿处处开，但每朵花下都有刺，而每丛刺上面又都有花。实际生活中，不仅有美的、健康的、光明的东西，同时也有丑的、病态的、阴暗的东西。高尚与低级，正义与邪恶，美丽与丑陋，总是相伴而生。经济制度也是如此。

现代社会中，自由是每个人最基本的权利。美国早在 200 多年前的 1776 年 7 月 4 日，就发布了《独立宣言》，宣布"人人生而平等"。可是，在美国历史上，却长期存在着奴隶制。正是因为这一制度的存在，不仅使美国经济受到严重影响，而且爆发了漫长而又血腥的内战。据史料记载，1860 年，美国南方人口约900万，而黑人奴隶就占了400万，达45%。在野蛮的奴隶制统治下，黑人奴隶承受着难以言状的痛苦，过着低贱的生活。他们在奴隶主和监工的驱使下劳动，受着非人的折磨，毫无人身自由。

美国南部土地肥沃，物产丰富，盛产有“白色黄金”之称的棉花。而在棉花丛中劳作的，却都是那些从非洲贩来的黑人奴隶。黑白分明的劳动景象，折射出美国制度的奇异之处。美国布朗大学历史学教授杰克·格林说：“（当时）没有人触动奴隶制，人们知道如果废除奴隶制，很多州就不会承认联邦政府。所以，美国是一个自由和奴隶并存的联邦，美国不仅保护了自由，也保护了奴隶制。”

为了废止这一丑恶制度，美国黑人奴隶进行了长期坚持不懈地争取解放的斗争。19世纪30至50年代，全美掀起了广泛的废奴运动，甚至爆发了内战。在这一斗争中，美国出现了两本揭露和谴责奴隶制度的著名小说。斯托夫人的《汤姆叔叔的小屋》（1851年，旧译《黑奴吁天录》），和希尔德列斯的《白奴》（1852年）。这两部小说在美国产生了强烈反响，起到了唤醒社会舆论、促进废奴运动开展的作用。1859年，美国爆发了震惊全国的约翰·布朗领导的反对奴隶制起义。长期艰苦的斗争，迫使美国政府最终在1862年9月22日，颁布了《解放黑奴宣言》。美国从此废止了黑奴制度，黑人奴隶终于获得了解放。美国为消灭奴隶制度，几乎花了200年的时间作为代价。这是人类正义的伟大胜利。正如马克思所说的，美国南部与北部之间的斗争不是别的，而是两种社会制度，即奴隶制度与自由劳动制度之间的斗争。这个斗争之所以爆发，是因为这两种制度再也不能在北美大陆上一起和平相处。它只能是以其中一个制度的胜利作为结束。

在人类历史长河中的某些时期，人们会受某种意识形态（如宗教狂热或者社会暴乱）的推动，而制定或选择一些不美好的、有的甚至是野蛮残酷的制度，但这样的制度最终会被历史前进的脚步踢开。英国中世纪通过决斗来解决民事纠纷的制度就是其中一例。1066年，诺曼底征服者威廉入主英国，建立了被告在司法纠纷（包括产权纠纷）中有决斗的权利的制度，以为自己争取更大的权益。这项制度规定：被告要和原告进行殊死决斗，而决斗程序是固定的。这种决斗行为，最早起源于诺尔曼社会，他们坚信上帝会帮助正义的一方在决斗中取胜。

从史料得知，当时还有一些专为这种决斗而设置的锦标赛。一些拥有大量土地，以及由此带来众多土地纷争的大型修道院，甚至还对锦标赛提供培训。事实上，1287 年，贝里圣埃德蒙兹修道院，就曾为两个庄园的所有权而进行了一场决斗。修道院花 50 马克雇了一位决斗冠军罗杰·克拉克，先预付了 20 马克，等决斗获胜后再付 30 马克。在伦敦举行的决斗中，克拉克战死了，贝里圣埃德蒙兹修道院彻底输了，永远失去了自己的庄园。

在英国当时普通工人年均收入不到 3 马克的情况下，决斗者的胜者就可获得 50 马克，这可以说决斗者们是当时的高技能工人，因此很多人愿意为此而玩命。后来，虽然决斗权逐渐被法庭审判完全取代了，但这一残忍制度直到 1819 年才被正式废止。如果用制度经济学理论来解释这种现象，那就是，“尽管总体看来‘坏’制度总是会损害社会总产出，但是它们另一方面也会使个别人受益。如果这些受益者具有一定的政治或者军事能力能够保留该制度，那么他们就会不惜一切代价去维护这个制度”。

总之，制度是一个带有根本性、全局性、稳定性和长期性的大问题。“制度好可以使坏人无法任意横行，制度不好可以使好人无法充分做好事，甚至会走向反面。”（邓小平语）在人类经济制度发展变迁的历史进程中，瑕瑜互见是常有的事。但是，正义战胜邪恶，进步淘汰落后，有效代替无效，这是经济制度发展的必然向好趋势。“青山遮不住，毕竟东流去。”正义的阳光终将普照每一位公民，明天的制度经济学将会变得更加美好。

第九章　最大多数人的最大幸福（物质共享）

灯塔，经济学中灯塔象征着公共产品。

第一节 幸福之花

19 世纪俄国伟大作家列夫 · 托尔斯泰，在 1877 年完成了他的长篇巨著《安娜 · 卡列尼娜》。小说问世一百多年来，随着岁月的流逝和风云的变幻，这部出自巨匠之手的艺术杰作，不但没有减色，反而显得更加瑰丽。该名著开篇的第一句话就是:“幸福的家庭都是相似的，不幸的家庭各有各的不幸。”

对于幸福究竟是什么？不同的人有着不同的理解。哲学家把实现个人自由作为幸福，政治家把实现自己的理想抱负作为幸福，文学家把浪漫情调作为幸福，企业家则把商业成功作为幸福，而凡夫俗子往往觉得“平平淡淡就是福”。不论如何理解，在普通大众的幸福观里，他们都将幸福比作像花儿一样。而与他们不同的是，经济学家们却是把幸福作为一个经济问题来研究的。美国著名经济学家、1970 年诺贝尔经济学奖得主保罗 · 萨缪尔森根据经济学原理，创造性地提出了一个幸福方程式:幸福 = 效用 / 欲望。这就是说，幸福等于效用与欲望之比。

从萨缪尔森的公式看，幸福取决于两个因素:效用与欲望。按照萨缪尔森的解释，当欲望既定时，效用越大越幸福;当效用既定时，欲望越小越幸福。效用与幸福同比例变动，欲望与幸福反比例变动。但是，如果把欲望作为无限的,这个公式就没有意义了。因为无论效用有多大,只要它是一个既定的量，与无限的欲望相比，幸福都是零。因此，从经济学的角度研究幸福，必须假定欲望是既定的。因为从发展的视角看，欲望是无限的，但在某一个阶段内欲望可以看作既定。欲望的无限性，表现为一个欲望满足之后又会产生新的欲望。在一个欲望未满足前，我们可以把这个欲望作为既定的，而这种假定与现实并不矛盾。萨缪尔森认为，当欲望既定时，人们的幸福就取决于效用。因此，可以简单地把追求幸福最大化等同于追求效用最大化。

英国著名戏剧作家萧伯纳有一句精辟的妙言:“经济学是一门增进人类

幸福的学问。”经济学史告诉我们，至少从18世纪开始，经济学家们就一直在关注一个重要的问题，市场机制是不是组织经济活动的最有效方式。从这个意义上来说，他们一直在关注着福利经济学，以及由此给人们带来的幸福。所以，“政治经济学被定义为研究富裕怎样和在什么条件下能够转化为幸福”。

现代经济学奠基人亚当·斯密，1776年出版的不朽名著《国富论》的主旨就是：天赋自由制度——抑或后来所称的自由竞争。它能促进经济增长，因而也能提高福利水平。这仿佛像有一只看不见的手，引导着生产者提供公共物品，虽然在这里他们只关心如何增进自己的利益。

《国富论》出版近半个世纪后，1819年，瑞士著名的“经济浪漫主义者”（列宁语）西蒙·德·西斯蒙第，出版了他的代表作：《政治经济学新原理或论财富同人口的关系》（简称《新原理》）。西斯蒙第继承和发展了斯密的福利思想。他在《新原理》中的第一篇，就是在同英国古典经济学论战中确定的政治经济学研究对象。他认为，政治经济学研究的对象，应该是人类的物质幸福。他说，人的幸福是由精神条件和物质条件两方面构成的，而要达到这种普遍幸福也有两种方法，即增进人们的精神福利和物质福利。研究精神方面的幸福，即“使全国所有阶级普遍得到自由、文化、德行和希望的恩泽”，这是政治学的对象；而研究物质条件方面的幸福，则是政治经济学的对象。

西斯蒙第认为，政治经济学研究的中心是收入分配。人们生产财富是为了自己享受，积累财富绝不是目的，而是使大家共享幸福的手段。但他同时发现，在交换发生以后，人的享受或消费是由他的收入决定的，而每个人有多少收入又是由分配决定的。所以，他认为，收入分配是政治经济学研究的中心，财富和人口的比例则是政治经济学研究的重要任务。他说：“收入既然给国家带来莫大的幸福，那么通过研究收入，就能够最好地达到这门科学的目的。”由此，他得出结论：政治经济学不是论述资产阶级财富和致富方法的科学，而是为人类谋幸福的学说。

西斯蒙第这位日内瓦公民，虽然在福利思想方面，并没有超出亚当·斯密一步，但他对资本主义的批判以及对各种危机的分析，无疑对马克思主义的形成产生了积极影响。可以说，西斯蒙第是马克思以前，对有关资本主义的永恒性和自然性这种武断教条持怀疑态度的第一个大经济学家。

经济学家们为了人类的美好幸福生活，殚精竭虑，倾注了大量心血，极大地彰显了经济学独具特色的美。西斯蒙第之后，又过了近半个世纪，1867年，伟大的无产阶级革命导师卡尔·马克思，出版了他研究资本主义社会经济形态的巅峰之作——《资本论》。这部博大精深的皇皇巨著，虽然牺牲了马克思自己的健康和幸福，但却第一次提出了经济决定论和资本主义剥削理论，创立了劳动价值理论、剩余价值理论、资本积累理论、社会资本再生产理论和经济危机理论。马克思的这些光辉理论，以鼓舞人心的旋律，拨动了众多被市场资本主义剥夺了公民权的工人和知识分子的心弦，不仅为无产阶级的解放指明了方向，而且更点亮了人类幸福的熊熊圣火。

马克思的《资本论》，从资本主义生产方式的细胞形态——商品及其交换——的分析开始，一步一步地揭示出资本主义经济制度内部错综复杂的矛盾。他科学地阐释了资本主义生产方式中生产力和生产关系之间、经济基础和上层建筑之间的区别和联系。马克思在说明资本主义对生产力的巨大发展和对历史进步的巨大贡献的同时，亦科学地揭示出资本主义固有矛盾的发展将会越来越尖锐，并最终必然导致资本主义灭亡，进而让位于更高级的社会主义社会与共产主义社会。“如果说亚当·斯密的著作是现代经济学的《创世记》，那么卡尔·马克思的作品，就是它的《出埃及记》。”（马克·斯考森语）

马克思在《资本论》中所预言的革命社会主义，第一次完整地体现人类的存在和幸福。亚当·斯密寻求的“普遍富裕”的神圣目标，将最终在真正的共产主义社会中得以实现。马克思不仅是无产阶级革命的伟大导师和领袖，而且在内心深处也是一个千年王国的信徒。他坚信天堂可以在人间实现，并且最终，无产阶级专政将被一个没有阶级、没有国家的社会所代替。“无产者在这个革命中失去的只是锁链。他们获得的将是整个世界。”“马克思主义人”将成为人类全新、幸福的人。

马克思主义创始人所设想的共产主义社会，是每一个人和全体人的自由全面解放和发展的社会，是每一个人的幸福最大化，同时也是全体人幸福最大化的社会。共产主义社会的一个根本原理，就是“每个人都追求幸福。个人的幸福和大家的幸福是不可分割的”。这个原理存在于“每一个人的意识或感觉中……它们是颠扑不破的原则，是整个历史发展的结果，是无须加以论证的”。(恩格斯语)

两个多世纪以来，无数经济学家对于幸福的研究和探讨，付出了百般艰辛，甚至奉献了毕生的聪明才智。他们有一个崇高的愿望，就是希望幸福之花处处盛开，美丽芬芳到永远。19 世纪英国一位十分博学多才的政治经济学家约翰·斯图亚特·穆勒曾说:“凡是能促进最大多数人的最大幸福的行动就是正义的行动。”这就是著名的“最大多数人的最大幸福”原则。穆勒把这一思想确立为指导自己毕生活动的目标。

最大幸福,也就是幸福最大化,或效用最大化。假设,小李用 10 元人民币，到超市买了 10 个苹果。到家后，小李尝了第一个苹果，认为味美可口，非常好吃。可是，当吃到第二、第三个苹果时，就觉得味道不如第一个苹果好吃。于是，就想换个梨尝尝。这在经济学上称之为“边际效用递减”，也就是每个苹果带给小李的幸福（或效用价值）是递减的。如果此时，刚好小王买了 10 个梨。同样，小王发现梨太多了，想换个苹果吃吃。这时，小李便找小王进行交换。双方愿意,顺利成交。第一次交换时,小李愿用两个苹果换一个梨。因为此时两个苹果的价值与一个梨的价值对于小李来说是等同的。第二次交换时，小李的苹果少了，他开始觉得苹果的好处了，因而苹果的价值上升了，一个苹果不再等于二分之一个梨的价值，他要求一个苹果换一个梨。而随着苹果数目的减少，每个苹果的边际效用递增，一个苹果换两个梨、三个梨……这就是我们常说的“物以稀为贵”。同样，对于小王，梨的交换价值也是随着数目的减少而递增。从两个梨换一个苹果，到一个梨换一个苹果，再到一个梨换两个苹果、三个苹果……从上述分析便可发现，在小王愿意的情况下（即不损害小王利益的前提条件下），小李的效用最大化组合，是8个苹果，3个梨。同理，可以得出，小王的效用最大化组合，便是8个梨，3个苹果。这种苹果与梨的效用最大化组合，在经济学上有一个专用概念：“帕累托最优状态”。

“帕累托最优”，是以意大利经济学家维尔弗雷多·帕累托的名字命名的。它不仅是微观经济学特别是福利经济学中的核心概念，而且成为福利经济学的最高理想。帕累托最优，是建立在瓦尔拉斯一般均衡理论的基础之上的。帕累托运用无差异曲线来分析经济均衡，并使用立体几何来进行经济变数之间相互关系的分析，构造起由瓦尔拉斯开始的全面均衡的代数体系，继而用均衡理论来阐述分配问题，从而开辟了福利经济学这一经济学新领域。根据这一原理，帕累托构建起了一个精致、匀称、美丽、令人满意的演绎及数学的经济学大厦。帕累托认为，在竞争性条件下，追求效用最大化交易的消费者和追求利润最大化交易的企业家，都将自动行动且相互影响，以最终使社会福利最大化。这种福利经济学，“代表了圣·奥古斯丁（公元5世纪著名基督哲学家）教义的‘极乐世界’和‘永恒幸福’”。

帕累托最优假定：A. 只有自我选择的偏好，才被当作个人的偏好或个人福利的尺度（依流行说法：个人是他的福利的最好评判者）；B. 社会福利由社会的每个个人成员的福利组成，并且除了包括社会个人成员的福利之外不包括其他东西；C. 只有对资源一致的重新配置，才被当作是社会福利的改善。帕累托发现，在这三个基本假定的基础上，当任何一个人在不损害他人福利的前提下，无法再进一步改善自己的福利时，群体的资源配置就达到了最优。换言之，任何改变都不可能使一个人的境况变好，而又不使别人的境况变坏。

这就是帕累托最优状态。他对这一状态称之为“最适当的程度”，即所说的“帕累托最优”，或“帕累托效率”。

能否实现全社会最优？对此，帕累托做了精妙的描述：如果可以找到一种资源配置方法，在其他人的境况没有变坏的情况下，使一些人的境况变得好一些，那么，这就是帕累托改进。如果不存在任何改进了，那就是帕累托最优。也就是说，在收入分配原则已定的条件下，生产和交换情况的改变，使有些人感到好些而又不致使另一些人感到差些，这才是社会福利的增进。帕累托，这位既独立又好斗的“塞利尼的孤独思想家”，他一生都在捍卫自己的福利经济学思想。他的成就让人高山仰止，他的经济观点影响着一代又一代人。他的梦想，就是让最大多数人更多地享受极乐世界和永恒幸福的美妙。但这对他而言，毕竟是一场美梦。当梦醒的时候，便会失去梦中之烟霞。

18 世纪法国出色的数学家和哲学家孔多塞侯爵曾说，经济学家的历史使命，就是使“人类被去除镣铐，从其命运的帝国中释放出来……坚定地沿着真理、美德和幸福之路前进”。从那时起，“福利”的观点就已逐渐流行。当时，在意大利，书的扉页上就常常出现“公共福利”这个词语。英国思想界不断产生的非凡怪杰之一杰里米·边沁，在他 1830 年、1839 年先后出版的《民法原理》和《宪法》两部著作中，就明确提出，“每一份财富”都有相应的“幸福”，但一个人拥有的财富数量愈大，“他从已有数量上再加另一数量物质财产所得到的幸福数量越小”。因此，从社会来说，财富分配“愈接近于平等，幸福的总量将愈大”。而每一社会行动，均应以“最大多数人的最大幸福”来评判。他说：“为自己获得最大限度的幸福，是任何合乎理性的行动之目的。”这便是福利经济思想最具深刻意义的表述。

由此看来，“福利”是一个比较古老的话题。福利是什么？福利乃指幸福而言，福利经济便是经济的幸福之说。虽然，“福利”这个命题比较古老，但人们一直并没有把它系统地整理阐释为一门学说。直到 20 世纪 20 年代，这个陈旧的话题才又重新引起人们的重视，并作为经济学的一个分支堂而皇之地登上理论大舞台。而使福利经济学重新活跃起来的功臣，当感谢英国现代著名经济学家阿瑟·塞西尔·庇古。因为毕竟是他富有创意的思想，系统创立了“福利经济学”，才使“福利经济学”获得新生。庇古也因此被人们称之为“福利经济学之父”。

庇古是英国经济学大师阿尔弗雷德·马歇尔的得意门徒。“这个经济学家是经济学史上最奇特的人物之一。他是从外在形式来考虑这些令人困扰的问题的，并触动了新古典主义经济政策中隐含的狂妄自大。他有一个相当奇怪的名字，但他的个性和怪癖与他名字的怪异非常吻合——他就是庇古。”这是美国历史学家罗杰·L. 兰塞姆眼中的庇古。

福利经济学发展的巅峰，是庇古那部不朽的巨著《福利经济学》(1920年)。该书是在其1912年出版的《财富与福利》一书基础上，加工改写和扩充而成的。第一版于1920年由英国伦敦麦克米伦公司出版，后多次重印，并被译成多种文字。《福利经济学》既是庇古最著名的代表作，又是福利经济学的奠基之作。被誉为“福利经济学产生的标志”，在整个福利经济学乃至西方主流经济学中都占有十分重要的地位。庇古希望他的《福利经济学》，能像普罗米修斯那样，给当时内外交困的英国带去火种，驱走可怕的黑暗，为人类送去光明与幸福。在《福利经济学》第三版前言中，庇古写道:“经济学家努力进行复杂的分析，不仅仅是精神的训练，而且是改善人类生活的工具。环绕着我们的贫困和肮脏，富有家庭有害的奢侈，以及笼罩许多贫苦家庭的可怕的不安全感——这些都是不容忽视的罪恶。而应用经济科学的知识，它们是可能加以控制的。冲破黑暗的光芒，寻求它就是任务，发现它可能就是奖赏。”由此不能不说，这正充分展示了经济学的道义之美、良知之美和仁爱之美。

庇古认为，福利是个范围广泛的东西。为了避免纠缠于探讨什么是福利的一般内容，首先必须建立两个命题:福利的实质(基本要素)是一种意识状态，或意识的关系状态;福利有广义和狭义之分。广义的福利即社会福利。其范围较广，包括自由、家庭幸福、精神愉快、友谊等，是人们对享受或满足的一种心理反应，或主观评价，亦是一种意识形态。因而是难以计量的，也是难以研究的。狭义的福利即经济福利。它是社会福利的一部分。虽然，这也是一种主观评价，但这是社会福利中“能使之直接或间接与货币尺度发生联系的部分”,因而是可以用货币计量的。经济学所要研究的就是“经济福利”，即狭义的福利。

庇古的福利经济学，以边际效用价值理论为基础，进一步发展了他的老师马歇尔的经济学说，提出了一整套福利理论与一系列经济政策准则。其思想理论根基，是边沁的功利主义哲学。庇古作为资产阶级福利经济学体系的创立者，他在《福利经济学》中的主旨是讨论福利问题，并且系统地论述了福利概念及其政策运用，建立起福利经济学的理论大厦。

“庇古的《福利经济学》一书,就其所探讨的问题是一部伟大的著作。”（科斯语）这部伟大著作的理论逻辑是:根据边际效用学说提出了一套福利概念，并将这些概念同国民收入相联系;又从国民收入量的增加和国民收入的分配出发，演绎出社会经济福利增长的重要因素;而通过边际私人纯产值的背离，阐释了社会资源的最优配置。庇古的福利经济学具有鲜明的特点。它从福利的观点对经济体系的运行进行了科学的阐释，而且以一定的伦理价值判断为前提。这被认为是一种“规范经济学”。

庇古的福利经济学包含两个重要原理:第一个是功利原理或幸福最大化原理。这个原理体现了边沁的功利主义哲学。它认为，人的目的乃是获得社会的幸福。因此，凡有助于此种幸福的追求，对人而言便是善的、美好的。由于社会是个人的总和，所以，社会的幸福便是个人幸福的合总。由此，社会的最大使命就是务必谋求最大多数人的最大幸福，而经济政策的目标必须朝此方向制定。庇古强调，追求幸福是人的天性。社会利益必须以最大多数人的最大幸福为道德标准和立法依据。一切增进人们幸福的行为应当肯定，一切减少人们幸福的行为应当予以否定，让幸福“月满中天，花开满树”。第二个是自利选择原理。庇古认为，每个人是否幸福，只有他自己最清楚。所以，他是自身是否幸福的最好判断者。每个有理性的人，都有为自身谋求最大幸福的倾向。因此，政府应依据功利原则行使权力。用庇古的话说，他的任务就是“进一步弄清楚现在和将来政府控制经济力量的能力以提高经济福利，并以此提高全体人民整体福利的切实可行的方法”。

英国伯明翰大学经济学教授罗杰·E. 巴克豪斯说:“庇古的主要创新在于，他用边际私人产品和边际社会产品替换了马歇尔的消费者剩余概念。如果某个活动的边际私人产品，即参与这个活动的人获得的好处，不等于它的边际社会产品（给社会带来的利益）的话，就不大可能获得最大福利。庇古认为，在很多情况下，边际私人产品都不等于边际社会产品……这样一来，经济政策也就要将消除私人产品和社会产品的差异纳入自己的范畴。庇古用这种方法为经济政策提供了详尽的方案，实际上也是为福利国家制定了蓝图。”

庇古最大的爱好是登山运动。他的福利经济学表现出十足的登山者风格。为获得一个结论，他不惜费心研究，周密地考察研究过程的许多可行途径，然后不慌不忙，步步为营地前进。这种在学问上脚踏实地的做法，使其理论毫无政治口号和虚荣心，呈现出朴实无华的美。虽然，庇古的福利经济学带有开创的性质，但也不能说它是十全十美的。不过，这一学说所产生的影响是巨大、深远的，其政策主张在全世界许多国家得到真正有力的贯彻。幸福之花开得灿烂芬芳。不仅如此，他的学说同时也为后来的新福利经济学打开了通往幸福的大门，成为福利经济学的“圣经”。

经典的“哈罗德—多马增长模型”奠基者之一、英国著名经济学家罗伊·福布斯·哈罗德曾说:“经济学，无论是理论经济学还是应用经济学，如同那些负责制定政策的人所了解的，自 1945 年以来已有了巨大的进展，并且从那时以来已对人类的福利作出了许多贡献。”

随着福利经济学的发展，20 世纪 50 年代，经济学家们对福利经济学展开了广泛的论辩。其中最具影响的代表人物，是美国斯坦福大学经济学教授、

1972 年诺贝尔经济学奖得主肯尼斯·约瑟夫·阿罗。他在 1951 年完成了博士论文《社会选择与个人价值》。在该论文中，阿罗用充满智慧和创造性的思维，提出和证明了“不可能性定理”。他用数学推理得出这样的论断：如果由两个以上偏好不同的人来进行选择，而被选择的政策也超过两个，那么就不可能做出大多数人都感到满意的决定。因此，在每个社会成员对一切可能的社会经济结构各有其特定的偏好“序列”情况下，要找出一个在逻辑上不与个人偏好序列相矛盾的全社会的偏好序列，是不可能的。这便是阿罗著名的“不可能性定理”。

在这里，阿罗提出了一个无比精彩的问题：如果人人可按照偏好顺序把一切状态进行评级，能否找到一个表决规则，选出其中“最好”的？美妙的是，阿罗不仅提出了问题，还给出了漂亮的解答。他的答案是不可能，并用当时经济学家们不怎么熟悉的逻辑符号，解决了这个之前从未有人提出，更没有人能够解决的问题。

阿罗的“不可能性定理”提出之后，整个西方经济学界受到了震惊，以致后来足有几百篇论文驳斥这个定理。有的经济学家甚至认为，“不可能性定理”是福利经济学的“讣告”，预言福利经济学再也无法前进了。事实证明，最终阿罗的定理经受住了众多的批评和质疑，人们终于接受了这位纽约小伙子的观点。不管怎么说，阿罗的“不可能性定理”，彻底改变了福利经济学的基本原理，成为福利经济学发展新的起点，从而开辟了福利经济学的一个新时代。

无数事实告诉我们，人类关于经济问题的思索，最初都是始于对幸福的渴望。如今，幸福、快乐、效用、偏好、福利、正义，经济学中这些描述人类感知的词汇，已经成为经济学家研究思考问题的基础。幸福将是经济学家们永恒的探究主题。2007 年 4 月，世界众多经济学家云集罗马，专题探讨幸福问题。可以坚信：幸福的道路将会越走越宽广，幸福的花儿将会越开越艳丽。美国加州大学伯克利分校、著名经济学教授、2001 年诺贝尔经济学奖获得者乔治·阿克洛夫曾说:“我认为，经济学家要想被人当回事，他们就应该作出贡献使人民的生活更好，而且要做好它。我们实际上有责任把这个做好，而理论的优美只是一个必然结果。”

第二节　共享阳光

1977年6月中旬，美国芝加哥大学著名教授、现代货币主义学派旗手、1976年诺贝尔经济学奖得主米尔顿·弗里德曼，前往以色列耶路撒冷接受希伯来大学名誉博士学位时，恰与以色列国会财经委员会主席罗连斯相见。他们言谈甚欢。在典礼后的酒会上，罗连斯说，他不相信可以用一句话来概括任何经济理论，就像学者希莱尔那样用一句话总结犹太教全部经文:“‘己所不欲，勿施于人’，这是犹太教经文的全部，其余只是细节。”弗里德曼接着冲口而出:“天下没有免费的午餐，这是我经济理论的全部，其余只是细节。”

其实，在此之前,“免费午餐”已成为弗里德曼的“招牌货”了。他于1972年出版的杂论集《一个经济学家的抗议》，在1975年再版时，就改名为《世上没有免费午餐这回事》。弗里德曼是20世纪最具影响力的经济学大师、现代货币主义理论的伟大创始人。他一生著作等身，见解精深博大，却用“免费午餐”这几个如此浅显通俗的文字概括他的全部经济理论，可见这句话的含义之深了。《米尔顿·弗里德曼传》作者、美国人蓝尼·埃布斯泰因曾说:“弗里德曼一生矢志于一个目的，即为最大数量的人谋取最大程度的福利，同时做最快乐的自己。他的政治目标是追求最大可能的自由。”(《米尔顿·弗里德曼传》序言)

“免费午餐”，现在已成为经济学的一个常用语。然而，这句至理名言并非货币学派掌门人弗里德曼所“铸造”。此词的源起可追溯至19世纪的欧洲。当时道路旁的客栈酒馆为了招徕往来客商,在门外贴上“免费三明治”的布条。

这大概是最早的“免费午餐”。20 世纪 30 年代的经济大萧条时期，1933 年初，罗斯福在一片萧瑟凄凉的危机惨状中接任美国总统。一进白宫，他就要求国会授予“紧急全权”，并宣布实行“新政”。罗斯福推行新政所采取的福利政策，也被一些评论家冠以“免费午餐”。美国马里兰大学著名经济学教授、2005 年诺贝尔经济学奖获得者托马斯 · C. 谢林，在一次向加州大学伯克利分校经济学毕业班学生致辞时，以这样一句话作为结束语：“对你们中的那些即将成为职业经济学家的人，我要力劝你们离开这里，投入到帮助人们发现各种‘免费午餐’的工作中去。”（〔美〕克莱因）

在经济学上，有这样一个免费喝啤酒的有趣故事。

美国与墨西哥在地理上天然地相连。在美国与墨西哥的边界，一名游客在墨西哥的边境小镇上，用 0.1 比索买了一杯啤酒，付了 1 比索，找回 0.9 比索。然后，他来到一个属于美国管辖的小镇，发现美元和比索的汇率是 1 美元兑换 0.9 比索。于是，他把剩下的 0.9 比索兑换成了 1 美元。接着，他又拿出 0.1 美元买了一杯啤酒，并将剩下的 0.9 美元装进了口袋。回到墨西哥小镇，这名游客再次发现，比索和美元的汇率是 1 比索兑换 0.9 美元。很快，他又将 0.9 美元兑换成 1 比索。之后，他如法炮制，又用 0.1 比索买了一杯啤酒。如此反反复复，这名游客始终在喝着免费的啤酒。

实际上，这名游客是巧妙地利用了两国汇率的变动差异，才喝到了免费啤酒。因为在美国，美元与比索的汇率是 1:0.9，而在墨西哥，美元和比索的汇率约为 1:1.1。在墨西哥，比索与美元的汇率是 1:0.9，而在美国，比索与美元的汇率约为 1:1.1。这位游客正是巧借两国汇率的差异，一分钱没花，喝到了免费啤酒。但这种免费，只是相对于该游客个人而言，就整个啤酒交易来说，还是付费了的。如果美国的汇率正确，墨西哥低估了比索的价值，啤酒费用是由墨西哥付出。如果墨西哥的汇率正确，美国低估了美元的价值，啤酒费用由美国支付。如果两国的汇率都不正确，则啤酒费用由双方共担。

世上真有免费的午餐吗？经济学告诉我们，真正享有免费的物品是共有资源或公共资源。它是属于人类社会公有、公用的自然与社会资源。它不存在任何所有权，亦没有排他性。想要使用共有资源的任何一个人都可以免费使用。比如，大自然提供的阳光、空气、水、河流、山川、海岸、湖泊和海洋；政府提供的游览胜地、公园和节庆游行等。在每一种情况下，当人们选择享用这些物品的好处时，是不需要付费的。这是人们享有的最美好事物。这里，便成为了丰裕而理想的伊甸园。

生活中，我们经常享受着免费服务。花香四溢、绿草茵茵的公共花园，你可以免费出入；守卫在祖国边防的忠诚军队，保护着老百姓的幸福安宁，人民可以免费尽享太平；收看电视，免费享用电视台发出的信号；经过一座大桥过河，无需付过桥费就顺利到达彼岸……人们享受免费的生活，这是多么美好的事情。为此，经济学家们付出了不懈的艰辛的努力。因为这是他们最神往的美。而且正是这些美，使得他们感到极大的愉悦和欣慰，并成为研究经济学的巨大动力。

美国哈佛大学著名经济学教授格里高利·曼昆，在他的《经济学原理》教科书中，列举了一些免费使用的重要的共有资源。如：清新的空气和洁净的水；埋在地下的石油矿藏；拥挤的道路；鱼类、鲸鱼和其他野生动物等。他还特别指出："免费物品向经济分析提出了特殊的挑战。在我们的经济中，大部分物品是在市场中配置的，买者为得到这些东西而付钱，卖者因提供这些东西而得到钱。对这些物品来说，价格是引导买者与卖者决策的信号。但是，当一些物品可以免费得到时，在正常情况下，经济中配置资源的市场力量就不存在了。"

曼昆认为，清新的空气和洁净的水，与开放的草地一样，都是共有资源，人们像享受阳光雨露一样，可以尽情地享受。而地下的石油矿藏也是一种共有资源，任何一个所有者都可以钻井并采油。但地下石油是有限的，当一个所有者采油时，留给其他人的油就少了。他还说，海洋仍然是最少受管制的共有资源之一。而且，任何人都可以到海里去捕捉所能得到的任何鱼类，并且每个人都很少有为下一年保留物种的激励。曼昆认为，共有资源与公共物品，既有相同之处，又有区别所在。共有资源和公共物品都无排他性。这就是说，一个人享用该物品，并不排除另一个人对该物品的享用。但共有资源有竞争性，一个人使用共有资源，就减少了其他人对它的享用。而公共物品却无竞争性。如道路可以是公共物品，也可以是共有资源。如果道路不拥挤，一个人用道路就不影响其他任何一个人。在这种情况下，使用没有竞争，道路是公共产品。但如果道路拥挤，那么道路的使用就会产生负外部性。当一个人在路上开车时，道路就会变得更加拥挤，其他人的车必然开得慢。在这种情况下，道路便成为共有资源。（曼昆语）

美国经济学泰斗保罗·萨缪尔森曾说："大地肥沃的土壤为我们提供了粮食和美酒；地表下还蕴藏着石油和矿藏。水源为我们提供鱼、娱乐，以及非常经济的运输方式。宝贵的大气层不但提供可供呼吸的空气、日落的美景，还提供飞机的飞行空间。自然资源和环境从某种意义上说，都是另一种形式的生产要素，就像劳动与资本一样。它们是为人类服务的，因为我们从自然资源的服务中获取了产出或满足。"

萨缪尔森还将资源分为可再生资源和不可再生资源。可再生资源的效用能够被有规律地补充，而且只要管理得当，它们就能产生无穷无尽的效用。太阳能、耕地、河水、森林以及鱼群等，都是很重要的可再生资源。不可再生资源，是指那些供给量基本固定，或短期内不可再生的资源。如矿物燃料，它们在几百万年前沉入地层，相对于人类文明来说，它们的数量是可以视为固定的。另外，还有非燃料矿物资源，例如铜、银、金、石头以及沙子等，都是不可再生资源。萨缪尔森进一步指出，高效运用不可再生资源，其着眼点在于数量有限的资源的使用时间安排上：是应该现在就使用低成本的天然气，还是保存起来供今后使用？相反，对于可再生资源来说，明智的做法是保证能够不断地获得这种资源的效用。如适当地管理好森林，保护生殖期的鱼群，或是监管河流湖泊的污染状况等。

所以，萨缪尔森又说："清新的空气、纯净的水、未遭污染的土地，谁都承认这些是我们所追求的目标。但为了达到这些目标，我们又愿意为之付出多少呢？如果我们无视自己所处的自然环境的要求和限制，则人类又将会遭受一种什么样的惩罚呢？"经济学家们的这种担忧，不是没有道理的。这既体现了经济学家心系天下苍生的菩萨心肠，又说明了人类将不得不吞食各种悲惨恶果的严峻现实。对此，经济学家们称之为"共有地悲剧"。

"共有地悲剧"，即哈丁悲剧。它最初是由美国加利福尼亚大学生物学家加勒特·哈丁，发表在1968年《科学》杂志上《共有地的悲剧》论文中提出的。在该文中，哈丁指出，面对一种共享资源，人们会因为自私的欲望而消耗它，过度地使用它，哪怕知道在此过程中会毁了它。也就是说，在共享资源的社会中，每个人，即所有的人都追求各自的最大利益，这就是悲剧之所在。因为，过度的挥霍，将导致共有资源的透支，最终结果，只能是所有人的需要和享受都变成"桃花源"中梦。从这个角度来看，似乎选择毁灭是所有人都奔向的目的地。

哈丁教授为我们讲了这样一个故事：

一个小镇上，许多人从事养羊活动，而且每个家庭都有自己的羊群。他们靠出卖羊毛养家糊口。

故事开始时，各家各户的羊都在该镇集体拥有的一大片草地上吃草。因为没有一个家庭拥有草地，镇里的草地便成了共有地。所有的居民被允许在这块草场上放羊，而且允许居民在这片草场上免费放羊。镇上的每一个人都享受草场的恩惠，他们是幸福的。

随着时光流逝，镇上的人口在增加，而养羊的数量也在增加。由于羊的数量日益增加，草场却是固定的，草地的饲养容量也是一定的。当羊的总数超过整个草地的饲养容量时，草地开始失去自我养护的能力。最后，土地变得寸草不生。因为镇共有地上没有草，羊没有草吃，养羊就不可能了。由此为该镇带来曾经繁荣的羊毛业也随之萧条了。因而，许多家庭失去了生活来源，阳光被乌云所遮蔽，小镇上居民的幸福不再。

之所以出现这种“共有地悲剧”，原因是社会与私人激励不同。对每一个牧羊人来说，增加放养的羊会给他个人带来利益，而增加羊所导致过度放牧以及造成的草场退化，则是由全体放牧人来共同承担的。这就是说，避免草地遭毁灭性破坏，只有依靠全体牧羊人的集体行动。如果镇上牧羊人可以共同行动，使养羊业持续发展，他们就应该控制羊群的繁殖，使羊群数量保持在共有草地可承受的规模上。但没有一个家庭有减少自家羊群规模的激励，因为每家的羊群只是问题的一小部分。

实际上，共有地悲剧的产生也是有外部性的。当一个家庭的羊群在共有地上吃草时，它已经降低了其他牧羊家庭可以得到草地的质量。因为人们在决定自己有多少羊时，却并不考虑这种负外部性，结果羊的数量无限增多。如果可预见这种悲剧，镇里可以用各种办法来解决这个问题。它可以控制每个家庭羊群的数量，并通过对羊征税，或者拍卖有限量的牧羊许可证使外部性内在化。这就是说，亦可以考虑用现代解决污染问题的方法，来解决放牧过度的问题。当然，该镇还可以把草地分给各个家庭。每个家庭都可以用栅栏将分给自己的草地圈起来，并使之免于过度放牧。但这样一来，草地又成为了私人物品，而不是共有资源。17 世纪英国的圈地运动，就出现了这种结果。

经济学家告诉我们，共有地悲剧的一般结论是：当一个人享用共有资源时，便减少了其他人对这种资源的享用。由于这种负外部性，共有资源往往被过度使用。政府可以通过管制或税收，来合理使用共有资源。此外，政府也可以将共有资源变为私人物品。然而，这个结论并不新鲜，几千年前的古希腊哲学家亚里士多德早就知道了。他说：“许多人共有的东西总是被关心最少的，因为所有人对自己东西的关心都大于与其他人共同拥有的东西。”

“这方面，哈佛大学杰出的生物学家威尔逊曾有以下一个沉痛的警告，淋漓尽致地表达了环保人士的观点：地球上许多重要的资源正在枯竭，大气的质量正在恶化，世界的人口正在膨胀到危险的程度。自然生态系统这一健康环境的源泉正在不可逆转地退化，……每当这个严峻的现实及其后果困扰于心的时候，我的困惑就禁不住会激进得无以复加，人类是不是想要自杀？”（萨缪尔森语）

实质上，“共有地悲剧”也是一种囚徒困境。因为对于每个人而言，个人利益最大化是他们最好的选择。只有当大家都遵守规则时，集体才能获益。产权经济学的确立，让人们认识到共有地悲剧的真正原因。经济学家们从美国芝加哥大学教授、1991年诺贝尔经济学奖获得者罗纳德·H. 科斯的著名论文《社会成本问题》（1960年）中，找到了避免共有地悲剧的办法，为人类战胜共有地悲剧迎来了新的曙光。科斯理论的精妙在于：如果产权被明晰地界定，且所有的交易成本为零，那么无论产权归谁，都可以通过市场自由交易达到资源的最佳配置。对这一闪耀智慧光辉的思想，芝加哥大学著名经济学家、1982年诺贝尔经济学奖得主乔治·J. 施蒂格勒将其命名为“科斯定理”。

科斯是他那个时代最有影响的经济学家之一。他之前的经济学家，都将经济运行的过程作为思考的核心问题。而科斯，则深刻地注意到经济运行背后的财产权利结构。他的产权理论，发端于对制度含义的界定，其基本思想推动了经济学家重新考虑原始问题。通过对产权的阐释，以及对由此产生的成本及收益的论述，科斯从法律和经济的双重角度，阐明了产权理论的基本内涵，从而较好地回答和解决了共有地悲剧问题。今天，人们越来越关注资源与人类社会发展的诸多问题，逐步认识到自然资源产权的重要性。自然资源产权的界定，既可保障自然资源的持续利用，又可使人类经济活动与自然生态之间建立起和谐美好的新秩序。

在所有共有资源中，没有什么比温室效应所引起的全球气候变暖的威胁，更让经济学家们感到焦虑了。据科学测定，自1900年起的一百多年来，全球平均气温上升了约1.5℃。全球增暖，导致全球平均海平面近一个世纪升高10~25厘米，由此甚至加剧了极端自然灾害的发生。仅2000年到2006年间，自然灾害每年对经济安全的威胁，已为20世纪70年代的4倍，每年造成的损失增加了7倍，受灾人数上升了4倍。在英国，因为汽车尾气污染，每年约有7000人过早死去；在美国，由于柴油机等源头排放的颗粒物质，每年约有1.5万人过早死去；在中国，由于水质变差，许多地方的土壤中铅、砷、镉等含量过高，种出来的蔬菜重金属含量严重超标，使得呼吸道疾病成为第四大杀手。据联合国减灾署统计资料显示，气候灾害2010年致死人数超过30万人，2011年造成的经济损失，高达3630亿美元。触目惊心的事实告诉我们，全球性的"共有地悲剧"正在发生，已经严重地威胁到人类的生存与安全。

尽管科学家们很早就发出了气候变化的警告，人们已迫切期望所有国家能够制定一个共同标准，控制温室气体排放，以减少对环境的污染。但直到1992年，在巴西里约热内卢国际会议上，才签署了第一个主要关于气候变化的国际性协议:《气候变化协议备忘录》。该协议规定了一些非约束性条款：高收入国家承诺限制二氧化碳等温室气体的排放。这一事实充分说明，在污染博弈中，从无效率的不合作开始，已经转向有效率的初步合作。

当《气候变化协议备忘录》中的自愿措施失效时，1997年,《联合国气候变化框架公约》缔约方在日本京都又对关于气候变化这一主题进行了谈判，签定了旨在抑制全球变暖的世界性环境法案——《京都议定书》，确定该议定书于2005年2月16日正式生效。它规定了发达国家的减排任务：即在2008年至2012年间将温室气体的总排放量减到要比1990年少5.2%，且每一个国家都有一个具体目标。该协议还包括了允许国家间买卖排放权的条款。然而，美国作为世界上最大的温室气体排放国，其占全球3%~4%的人口，却排放了占全球25%以上的二氧化碳。美国作为一个经济大国，但并不是一个负责任的大国。2001年3月，美国宣布退出《京都议定书》。美国的这一单边行动，对于减缓全球变暖的共同努力，无疑是个沉重的打击。地球是我们共同的家园，气候变暖是全人类的公害，美国不能也不应该只从自己的利益出发，而无视全人类的共同利益。"否则，我们将不得不吞食各种悲惨而又无可挽回的

恶果。”（萨缪尔森语）

自 1992 年巴西里约热内卢联合国环境与发展大会以来，气候谈判已走过整整 20 年的艰难历程。随着谈判越深入，各方讨价还价也越激烈，甚至有步入“死胡同”的危险。但无论经历怎样的艰难曲折，在全世界持有正义和良知愿望的人们坚持不懈的努力下，理想的光辉正在照进现实。为坚定维护《联合国气候变化框架公约》及其《京都议定书》所确立的基本框架和一系列原则，2009 年 12 月，在丹麦哥本哈根举行的联合国气候大会，就全球气候变化问题举行了进一步磋商和谈判，最终达成了《哥本哈根协议》。它进一步明确了发达国家和发展中国家根据“共同但有区别的责任”原则，以及分别应当承担的义务和采取的行动，表达了国际社会在应对气候变化长期目标、资金、技术和行动透明度等问题上的共识，取得了重大而积极的成果。2012 年 12 月 8 日，多哈气候大会最终就 2013 年起执行《京都议定书》第二承诺期延至 8 年达成一致。

可以说，多哈会议是一个新的起点。从这里出发，国际社会应对气候变化的进程将不断向前。毕竟，美好正义的事业犹如奔腾浩荡的江水，将荡涤一切污泥浊水，永不停息地滚滚向前。“许多经济学家都已经相信：只要我们明智地运用环境资源，则人类不仅可以继续生存，而且还会迎来长远的发展和繁荣。”（萨缪尔森语）

“天地有大美而不言”，但愿“天朗气清，惠风和畅”，一幅人与自然和谐相处的美妙环境图已不再是梦想。太阳每天都是新的，人们沐浴在灿烂的阳光下，共享阳光，幸福美满地生活，这正是天地之大美所赐予的。

第三节　灯塔的光芒

在美国纽约自由女神像的底座上，镌刻着这样一首诗：

不似那铸成铜像的希腊诸神，
征服者的双腿横跨两岸，
在这浪拍夕照的大门，
将矗立起一个伟大的女人。
她手中的火炬是囚禁的闪电，
她的名字是“流亡者之母”，
她灯塔般的手臂闪耀着对全世界的召唤，
温柔的目光俯视着连接双城的海港。
她呼喊着，张开沉默的双唇：
“古老的土地，留下你华丽的传奇，
给我送来你疲惫的人，你贫穷的人，
你渴望呼吸自由的芸芸众生。”
让他们来吧！
被你丰饶的海岸推走的不幸的人们，
被风暴席卷、无家可归的人们，
在这金色的大门边，
我为他们举灯照明。

这首名为《新的巨像》的美丽诗篇，是美国著名犹太女诗人爱玛·拉扎勒斯的不朽杰作。一百多年来，当人们乘船到达美国纽约时，首先映入眼帘的就是赫德森河口高高耸立在水天之间的自由女神像。她犹如一座巨型灯塔，“为他们举灯照明”，指引民主与自由的航船破浪前行。

灯塔，一般是指引船舶航行的标志。在经济学中，灯塔却成为一个常用的经典案例。灯塔与蜜蜂寓言一样，频繁地出现在经济学家的著作中，借以说明某种经济理论。灯塔在经济学上的运用，最早可追溯到1848年，英国著名经济学家约翰·斯图亚特·穆勒，出版了使他扬名于世的经济学著作——

《政治经济学原理——及其在社会哲学上的若干应用》。在该书中，穆勒以灯塔为例，用以说明公共产品的提供理当属于政府的职能。到 19 世纪下半叶，被誉为对经济学作出巨大贡献的最后一位英国政治哲学家亨利·西奇威克，在他的经典著作《政治经济学原理》(1883 年)中，以灯塔为例，阐释了市场提供公共设施方面的无能为力。他承认生产中的外部性——著名的灯塔例子，是“市场失灵”的根源。他根据私人收益与社会收益之背离，建立了关于政府干预的纯一般性理论。穆勒和西奇威克主要关心的是灯塔服务难以收费。过往船只享受了灯塔照亮服务后，便逃之夭夭，拒不付钱。所以，二位经济学家主张政府施以援手，强制向船主收费(抽税)。

后来，英国剑桥大学教授、“福利经济学之父”阿瑟·庇古，在他的不朽巨著《福利经济学》(1920 年)中，借用西奇威克的灯塔例子，以此证明非补偿性服务。庇古虽然同意穆勒和西奇威克收费困难之说，但却主张政府不仅不要强行向船主收费，而且还要用纳税人的钱建造灯塔，免费让船主使用。可以说，在灯塔问题上，大师之见各不相同。但事实却告诉我们，一个多世纪以来，灯塔的光芒，一直照耀着经济学前行的航程。

美国经济学泰斗、1970 年诺贝尔经济学奖获得者保罗·萨缪尔森，在他“流动的百科全书”《经济学》(第 18 版)中这样写道:“很多年来，灯塔都被列为典型的公共品。它们可以拯救生命和船只。但是灯塔的值班人却不能向过往船只一一收取费用;就算可以收费，也不能说明这种社会服务符合了效率的要求。灯塔服务只有在完全免费提供时,才可能达到效用最大化。”在这里，萨缪尔森以灯塔为例，来说明外部经济效应成为政府合理活动的理由。萨缪尔森将灯塔看作是公用品的经典案例，可以说是奇峰突起。

萨缪尔森认为，灯塔作为“公共品”，并非都是必然由公共提供的。常见的情况是没有人提供。而且，仅仅因为它是私人提供这一点，并不意味这样的提供就一定是最有效率的。或者只要经由市场机制，就能够完全收回灯塔的成本。英国的例子可以说明这样一个有趣的问题:如果灯塔的提供，能够同另一个物品或服务相连接，如船只的吨位，并且如果政府给私人权利让他们收取必要的费用，那么，就会产生一个资助公共品的替代机制。而这个办法，在收费无法同吨位联系起来时，将收效甚微（比如在国际海域）。如果政府坚决将收取费用的权力私人化，则这个办法就会完全不起作用。

同时，萨缪尔森还以美国为例。他说：美国则是另一种完全不同的情况。从早年开始，美国就相信航海救援应该由政府提供。而事实上，美国第一届国会的第一批法案中，美国的第一个公共工程法，都曾写明："所有的灯塔、信号灯和浮标等相应设施，其维护和维修都应该由美国的财政部进行支付。"萨缪尔森还指出，公共物品如灯塔有利于整个社会，作为一种公共事业，即使能收灯塔服务之费，也不应该收，而维持这种公共事业的费用应当来自税收。

但是，萨缪尔森也认为，与许多公共品不同，灯塔所需要的资金比较有限。他意味深长地回顾美国历史上，没有航海服务时，特别是没有灯塔时所发生的故事：在美国佛罗里达东海岸，有一条很不太平的航道，水表下几英尺处，就有蜿蜒 200 多英里长的暗礁。而此海域又处于大西洋飓风最活跃的地带。因而，这条海上通道很自然地就成了风暴、海难和海盗的多发之地。直到 1825 年，这里才出现灯塔。而在这之前，甚至连私人灯塔也不曾有过。只有在美国政府出资，沿佛罗里达海岸建设了灯塔之后，船只失事的数量才开始明显下降。灯塔照亮了这里的航线，使来往船只享受到安全与幸福。

然而，"灯塔今天已经不再是公共品的争议焦点，而主要是旅游者们的好奇之物。灯塔在很大程度上已经被以卫星为基础的全球定位系统（GPS）所取代。GPS 也是一个由政府免费提供的公共品。灯塔的历史提醒我们，那些由于公共品未能被有效地提供而产生的问题，并非已经完全的消失。"

一百多年来，从穆勒、西奇威克、庇古到萨缪尔森，这些"传统智慧"经济学家们看来，建造灯塔根本无利可图，除非政府用强迫的办法收税，否则，灯塔将会无人建造。他们认为，虽然灯塔能够为船只导航，并可以保全船员的生命和货物的安全，但却很难向获得好处的船主收费。因为，船主们虽然借用了灯塔的光芒，但他们可以谎称自己并没有借助灯塔，没有享受灯塔的“灯光服务”。这种“搭便车”现象,使船主们不愿意缴费。所以,在经济学中，灯塔现象是一个饶有趣味而又非常复杂的问题。

为了揭开灯塔的奥妙，怪异天才、美国芝加哥大学教授、1991 年诺贝尔经济学奖得主罗纳德·科斯，从 1974 年开始，就把注意力专注于灯塔上。他千辛万苦，穷根溯源，用一双慧眼，透过纷繁喧闹的尘埃迷雾，直视灯塔原本的面目。这里，我们先跟随科斯，追寻到灯塔最早诞生的英国，看看 18 世纪的苍茫大海上，关于灯塔究竟上演过什么惊心动魄的故事。

17 世纪以前，英国几乎没有灯塔。17 世纪初，英国领港公会出资建造了两座灯塔。该公会起初由海员自发组织而成，后来由政府授权专门管理。虽然领港公会有权修建灯塔，并允许他们向过往船只征收费用。但是，他们不愿意在灯塔上多投资。所以，在 1610 年到 1675 年间，公会再未投资建造一座新灯塔。而在同期，私人却投资建造了 10 座灯塔。不过，这些私营灯塔，是私人投资者通过向政府租用土地建造起来的。租约期满，多由政府收回，转由领港公会经营。到了 1820 年，英国私营灯塔只剩下 22 座，国营的 24 座。在这 46 座灯塔中，34 座都是私人建造的。

在英国，当时人们可以从国王那里获得专利权。国王允许他们建造灯塔，并向受益于灯塔的船只收取使用费。不过，这一时期的灯塔建造者，基本上是一些投机者的典型代表。他们主要不是出于公共服务的动机，而纯粹只是为了个人利益。即便如此，但他们至少完成了建造灯塔的任务。英国初期的灯塔管理相当混乱。每个灯塔的税率和税额都不尽相同，征收的原则也不同。船只每经过一座灯塔，都要按船只的大小缴纳使用费。

后来，领港公会开始对灯塔进行管理。领港管理权，是英国一项古老的制度。早在 1514 年，英国国王就颁发了许可证，赋予领港公会以领港管理权，负责检修设施、提供海事顾问，并为海员及其家属管理慈善基金。领港公会申请到经营灯塔的专利权后，实行了一项既能保住权力又能赚钱的政策。他们向那些愿意自己出资建造灯塔的私人出租，并收取租金。

于是，1759 年，在英国灯塔史上出现了最具戏剧性的一幕。这就是建造坐落在普利茅斯海岸 14 英里礁石上的伊迪斯通灯塔。英国一位私人企业编年史作者塞绍尔・斯迈尔斯曾描述道:“任何一个胆大包天的私人冒险家都不在伊迪斯通礁石上建造灯塔，那里的海面上连石头影子都看不到，连一小块可以站立的地方都没有。”

然而，却有那么“一个胆大包天的私人冒险家”，名叫亨利・温斯坦利的私人投资者，在 1696 年与领港公会谈判达成协议:温斯坦利负责投资建造伊迪斯通灯塔。条件是温斯坦利独享头 5 年的利润，以后 50 年与领港公会各享一半利润。温斯坦利投资了 8000 英镑，建造的灯塔于 1699 年完工。然而，温斯坦利获利还不到 5 年，仅 4 年后的 1703 年，一场大风暴突如其来地冲毁了辛辛苦苦建起的灯塔。不仅如此，连温斯坦利、灯塔管理员和一些工作人员都葬送了性命。温斯坦利仅收回了投资成本的一半（4000 英镑）。在这件事上，英国政府略略体现了人性的温情，给予温斯坦利遗孀 200 英镑的抚恤金和每年 100 英镑的养老金。当时，如果灯塔必须由具有公益心的人来建造，恐怕在伊迪斯通礁石上将会有很长一段时间没有灯塔。不过，为了优厚的回报，胆大包天的私人冒险家尚有人在。不久，英国最伟大的工程师约翰・斯米顿，受雇用石头在伊迪斯通礁石上重建了整座灯塔——而之前的灯塔为木结构。

1834 年，在英国议会的强烈支持下，英国政府终于颁布法令，把全国所有私营灯塔都逐步收归国有，并交由领港公会管理。领港公会也开始了购买私人灯塔的行动。这其中，购买一座名叫斯克略斯的灯塔就花费了 44.5 万英镑，相当于现在的 700~1000 万美元。正如萨缪尔森所说，的确有人“靠经营灯塔而发了一笔大财”。英国灯塔的国有化行动，一直持续到 1842 年完成。从那以后，英国不再有属于私人所有的灯塔了。

科斯苦苦追寻英国灯塔的历史，并精心撰写妙文《经济学中的灯塔》（1974年）。他发现，一般经济学家对灯塔现象的理解，与事情的真相相去甚远。科斯通过大量的宝贵史料，实证了即便对于灯塔这样的公共产品，私有化也是可能的。他认为，只要政府清晰地界定灯塔产权，灯塔服务完全可以由私人提供。在科斯看来，灯塔只是凭空拿来作为一个例子。灯塔例子的目的，是提供"确定的细节，以具有艺术意味的逼真的事物来代替空洞和虚幻的叙述"。因此，"灯塔经济学"并不是像"发展经济学"，或者其他经济学一样的经济学分支，而仅是围绕灯塔所提出的各种经济理论。这些经济理论，虽然不能像正统经济学那样根深蒂固地影响经济生活的方方面面，但却像暗夜里一座光芒四射的灯塔，担负起了为市场经济激流中行驶的航船导航的艰巨而又光荣的任务。

科斯的老朋友、中国香港大学著名经济学家张五常教授，被科斯称之为他所遇到的钟子期。张五常是这样评述科斯关于经济学中的灯塔理论的：科斯仔细追查历史的结果，发表于1974年《法律经济学杂志》，题为《经济学中的灯塔》。其主要贡献，是说明历史上灯塔不仅曾经私营，而且业主大发其财，其收费有政府授予特权以支持。但科斯的灯塔妙文却没有回答两个问题：其一，萨缪尔森"共用品"边际成本为零的论点是否成立；其二，政府授予灯塔业主的特权究竟是什么性质的权力。

张五常代替科斯，对上述两个问题做了精彩的回答。他认为，政府授予灯塔业主的特权，实际上是一种发明专利权（专卖权）。"用发明专利权的形式来压制搭顺风车的行为，可奏奇效。"张五常进一步分析回答说，任何经过人为投资生产的物品或服务，纵有"公用品"的特征（多供给一点儿服务或产量，成本为零），其边际成本不为零。因为，从资源运用之整体来看，成本是免不了的。萨缪尔森的观点是，"共用品"增加供给的边际成本为零，这是不能成立的。由此可以说，他对成本理念的认识有差异。张五常还明确指出，真正的"共用品"，只有那些自然免费赐予、又能多人共享的物品。而这种"共用品”，也只有东坡居士所说的“江上之清风”和“山间之明月”。

难怪，科斯在获得 1991 年诺贝尔经济学奖的演说中，真诚感谢张五常对他理论所作出的杰出贡献。他说：“我深信，我在《社会成本问题》一文中所运用的思维方法，将最终改变微观经济学的结构。应当承认，当初我撰写这篇文章的时候，心中并没有如此深远的宏图大略。只是到后来，尤其是 60 年代与张五常的反复研讨，我才开始明白，我的文章对一般经济理论具有怎样重要的意义，才清楚知道需要进一步深入研究的究竟是什么问题。”

灯塔这种物品，经科斯进行重新阐释，不仅引起了经济学家们的极大关注，而且还展开了关于公共物品和私人物品的一系列争论。正如萨缪尔森所说：“诺贝尔经济学奖得主罗纳德·科斯曾回顾英格兰和威尔士的灯塔史，并认为它们是由私人经营的。出现这个结论之后，‘灯塔是公共品’这个观点就变得有争议起来。”现在看来，在经济学上，这个问题至今还没有完全解决。所以，关于灯塔的争议还将会继续下去。但无论如何，灯塔的光芒将永远照亮夜空。它不仅为夜行航船指引前进的方向，而且还给他们送去光明和温馨。

“灯塔是公共品吗？”这是经济学家们提出的一个有趣问题，也是引起争议的一个焦点问题。谁是谁非？世界著名经济学家、美国哈佛大学教授格里高利·曼昆对此进行了调停和折中。他认为，根据情况的不同，一些物品可以在成为公共物品与成为私人物品之间变换。他说：“经济学家早就把灯塔作为公共物品的例子。灯塔用来标出特殊的地方，以便过往船只可以避开有暗礁的水域。灯塔为船长提供的收益既无排他性又无竞争性，因此，每个船长都有搭便车的激励，即利用灯塔航行而又不为这种服务付费。由于这个搭便车者问题，私人市场通常不能提供船长所需要的灯塔。结果，现在的大多数灯塔是由政府经营的。”

但是，曼昆也同时强调，在一些情况下，灯塔也可以接近于私人物品。19 世纪英国海岸上有一些灯塔是由私人拥有并经营的。当地灯塔的所有者并不打算向享用这种服务的船长收费，而是向附近港口的所有者收费。如果港口所有者不付费，灯塔所有者就关灯，而船只也就不能顺利到达这个港口。曼昆就此指出:“在确定一种物品是不是公共物品时，必须确定受益者的人数，以及能否把这些受益者排除在享用这种物品之外。当受益者人数多而且要排除任何一个受益者不可能时，搭便车问题就出现了。如果一个灯塔使许多船长受益，它就是一种公共物品。但如果主要受益者是一个港口所有者，它就更像一种私人物品。”无论是公共物品，还是私人物品，曼昆认为,“生活中最美好的东西都是免费的”。

曼昆从受益者人数的多寡，来判定灯塔是公共物品，或是私人物品。而另一位经济学大家、2001 年诺贝尔经济学奖获得者、美国哥伦比亚大学教授约瑟夫·斯蒂格利茨，则从成本与收益的角度，去考察灯塔是否属于公共品。斯蒂格利茨认为，私人市场对公共物品的供给不足，而政府在解决公共物品产生的问题方面有着重要的优势。它有强迫公民为公共物品付费的权力。

斯蒂格利茨说:“如果一位船主考虑是否在它使用的港口附近建一个灯塔，他可能要衡量灯塔的成本与收益。但是，如果有一家大船主和许多小船主使用这个港口，任何一位小船主建造灯塔都是不值得的;而那位大船主在决定是否建造灯塔时，只会考虑他将得到的收益，而不会考虑小船主们的收益。如果建造的成本超过了他自己能获得的收益，他就不会建造灯塔。但如果将所有船主(大船主和小船主)的收益都考虑在内,这些收益可能超过成本，那么建造灯塔就是合意的。”

斯蒂格利茨设想，在这种情况下，船主们可能自愿联合起来建造灯塔。但如果某位小船主想，即使他不参与，灯塔仍然会建起来，因而他拒绝出钱出力，这会出现什么情况呢?斯蒂格利茨指出，这是公共物品的免费搭车问题。因为很难将任何人排除在使用这种物品之外，那些从这种物品中获益的人就有避免付费的激励。每位船主都有激励去“免费搭乘”其他船主的心血。当决定这样做的船主太多时，灯塔就建不起来。由此，斯蒂格利茨得出结论:“许多这类物品和服务在一些国家是由私人提供的，或者是由私人部门和公共部门共同提供的。”

灯塔进入经济学领域，虽然只有一百多年的历史，但灯塔本身的历史要比这长得多。历史上最早的灯塔，是古埃及亚历山大法罗斯岛上的灯塔。它与吉萨大金字塔同被列为“世界七大奇迹”之一。法罗斯是亚历山大海岬西缘的一座石灰岩小岛，面积约 1.25 平方公里。

据史料记载，法罗斯灯塔高 120 米，由三部分组成：下部为正方形，高 71 米，横断面面积由底部向上渐次缩小。它实际上相当于十几层高的高楼。其内部有 300 多个房间，用作仓库和管理人员及卫兵宿舍。中部为八角形，高 34 米。上部是由八根圆柱撑起的圆形建筑，高 8 米。顶部平台的四角，安放着海神波塞冬之子的青铜雕像，手持可以旋转的海螺，用以测风向。整座灯塔建筑，融东西方风格于一体，其宏伟与精巧令世人瞩目。

法罗斯灯塔运用水压机械将原料运至塔顶，制成巨大钢镜。白日反射阳光，夜晚反射火光，并通过能折射影像的器械，使人在塔底即可清晰地分辨极远处驶近的船只，以期早做处置。这座灯塔，平时可为过往船只导航，战时又可作为屯兵御敌的城堡。由此，我们不得不佩服古埃及人的心窍和智慧。中国清代文人尤侗曾以诗记之：“天江水到自浇田，宝镜内空万里烟。更上浮屠二百丈，谁家战马敢扬鞭？”诗中的“天江”系指尼罗河。“浮屠”原意为佛塔，此处泛指灯塔。

法罗斯灯塔，被认为是世界“灯塔之先声”。随着航海业的发展和各国间贸易往来的扩大，各地相继建起了大量的灯塔。但在许多国家的语汇中，如英语、法语、意大利与西班牙语等，“灯塔”一词，却都源于“法罗斯”的音译。可惜的是，在后来强烈的地震中，法罗斯灯塔这一旷世奇珍被毁掉了。如今的法罗斯岛上，原灯塔的遗址处，屹立的是另一座白色建筑——卡特巴城堡。据说，这座城堡就是用法罗斯灯塔的石料建成的。

灯塔有太多悲喜交集的故事，但灯塔却给人们带来了希望和光明。中国著名作家巴金先生，在他的名为《灯》的散文中说：如果你远航在海上，“黄昏留下来的最薄弱的一道光亮，也被海水吞没了似的。漫漫无尽的黑夜，只有海的啸声控制了一切。你禁不住战栗。忽然，远处隐现出一线光亮，也许那只是指路的灯塔，可是你会马上恢复勇气，你有勇气战退与黑夜俱来的恐怖，至少你不会航错了方向”。

正可谓:“惟怜一灯影，万里眼中明。”

尾声　快乐与痛苦的微积分

太阳初升的海边美景，象征着经济学的美。

在公元前300多年的古希腊，有一位大哲学家苏格拉底。他每天黎明即起，披着大氅，走到雅典的中心广场，与人进行谈话和讨论，探讨智慧道德问题。人们称他为“游历哲学家”。在簇拥着他的众多弟子和门徒中，有一个雅典上层社会家庭的后代名叫色诺芬。色诺芬是个有心人，他把每天从苏格拉底那里听来的一些有关奴隶主应该如何增加财富的思想片段记录下来，并结合自己管理农庄事务所积累的知识，撰写了一本著作，题名为《经济论》。该著作是一部论述田地和房产管理的苏格拉底派经济思想的专著，是以苏格拉底与一位雅典贵族的对话方式表达的。《经济论》不仅是古代社会留给我们的第一部论述经济问题的专著，而且“经济”这一专用名词，及其论述经济问题的“经济学”，都是由此产生的。可以说，是苏格拉底及其弟子色诺芬最先播撒下了生命顽强的经济学种子。

“希望的种子一旦种下便会生长，即使在相当坚硬的土壤上它也要生长。”（西蒙语）1776年，注定是一个非同凡响的年代。就在美国独立宣言发表的四个月前，在大西洋另一侧的英格兰，一个名叫亚当·斯密的博士，出版了他的不朽巨著《国富论》。他把当时零星片断的经济学说，经过有体系的整理，变成了一门独立于哲学的大学问，创立了一门新型的科学——现代经济学。《国富论》不仅是经济学独立的宣言，而且是新时代的启明星。亚当·斯密1723年出生于英国苏格兰东海岸的柯科迪。最初是爱丁堡大学的一名讲师，后来受聘成为格拉斯哥大学主讲逻辑学和道德哲学的教授。作为公认的“经济学之父”，亚当·斯密从来没有教过经济学，更没有学过任何一门经济学课程。斯密心中的经济学种子是他在格拉斯哥大学的老师弗朗西斯·哈奇森教授播下的。

1737年，14岁的斯密考入英国西北部一所规模较小却有着悠久历史的大学——格拉斯哥大学。为斯密讲授伦理学的哈奇森教授，崇尚自由，思想解放，性格温和，口才极佳。他把政治经济学作为自然法学的一个分支进行了综合的论述，并创造性地提出了“最大多数人的最大幸福”这句名言。他不仅启迪了斯密的良知，而且给斯密的思想指明了方向。据说，斯密的整个《道德情操论》，就是在哈奇森教授的启发下撰写出来的。其轮廓早在听哈奇森讲课时就已经形成，而斯密最初的经济思想也是在哈奇森授课时接触到的。正如斯密的传记作者、英国的约翰所说:“应该记住，斯密在格拉斯哥大学听哈奇森教授讲课时，就接受了这一学说（政治经济学）。”斯密最初接触的经济思想，已经包含了自由、劳动和价值等学说的萌芽，而且是具有旺盛生命力的萌芽。斯密后来正是根据这种萌芽中的学说，创新性地提出了他的整个理论体系。哈奇森播下的智慧种子，迅速在斯密那里生根、发芽、开花、结果，并长成参天大树。

从 1776 年亚当·斯密的《国富论》开始奠基，现代经济学已经风雨兼程走过了二百多年的光辉历程。现代经济学的历史如此奇妙，堪与任何历史小说的情节相媲美。在现代经济学这条充满艰辛的探求道路上，无数经济学家奉献了自己的智慧和心血。他们取得的成就和贡献，构成了经济学辞典中最辉煌的部分。如亚当·斯密“看不见的手”、马尔萨斯的“人口论”、李嘉图的“比较优势原理”、马克思的“无产阶级政治经济学”、杰文斯的“边际效用理论”、瓦尔拉斯的“一般均衡理论”、马歇尔的“厂商理论”、凯恩斯的“宏观经济理论”，以及获得诺贝尔经济学奖的经济学大师们的理论。他们的经典理论，不仅极大地充实丰富了经济学理论大厦，而且还为现代经济学播撒下了丰硕璀璨的种子。

经济学是探究真、追求美的科学。美国经济组织决策管理大师、1978 年诺贝尔经济学奖获得者赫伯特·西蒙曾说:“当剥掉经济学复杂的外衣，经济学中许多伟大的思想是直观的，那就是赤裸裸的经济学呈现的惊人之美。”人类在一切经济实践活动中要创造更多的财富，就要努力去认识、掌握和运用经济规律，按经济规律办事。同时,“人也按照美的规律来构造”（马克思语），这是经济学的主要任务。如果把经济本身的规律视为真，把人类经济实践主体的根本性质看成善，当人们的主观目的按照客观规律去实践得到预期效果时，如宏观调控、经济危机治理、保持经济持续增长等，主体善的目的性与客观事物的规律性就交融统一了。这种探究真与追求善，合规律性与合目的性的统一，就是美。英国著名浪漫主义诗人约翰·济慈在《希腊古翁颂》中说："美即是真，真即是美——这是你们已知的一切，你们须知的也只是这些。"

古希腊伟大的哲学家苏格拉底有句名言："任何一件东西，如果它能很好地实现它在功用方面的目的，它就同时是善的又是美的。"经济学乃致用之学。美国斯坦福大学著名金融学家、1990年诺贝尔经济学奖获得者威廉·夏普曾宣称，经济学"既有美学价值又实用"。它不仅深深根植于大众的生活之中，密切关乎着百姓的衣、食、住、行，而且也与人类的生存和发展紧密相连。如：生态平衡、环境保护、资源利用、经济循环、财富增长、人与自然的协调与和谐以及实行低碳经济，等等。"如果科学能够深入浅出地解释各种现象或不同发现之间的联系，那它就是美的。"（斯蒂芬·霍金语）一门能对人类社会和人类生存作出如此巨大贡献，而又富国裕民的科学，不仅是大善的，而且也是大美的。"凡是对美有过深入思考的人都会发现，效用是美得以产生的主要原因。任何机器或设备得以存在，都是因为它们能满足人们一定的预期愿望，能够带给人愉悦的享受，因此我们会发现它是美的。"

"经济学是一门高智能，并令人着迷的学科。"（托宾语）其"存在于经济学中心部分的科学之谜"（弗农·史密斯语），即关于人们天天看到的经济现象，如：股票行情的上扬或下跌，企业的联合或分裂，货币的通胀或紧缩，劳动人员的就业或失业；一些人一夜间获得神话般的财富，另一些人顷刻间就一贫如洗；一些国家日益富裕，另一些国家则极度贫穷。甚至天灾人祸、社会动乱、经济危机、战乱频仍，等等。这些几乎牵动着每一个人心的政治、经济、社会、文化、生态问题，都属于经济学研究的视野范围，并且都可以到经济学中去探寻诸多复杂现象背后的深层次奥秘。在经济学发展中，究竟还有多少不为人知的秘密，这正像宇宙中究竟还有多少暗物质一样，不为人所知。探求经济学的奥秘，追求经济学的美，不仅大大激发了经济学家们的好奇心，觉得妙不可言，非探究到底不可，而且还常常带给人们雾里看花、帘中窥美的独特享受。正如爱因斯坦所言:“美照亮我的道路，并且不断给予我新的勇气。”美国著名经济学家、2008年诺贝尔经济学奖得主保罗·克鲁格曼，在1995年回顾自己的研究工作时说:“我一直追求真实与美，但同时也和其他人一样，追求成功。”

经济学是一个矛盾的综合体，它总是在矛盾中艰难曲折地前行。自亚当·斯密1776年以《国富论》一书首创此门科学以来，它经历了无数次跌宕起伏的革命。如:边际革命、凯恩斯革命、货币主义革命和马克思主义革命等。每一次革命，都使经济学更新、更好、更顽强。随着时间的流逝、庙宇可能会坍塌，雕像或许会朽败，但经济学却一直长盛不衰，体现出强健的肌体和旺盛的生命力。谁也不可否认，一个硕壮、旺盛的生命，正是一种美丽的生命状态。

在经济学发展的历史长河中，丰富的跨学科混合体正从经济学中衍生出来，产生了诸如演化经济学、行为经济学、神经经济学、生态经济学、美德经济学等。已经不再“阴郁”的经济学，正在兴致勃勃地重新打造自身而成为显学，并且不断地在向新的领域迅猛扩展。它犹如一支雄心勃勃的远征军，勇敢地攻占了政治学、法律学、历史学、社会学、伦理学、宗教学等几乎整个社会科学领域，且战果辉煌，以至于成为了一门“帝国主义科学”。由此可见，经济学不仅是一座思想深邃的理论大厦，而且是一个巍然屹立的精神帝国。它充分展现出伟岸、博大和浩瀚之美。

经济学是造物者的诗篇。它既具有哲学之美，如“最小最大原理”、“比较优势原理”、“有限理性”等，又具有诗性之美，如来自于现实又游离现实的“经济学假设”等。著名的法国经济学家弗雷德里克·巴斯夏深有体会地说:“政治经济学并非没有自己的诗意。哪里有秩序与和谐，哪里就不乏诗意。”经济学如诗如歌。它们都探求如何把大量的信息进行筛选、剥离，留下精华，并且采用精练的语言来传达精髓的意义。正因为如此，伟大的经济学家萨缪尔森在他的《经济学》巨著中明确宣示:“经济学是一门可以把科学的精确性和人文方面的诗意跻一身的科学。”

事实正是如此。经济学是一门研究经济活动的精妙学问。它巧于科学与艺术的融合，非常奇妙地将依据于证据的理性和来自心灵的感受紧密结合起来，是一门美轮美奂的科学。这一人类发展前进的灵智之果，被人们称为社会科学的皇后。“经济学界最后一位通才”保罗·萨缪尔森则称之为“睡美人”。经济学之美既体现在伟大的经济思想之中，也体现在经济学家孜孜不倦地追求经世济民的过程之中。经济学以其自身独特的魅力吸引着无数经济学人的执着追求。经济学家也一直在从各自独特的视角，不辞辛劳地探索着经济学的奥秘和美丽。正如海森堡所描述的:“灵魂一见到美的东西就感到敬畏而战栗，因为它感到某种东西在其中被唤起，那不是感官从外部曾经给予它的，而是早已一直寄放在深沉的无意识的境域之中。”

为了探寻经济学的奥秘，追求经济学的真实与美，经济学家们常常需要经过十分艰辛的努力，往往还要经受常人难以忍耐的痛苦和苦闷。美国哥伦比亚大学著名经济学家、2006 年诺贝尔经济学奖得主埃德蒙德·菲尔普斯，在一次接受记者访谈时，讲了这样一个故事:一天晚上，菲尔普斯在歌剧院听瓦格纳的《帕西法尔》。该剧是伟大的乔恩·维克斯主演。但有一个经济学问题整天困扰着菲尔普斯，他一直没能解决。此问题把他的注意力完全吸引住了，以至于歌剧一点都没听进去。他坐在那儿，在考文特花园皇家歌剧院的前排,大概离维克斯 50 英尺,他却心不在焉,只是在思考那个经济学问题。但是，在第一幕快结束的时候，他突然意识到解决办法是什么了。这个故事告诉我们，研究工作是“非常耗费心力的”。菲尔普斯在回顾那一艰难时期时说:“我会整天坐在那里，茫然望着四墙，苦思冥想手头的工作，努力往前走一步。”

经济学被称为“快乐与痛苦的微积分学”。(杰文斯语)经济学家们在经济学这片广袤的土地上播种、耕耘、收获，既充满了汗水与痛苦，也赢得了鲜花与快乐。美国经济学泰斗、第二届诺贝尔经济学奖得主保罗·萨缪尔森，一生主要的时间和精力都投入到《经济学》教科书的编写中，“费尽千辛万苦才写出来”，竭尽心血、甘之如饴。从1948年出版，到2009年他人生谢幕，历经半个多世纪。他大约每三年将《经济学》修订一次，一共出了19版。他紧追经济学界迅速变化的前沿需求，“挺立于时代的潮头和经济学的锋刃之上”，终于“将复杂的经济学基本理论简化为通俗易懂的散文”。该书博大精深，与时俱进、长盛不衰、风靡全球，被西方称为“小型的经济学百科全书”。萨缪尔森在1998年接受美联社记者采访时说，他的目标就是让经济学变得“可以理解，让人享受”。事实上，他是“在把石头和玻璃雕刻成美妙的形状”，让“沉闷的经济学变成了诱人的富于激情的学科”。

美国芝加哥大学著名经济学家、“管制经济学”创始人、1982年诺贝尔经济学奖得主乔治·J.施蒂格勒，在1985年的一次演讲中说：“知识的探求是一个神圣的使命，但即便是全心全意追求真理与证据的优秀学者，也难免会困难重重。”马克思为了研究撰写《资本论》，在极端贫困的条件下，他耗费了40年的心血和智慧，前后研读书籍达1500余种，所做的摘录和笔记达100余本。《资本论》是一部博大精深的皇皇巨著，全书160万字。它是马克思主义的重要百科全书，更是研究资本主义社会经济形态的巅峰之作。

马克思的《资本论》，虽然是在研究资本主义生产关系及资本主义制度的走势问题，这种在一般人看起来相对抽象的东西，在马克思的笔下却熠熠生辉。因为，他把这种研究寓于商品经济的运行、寓于活生生的经济现实之中，从而实现了抽象与具体、历史与现实水乳交融的完美结合。《资本论》不仅仅是最权威、影响最重大的经济学巨著，而且是马克思献给全世界无产阶级的一部最重要的科学文献。甚至它的光焰逼得资本家也不得不学《资本论》，不得不承认劳资对立，并设法缓和矛盾。“这位德国哲学家一个多世纪来，不断以鼓舞人心的旋律，拨动众多被市场资本主义剥夺了公民权的工人和知识分子的心弦。……在所有经济学学派中，没有一个经济学家（也许我该说哲学家）

像马克思这样引发了如此澎湃的激情和狂热。”（马克·斯考森语）

在众多马克思主义信徒中，有一位名叫道格拉斯·诺斯的人。他是美国华盛顿大学著名经济学教授、1993年诺贝尔经济学奖获得者。他曾说：“我是马克思的一名严肃的学生，我读了他的《资本论》。读过这本书的人不多，但我读了，我还读了马克思的其他许多著作。这对我的生活产生了很大的影响，至今还有影响。”诺斯开始是位计量史学家，而且很有成就。但他认为，自己完全没有从历史中理出头绪。问题在于当时经济理论是静态的，它不涉及随时间推移而发生的变化。由此他确信，迫切需要一个新的能够解释经济制度如何随时间而变化的理论。于是，他开始漫无头绪地四处乱闯。

“一开始，我完全是单打独斗。没人对这个感兴趣，他们全都认为这么做太疯狂了。我有身为计量史学家的很好名声，我在计量经济学方面作出了令人满意的东西。所以他们对我说：‘诺斯，你疯了吗？你这是抛开名声，去追求这个虚无缥缈的东西，你甚至不知道自己走向何处！’这是实情，我的确不知道自己走向何处。但我还是出发了，我知道我必须去解释随时间推移而发生的变化。我必须投身于研究能够解释变化的工具，也就是研究制度以及制度变迁的方式。后来，我认识到制度源自信仰。因此，我必须设法去搞明白信仰是如何形成的，这又把我带到了有心智和大脑工作的方式。这就是此后我一直在做的工作。”这是诺斯在2008年3月25日接受记者采访时回忆所说。

经济学家们对经济学的追逐，正像王国维在《人间词话》中所讲过的“三境界论”：“古今之成大事业、大学问者，必经过三种之境界。‘昨夜西风凋碧树。独上高楼，望尽天涯路。’此第一境也；‘衣带渐宽终不悔，为伊消得人憔悴。’此第二境也；‘众里寻他千百度，蓦然回首，那人却在灯火阑珊处。’此第三境也。”这正是从事经济科学研究，所必须经过的三境。第一是高瞻远瞩，选定目标；第二是百折不挠，艰苦奋斗；第三是豁然开朗，妙手得之。

在大多数情况下，学术好奇心推动着人们一步一步朝着某个方向前进。

在他们前行的时候，他们不一定知道他们所走的道路会把他们带到哪里。有时甚至是:“山重水复疑无路，柳暗花明又一村。”尽管常常看到经济学家们研究探索时的痛苦,但那似乎只是创造的产痛。他们往往感到“痛并快乐着”。他们在通往智慧的道路上，一丝不苟地沿途播撒着创造的“优美音符”。正如法国著名经济学家、1988年诺贝尔经济学奖得主莫里斯·阿莱所说:“毫无疑问，什么也比不上对研究工作不可遏制的酷爱;比不上无法消除的要了解、懂得、弄清、解释事物的欲望;比不上坚持克服不管在什么地方碰到的困难而绝不满足于大概解决的不变的意志;比不上从不忽视总体的永久的关注;比不上对综合的永不停止的思考。实际上，什么都比不上这种建造工作带来的满足感，即创新和发展带来的不可言喻的欢欣。”

“研究工作是一种充满风险的冒险，但也是一种让人着迷的冒险。”（莫里斯·阿莱语）经济学家们在经济学研究的道路上，着魔般地长期坚守，默默艰辛地奉献一切，板凳甘坐十年冷，就是因为他们对经济学的美所着迷，被经济学的愿景——为了“使世界更美好”——所吸引。“我们可以发现，科学家的动机从开始就显示出是一种美的冲动。”（钱德拉塞卡语）詹姆斯·布坎南曾说:“对我来说，效用的增进来自为我自己想出足够明晰的思想，使我能够提出内在一致的，并且在美学上也令人满意的论点。”萨缪尔森也曾坦言:“对学术研究来说，重要的是对重要的问题要有审美感觉。”

为了探寻经济学的奥秘和美，经济学家们“走上了漫长但使人快乐的研究之路，走过了弯弯曲曲的有各种可能性的‘迷宫’”。德国波恩大学著名经济学教授、1994年诺贝尔经济学奖获得者莱因哈德·泽尔滕，与另一位诺贝尔经济学奖得主约翰·海萨尼合著的《博弈均衡选择的一般理论》(1988年)，研究撰写花了18年时间。他的另一本书，已经过去了18个年头还没完成。他坦承，经济学研究“充满了艰辛，而且很孤独”，但他也承认,“研究是他的嗜好”。美国芝加哥大学“人类行为理论大师”、1992年诺贝尔经济学奖获得者加里·S.贝克尔，记得有一次待在一家旅馆房间里，独自一人对一门“婚姻经济学”苦思冥想。美国华盛顿大学著名经济学家、1993 年获得诺贝尔经济学奖的道格拉斯·诺斯，为了一个经济学问题，他一面喝着白兰地，一面反复思考那个问题度过整个不眠之夜。美国哈佛大学著名经济学教授、1972 年诺贝尔经济学奖得主肯尼斯·阿罗，曾“回忆他如何花费了漫长得令人痛苦的时间，才柳暗花明的”。

对此，荷兰著名经济学家、“经济计量学之父”、获得首届诺贝尔经济学奖桂冠的简·丁伯根深有感触地说:“从事科研工作，不管是经济学还是任何其他科学的科研工作，最吸引人的是什么？是突然间弄懂你原来不懂的东西时所感受到的快乐。”“经济学是快乐与痛苦的微积分。”（杰文斯语）经济学“将我们带进一个快乐的新时代”。（理查德·约翰·斯通语）

主要参考文献

1.〔美〕保罗·萨缪尔森，威廉·诺德豪斯著，萧琛主译:《经济学》(第18版)，人民邮电出版社2008年版。

2.〔美〕约瑟夫·E.斯蒂格利茨，卡尔·E.沃尔什著，黄险峰、张帆译:《经济学》(第三版)，中国人民大学出版社2005年版。

3.〔美〕曼昆著，梁小民译:《经济学原理》，生活·读书·新知三联书店、北京大学出版社1999年版。

4.〔英〕约翰·伊特韦尔,〔美〕默里·米尔盖特、彼得·纽曼编，陈岱孙编译:《新帕尔格雷夫经济学大辞典》，经济科学出版社1996年版。

5.〔英〕亚当·斯密著，唐日松等译:《国富论》，华夏出版社2005年版。

6. 中共中央马克思、恩格斯、列宁、斯大林著作编译局编译:《马克思恩格斯选集》，人民出版社1995年版。

7.〔英〕约翰·梅纳德·凯恩斯著，宋韵声译:《就业、利息和货币通论》，华夏出版社2005年版。

8.〔美〕马克·斯考森著，马春文等译:《现代经济学的历程》，长春出版社2006年版。

9.〔英〕阿弗里德·马歇尔著，廉运杰译:《经济学原理》，华夏出版社2005年版。

10.〔英〕J.R.沙克尔顿，G.洛克斯利编著，陶海粟、潘慕平等译:《当代十二位经济学家》，商务印书馆1992年版。

11.〔英〕R.F.哈罗德著，刘精香译:《凯恩斯传》，商务印书馆1993年版。

12.〔美〕约翰·肯尼斯·加尔布雷思著，沈国华译:《加尔布雷思文集》，上海财经大学出版社2006年版。

13.〔德〕卡尔·马克思著，曾令先、卞彬、金永译:《资本论》，人民日报出版社2006年版。

14.〔英〕凯恩斯著，吴贵根、杨玉成译:《经济学家的生活》，北京出版集团公司、北京出版社2010年版。

15.〔美〕约瑟夫·A.熊彼特著，秦传安译:《熊彼特选集》，上海财经大学出版社2010年版。

16.〔美〕杰弗里·萨克斯著，邹光译:《贫穷的终结》，世纪出版集团、上海人民出版社2007年版。

17.〔瑞典〕冈纳·缪尔达尔著，方福前译:《亚洲的戏剧——南亚国家贫困问题研究》，首都经济贸易大学出版社 2001 年版。

18.〔英〕罗伯特·斯基德尔斯基著，秦一琼译《重新发现凯恩斯》，机械工业出版社 2011 年版。

19.〔美〕西尔维娅·娜萨著，王尔山译:《美丽心灵——纳什传》，世纪出版集团、上海科技教育出版社 2005 年版。

20.〔美〕迈克尔·曾伯格编，侯玲、欧阳俊、王荣军译:《经济学大师的人生哲学》，商务印书馆 2001 年版。

21.〔美〕米尔顿·弗里德曼著，安佳译:《货币的祸害》，商务印书馆 2006 年版。

22.〔美〕米尔顿·弗里德曼著，胡雪峰、武玉宁译:《弗里德曼文萃》，首都经济贸易大学出版社 2001 年版。

23.〔美〕威廉·布赖特，巴里·赫希编，柯祥河译:《我的经济人生之路》，海南出版社、三环出版社 2007 年版。

24.〔古罗马〕马可·奥勒留·安东尼著，何怀宏译:《沉思录》，生活·读书·新知三联书店 2008 年版。

25.〔美〕罗伯特·M. 索洛著，冯健等译:《增长理论:一种解析》，中国财政经济出版社 2004 年版。

26.〔英〕黛安娜·科伊尔著，李成、赵琼译:《高尚的经济学》，中信出版社 2009 年版。

27.〔荷〕伯纳德·曼德维尔著，肖聿译:《蜜蜂的寓言》，中国社会科学出版社 2002 年版。

28.〔英〕弗里德里希·冯·哈耶克著，冯克利译:《哈耶克文选》，凤凰出版传媒集团、江苏人民出版社 2007 年版。

29.〔英〕弗里德里希·冯·哈耶克著，邓正来译:《个人主义与经济秩序》，生活·读书·新知三联书店 2003 年版。

30.〔美〕赫伯特·A. 西蒙著，詹正茂译:《管理行为》，机械工业出版社 2004 年版。

31.〔俄〕阿尼金著，晏智杰译:《改变历史的经济学家》，华夏出版社 2007 年版。

32.〔德〕卡伦·霍恩著，陈小百译:《通往智慧之路》，华夏出版社 2012 年版。

33.〔英〕《经济学家》主编，徐诺金译:《21 世纪的经济学》，中国金融出版社 1992 年版。

34.〔美〕戴维·M. 克雷普斯著，邓方译:《博弈论与经济模型》，商务印书馆 2006 年版。

35.〔美〕丹尼尔·R. 富斯菲尔德著，尚玉卿、杨倩倩译:《经济学——历史的解析》，人民邮电出版社 2011 年版。

36.〔印度〕阿玛蒂亚·森著，王利文、于占杰译:《论经济不平等——不平等之再考察》，社会科学文献出版社 2006 年版。

37.〔日〕矢沢科学事务所编著，宁亚东、李筱平、孟庆荣、单丽译:《诺贝尔奖中的科学——经济学奖卷》，科学出版社 2012 年版。

38.〔孟〕穆罕默德·尤努斯著，吴士宏译:《穷人的银行家》，生活·读书·新知三联书店 2006 年版。

39.〔英〕亚当·斯密著，何丽君译:《道德情操论》，北京出版社 2008 年版。
40.〔美〕康芒斯著，于树生译:《制度经济学》，商务印书馆 1962 年版。
41.〔美〕罗纳德·H. 科斯著，罗君丽、茹玉骢译:《论经济学和经济学家》，格致出版社、上海三联书店、上海人民出版社 2010 年版。
42.〔美〕斯蒂文·G. 米德玛编，罗君丽、李井奎、茹玉骢译:《科斯经济学》，上海三联书店 2007 年版。
43.〔英〕詹姆斯·W. 麦卡里斯特著，李为译:《美与科学革命》，吉林人民出版社 2000 年版。
44.〔美〕格里高利·克拉克著，李淑萍译:《应该读点经济史》，中信出版社 2009 年版。
45.〔美〕E.K. 亨特著，颜鹏飞总译校:《经济思想史》，上海财经大学出版社 2007 年版。
46.〔英〕罗杰·E. 巴克豪斯著，莫竹芩、袁野译:《西方经济学史》，海南出版社、三环出版社 2007 年版。
47.〔美〕威廉·布雷特，罗杰·L. 兰塞姆著，孙琳等译:《经济学家的学术思想》，中国人民大学出版社、北京大学出版社 2004 年版。
48.〔美〕蓝尼·埃布斯泰因著，刘云鹏译:《米尔顿·弗里德曼传》，中信出版社 2009 年版。
49.〔美〕丹尼尔·B. 克莱因编，艾佳慧译:《经济学家贡献了什么》，法律出版社 2006 年版。
50.〔意大利〕克罗齐著，朱光潜等译:《美学原理美学纲要》，人民文学出版社 1983 年版。
51.〔法〕J. 德比奇等著，徐庆平译:《西方艺术史》，海南出版社 2001 年版。
52.〔德〕席勒,〔俄〕普列汉诺夫著，李光荣译:《大师谈美》，重庆出版集团、重庆出版社 2008 年版。
53.〔意大利〕路易吉诺·布鲁尼，皮尔·路易吉·波尔塔主编，傅红春、文燕平等译:《经济学与幸福》，世纪出版集团、上海人民出版社 2007 年版。
54.〔英〕庇古著，朱泱、张胜纪、吴良健译:《福利经济学》，商务印书馆 2006 年版。
55.〔美〕狄克逊·韦克特著，秦传安译:《大萧条时代（1929~1941）》，新世界出版社 2008 年版。
56. CCTV 十集大型纪录片:《公司的力量》，山西出版集团、山西教育出版社 2010 年版。
57. 萧涤非、程千帆等编:《唐诗鉴赏辞典》，上海辞书出版社 1983 年版。
58. 何正斌著:《经济学 300 年》，湖南科学技术出版社 2007 年版。
59. 范久宇、张凤松著:《看不见的手》，商务印书馆 2008 年版。
60. 范曾著:《范曾散文三十三篇新编》，河北教育出版社 2008 年版。
61. CCTV 纪录片《华尔街》主创团队著:《华尔街》，中国商业出版社 2010 年版。
62. 王宏昌、林少宫编译:《诺贝尔经济学奖金获得者讲演集》（修订版），中国社会科学出版社 2008 年版。
63. 上海财经大学高等教育研究所编:《诺贝尔经济学奖之路》，上海财经大学出版社

2010 年版。
64. 梁言顺著:《低代价经济增长论》，人民出版社 2004 年版。
65. 张五常著:《中国的经济制度》，中信出版社 2009 年版。
66. 谢识予编著:《经济博弈论》，复旦大学出版社 2008 年版。
67. 高小勇、汪丁丁编:《专访诺贝尔经济学奖得主》，朝华出版社 2005 年版。
68. 张菲洲、李玉勇、张立国编著:《经济学大智慧》，吉林人民出版社 2003 年版。
69. 林毅夫著:《经济发展与转型》，北京大学出版社 2008 年版。
70. 林毅夫著:《中国经济专题》，北京大学出版社 2008 年版。
71. 唐晋主编:《大国崛起》，人民出版社 2007 年版。
72. 靳涛著:《诺贝尔殿堂里的管理学大师》，河北大学出版社 2005 年版。
73. 朱光潜著:《朱光潜谈美》，金城出版社 2006 年版。
74. 李泽厚著:《美学旧作集》，天津社会科学院出版社 2002 年版。
75. 刘再复著:《李泽厚美学概论》，生活·读书·新知三联书店 2009 年版。
76. 宗白华著:《美学散步》，上海人民出版社 1981 年版。
77. 叶朗著:《美学原理》，北京大学出版社 2009 年版。
78. 凌继尧著:《西方美学史》，北京大学出版社 2004 年版。

后　记

经济学如此之美，此处已无需赘言。然而，探寻经济学之美的过程却并不总是风景如画，个中艰辛、困惑的滋味只有著者自知。但在此书写作的几年时间里，我们的内心却时常感受到温暖与感动。

在此书付梓之际，我们衷心感谢湖北经济学院学术专著出版基金对本书的出版所给予的慷慨资助;感谢湖北经济学院的各位领导和同事给予的大力支持和鼓励。同时，本书在写作过程中，参阅了许多专家、学者的著作和理论文章，在此一并致谢。最后，特别要感谢我们的家人给予我们的全力支持。

范久宇

2013 年 10 月 9 日